镜头·民航

中国民航改革开放40年掠影

《镜头·民航——中国民航改革开放40年掠影》编委会　编

中国民航出版社

图书在版编目（CIP）数据

镜头·民航：中国民航改革开放40年掠影／《镜头·民航》
编委会编．—北京：中国民航出版社，2018.12
ISBN-978-7-5128-0634-4

Ⅰ．①镜… Ⅱ．①镜… Ⅲ．①民用航空 - 航空公司 -
改革开放 - 成就中国 Ⅳ．①F562.8

中国版本图书馆CIP数据核字（2018）第291522号

镜头·民航——中国民航改革开放40年掠影

《镜头·民航——中国民航改革开放40年掠影》编委会 编

责任编辑	王迎霞 于 洋
出　　版	中国民航出版社 （010）64279457
地　　址	北京市朝阳区光熙门北里甲31号楼 （100028）
排　　版	北京合华观世文化交流有限公司
印　　刷	北京东泉育文印刷有限公司
发　　行	中国民航出版社(010)64297307　64290477
开　　本	880×1180　1/16
印　　张	14
字　　数	410千字
版印次	2019年6月第1版　2019年6月第1次印刷

书　　号	ISBN-978-7-5128-0634-4
定　　价	198.00元

官方微博　http://weibo.com/phcaac
淘宝网店　https://shop142257812.taobao.com
电子邮箱　phcaac@sina.com

前　言

习近平总书记曾指出："改革开放近40年来，在中国共产党领导下，中国人民凭着一股逢山开路、遇水架桥的闯劲，凭着一股滴水穿石的韧劲，成功走出一条中国特色社会主义道路。我们遇到过困难，我们遇到过挑战，但我们不懈奋斗、与时俱进，用勤劳、勇敢、智慧书写着当代中国发展进步的故事。"值此改革开放40周年之际，回顾我国民航的改革开放历程与发展成就，有助于我们思考与实践民航强国建设的未来之路。

交通运输部党组副书记，中国民用航空局党组书记、局长冯正霖在民航改革开放40周年座谈会上指出："民航改革开放40年的生动实践使我国牢固确立了民航大国地位，站在新的历史起点上，要把全面深化改革开放贯穿于新时代民航强国建设全过程，以更高水平改革和更深层次的开放，促进民航高质量发展。改革开放40年是航空安全管理不断创新的40年，是不断解放民航生产力的40年，是不断确立民航市场主体地位的40年，是不断扩大民航对外开放的40年。在这40年中，我国航空运输安全达到国际先进水平，一跃成为世界航空运输大国，民航市场体系得到充分孕育发展，在世界民航业的地位大幅提升。民航业要将全面深化改革开放贯穿于新时代民航强国建设的全过程，破除制约核心竞争能力提升、资源保障能力提升、行业治理能力提升、行业创新能力提升的体制机制障碍，保证民航改革扎实稳步顺利推进，不断释放改革红利，为实现'两个一百年'奋斗目标和中华民族伟大复兴的中国梦贡献智慧和力量。"

《镜头·民航——中国民航改革开放40年掠影》一书总结我国民航业自改革开放以来的发展经验，全方位多视角地展现40年来中国民航人在党的坚强领导下不断推进改革的历程，既符合中央庆祝改革开放40年的总体部署和要求，对推动民航持续健康发展又有重要意义。民航40年的发展之路是一条不断解放思想、改革开放之路，也是一条不断推进市场化、坚持对外开放、走国际化之路。改革开放为民航进一步发展奠定了坚实基础。我们坚信，中国民航在党中央、国务院的坚强领导下，在全体民航人的不懈努力下，将进一步深化改革，扩大开放，推动民航高质量发展，实现民航强国建设的宏伟目标。

《镜头·民航——中国民航改革开放40年掠影》编委会

CAH

首都机场集团公司
Capital Ariports Holding Company

天津滨海国际机场

石家庄正定国际机场

南昌昌北国际机场

首都机场集团公司（英文缩写CAH）隶属于中国民用航空局，是一家以机场业为核心的、跨地域的大型国有企业集团。经过多年的发展，首都机场集团公司目前已经成为全球最大的机场管理集团之一，管理着北京、天津、河北、江西、吉林、内蒙古、黑龙江等7个省市自治区52个干支机场，管理资产规模1900多亿元，员工48000多人。首都机场集团公司拥有全资和控股的成员企业（含直属单位）33家，有实际控制力的三、四级企业130余家，形成了机场管理、服务保障、机场建设、临空地产、航空物流、金融证券、酒店管理、财务投资等8个板块协同发展的业务布局。在主业发展上，2018年，全集团所属机场旅客吞吐量、货邮吞吐量和运输架次分别达到2.17亿人次、275.2万吨和154.6万架次，同比增长12.1%、4.0%和9.0%。其中，首都机场旅客吞吐量突破1亿人次，连续九年位居全球第二位。

CAH

首都机场集团公司
Capital Ariports Holding Company

呼和浩特白塔国际机场

哈尔滨太平国际机场

长春龙嘉国际机场

2018年，首都机场集团公司形成了新的总体工作思路：担当"四个服务"，服务国家战略、服务地方发展、服务广大旅客、服务航空公司；实施"三大战略"，实施新机场战略、双枢纽战略、机场群战略；建设"四个机场"，建设"平安机场、绿色机场、智慧机场、人文机场"；打造"世界一流"，打造具有创新能力和国际竞争力的世界一流机场集团（即"4-3-4-1"总体工作思路）。

《镜头·民航——中国民航改革开放40年掠影》
特约协办单位

首都机场集团公司
Capital Ariports Holding Company

 北京首都国际机场股份有限公司
Beijing Capital International Airport Co.,Ltd.

 中国民航科学技术研究院

 中国民航局第二研究所
THE SECOND RESEARCH INSTITUTE OF CAAC

 辽宁省 | LIAONING AIRPORT
机场管理集团有限公司 | MANAGEMENT
GROUP CO.,LTD

民航综述

高举改革开放伟大旗帜
昂首阔步迈上新时代民航强国之路……………………………………………3

将民航改革开放进行到底…………………………………………………13

改革开放40年民航局法治建设情况……………………………………18

改革开放40年民航国际合作发展成果…………………………………21

改革开放40年民航运输发展情况………………………………………24

改革开放40年飞行标准工作和成绩……………………………………27

改革开放40年民航机场建设相关情况…………………………………30

回顾民航改革开放伟大实践 为新时代民航强国建设献策
——民航改革开放40周年座谈会发言摘要……………………………33

重点推荐

扬改革风帆 展开放胸怀
成为世界一流的机场集团………………………………………………45

北京首都国际机场股份有限公司………………………………………54

中国民航科学技术研究院………………………………………………68

中国民航局第二研究所…………………………………………………74

致敬改革路 奋进新时代
——辽宁机场集团发展综述……………………………………………82

精诚打造精品 专心成就专业
——中国民航机场建设集团有限公司改革发展纪实…………………88

河北民航：搭建从"家"飞向世界的空中桥梁
——改革开放40周年专稿………………………………………………92

奋力推进郑州航空枢纽高质量发展
——河南省机场集团……………………………………………………98

立足贵州民航新起点 开启西部枢纽新征程
——庆祝贵阳龙洞堡国际机场年旅客吞吐量突破2000万人次………102

齐鲁之翼·厚道言商……………………………………………………106

初心始终·腾飞长龙……………………………………………………110

龙腾九天筑大梦
——中国飞龙航空有限公司侧记………………………………………114

四川西华通用航空股份有限公司………………………………………118

青岛直升机航空有限公司 ……………………………………………………………… 122

夯实"三全优势" 龙浩集团助推我国航空产业发展 ……………………………… 124

向天空领海发展 做国家通航栋梁
——中信海直改革发展纪实 …………………………………………………………… 126

感恩改革开放 服务国家战略
——杭州圆通货运航空有限公司 ……………………………………………………… 133

行业专题

根植九州沃土 翱翔四海之外
奋力建设世界一流航空运输产业集团 ……………………………………………… 139

改革创新锻造非凡成就
锐意进取创建世界一流 ………………………………………………………………… 148

乘改革开放东风打造国际化民族品牌
——海航集团25年发展纪实 ………………………………………………………… 159

改革先锋再出发 且看白鹭振翅飞
——记厦门航空改革发展历程 ………………………………………………………… 165

春华秋实二十载 不忘初心枢纽梦 …………………………………………………… 173

争创世界一流机场集团
推动广东民航高质量发展 …………………………………………………………… 179

乘京津冀协同发展强劲东风
绘又快又好跨越发展新画卷 ………………………………………………………… 187

昆明机场走进长水新时代 …………………………………………………………… 195

凤凰机场：让海南与世界仅隔一个航班的距离 …………………………………… 203

吉祥航空改革开放40年掠影 ………………………………………………………… 209

空中雄鹰——北大荒通航 …………………………………………………………… 217

镜头·民航 中国民航 改革开放 40 年掠影

民航综述

建成社会主义现代化强国，实现中华民族伟大复兴，是一场接力跑，我们要一棒接着一棒跑下去，每一代人都要为下一代人跑出一个好成绩。

——习近平

高举改革开放伟大旗帜
昂首阔步迈上新时代民航强国之路

中共民航局党组理论学习中心组

伴随着我国改革开放的伟大历史进程，中国民航从一个原来隶属于军队建制的行业成长为世界第二大航空运输系统，在我国改革开放和社会主义现代化事业中正发挥着越来越重要的作用，在国际民航界正发挥着越来越大的影响力。回顾民航改革开放四十年的历程、总结民航改革开放四十年的经验，对新时代进一步深化民航改革开放，实现民航强国建设目标具有重要而深远的意义。

民航改革开放四十年的生动实践和辉煌成就

中国民航改革开放的历程，始终伴随着我国改革开放的伟大历史进程。党的十一届三中全会以来，民航经过四个阶段系统性的改革，极大地解放和提升了民航生产力，发展成为一个现代化的战略性、基础性产业，大踏步地赶上了新时代。

（一）1980—1986："民航一定要企业化"

改革开放前的中国民航归属空军，实行军队的管理制度。1980年，改革开放总设计师邓小平同志提出"民航一定要企业化"，拉开了我国民航以"军转民和企业化"为核心的第一轮改革序幕。随后，国务院、中央军委发布《关于民航管理体制若干问题的决定》，民航局不再由空军代管，归属国务院。1980年到1986年间，民航按照中央的要求，进行了以经济核算和人事劳动制度为核心的一系列管理制度改革，在企业化的道路上疾步快走。在对外开放上，民航勇于"第一个吃螃蟹"，1980年成立的北京航空食品有限公司是改革开放以来新中国第一家中外合资企业；同年，通过国际航空租赁公司租赁了第

1979年10月12日，邓小平同志视察北京首都国际机场并作重要指示。前排左一和左三分别为时任民航总局局长沈图、政委王静敏

一架波音飞机；1982年利用国外贷款建设厦门高崎国际机场。"军转民"和实行企业化管理，不仅使民航面貌迅速发生了变化，更为民航按自身规律正常发展打下了基础。

（二）1987—2001：政企分开，航空公司与机场分设

随着改革开放的浪潮在全国掀起，社会对航空运输的需求急速增长。当时的民航在经营管理方面仍沿袭半军事化管理和计划经济体制，政企合一，管理落后，远远不能适应改革开放形势的需要。1987年1月30日，民航系统管理体制改革方案获得国务院批准。按照方案部署，中国民航紧锣密鼓地开始了以"政企分开""机场与航空公司分设"为主题的第二轮改革。至1991年4月，全民航设立了华北、华东、中南、西南、西北、东北六个地区管理局，成立了北京首都、上海虹桥、广州白云、成都双流、西安西关和沈阳桃仙机场，组建了中国国际、东方、南方、北方、西南和西北六大骨干航空公司。部分省市政府、国内企业纷纷通过合资或单独投资，组建了20余家航空运输公司和20余家通用航空公司。航空运输服务保障系统也按专业化分工要求，在1987年到1994年间分别组建中国航空油料总公司、中国航空器材进出口总公司、计算机中心和中国航空结算中心等，组建了相对独立的民航空中交通管理系统。在此期间，民航进一步向外资开放，允许外商投资航空公司、机场、飞机维修等民航相关企业，一批外商投资的飞机维修公司和配餐公司纷纷诞生；东航、南航、首都机场、中国航信等先后在中国香港、美国纽约等地上市。

通过这次改革，民航系统基本打破了原政企不分、用行政和军事办法实行高度集中统一管理的单一部门体制，初步形成了符合国家经济体制改革目标和民航自身发展规律的全新民航管理体制架构，这是新中国民航发展史上前所未有的一次巨大而深刻的变革，使民航发展进入现代化的快车道。

1987年10月15日，原民航成都管理局分立为民航西南管理局、中国西南航空公司和成都双流机场，自此拉开了民航第二轮管理体制改革的序幕

（三）2002—2012：政资分开、联合重组、机场属地化

根据中央完善社会主义市场经济体制和深化国有资产管理体制改革的要求，2002年3月，民航开始了以"政资分离、联合重组、机场属地化管理"为主要内容的新一轮改革。当年10月11日，中国航空集团公司、中国东方航空集团公司、中国南方航空集团公司、中国民航信息集团公司、中国航空油料集团公司和中国航空器材进出口集团公司正式成立，并与民航总局脱钩，交由国务院国有资产管理委员会管理，民航总局不再代行国有资产所有者职能，中国民航成为交通行业首家完成政企、政资分离的运输部门。2004年7月8日，以民航甘肃省内机场正式移交甘肃省政府管理为标志，除北京首都国际机场和西藏自治区内的民用机场外，原民航总局直属的近90个民用机场的资产、人员和业务平稳移交地方政府管理，民航机场属地化改革顺利完成。同时，撤销民航省（区、市）局；机场公安机构、人员和业务也随机场下放移交地方管理；组建了空中警察队伍，并于2003年上岗执勤；按照集中统一原则，改革空中交通管理体制，形成了总局空管局—地区空管局—空管中心（站）为一体的空中交通管理体系。

在理顺行业管理体制的同时，民航继续深化市场化改革，鼓励民营资本进入民航业、放松航线准入、放松价格管制，奥凯航空、春秋航空、吉祥航空等一大批民营航空以各具特色的方式加入市场参与竞争，成为我国民航业新的生力军。

2002年10月，六大集团在人民大会堂举行成立大会

（四）2013至今：进一步深化民航改革

　　党的十八大以来，以习近平同志为核心的党中央迎难而上、立柱架梁，坚定不移地全面深化改革。2016年以来，民航局党组深入贯彻落实党的十八大和十八届三中、四中、五中全会精神，以"创新、协调、绿色、开放、共享"发展理念为引领，认真梳理民航发展的特点和规律，分析面临的矛盾和问题，运用改革创新思维，谋划解决对策，形成了"践行一个理念、推动两翼齐飞、坚守三条底线、完善三张网络、补齐四个短板"的总体工作思路。为了确保这一工作思路落到实处，为民航发展凝聚新动力，民航局党组在深入调查研究的基础上，集中全行业智慧制定《关于进一步深化民航改革工作的意见》，确定了"提升安全监管能力、提升枢纽机场集散功能、提升运行信息监控能力、提升空域资源保障能力、提升民航服务品质、提升适航审定能力、提升应急处置能力、提升通用航空服务能力、提升民航行政管理能力、提升民航科教支撑能力"共10个方面、40个专项任务，形成了"1+10+N"的深化民航改革工作总体框架。民航掀起了新一轮全面深化改革的新高潮。

2017年2月23日，中共中央总书记、国家主席、中央军委主席习近平在北京大兴国际机场主航站楼建设工地考察

　　四十年弹指一挥间，改革开放为民航发展注入了强大动力和活力，使我国民航面貌发生了巨大而深刻的变化，取得了举世瞩目的成就。

　　——改革开放四十年是航空安全管理不断创新的四十年，我国航空运输安全达到国际先进水平。安全是民航业的生命线。四十年来，民航始终坚持"安全第一、预防为主、综合治理"的方针，以改革开放和发展促进行业的持续安全与稳定，以航空安全保证行业的不断改革开放与持续发展。自1978年以来，中国民航不断创造新的安全飞行纪录，1978年至1987年十年间，运输航空百万小时重大事故率为4.37，2008年至2017年的十年间下降为0.015。特别是党的十八大以来，我国民航运输航空百万小时重大事故率为0、亿客公里死亡人数为0。截至目前，运输航空实现了持续安全飞行99个月、6737万小时的安全纪录，保持了16年零7个月的空防安全零责任事故记录，航空运输安全达到国际先进水平。

　　——改革开放四十年是不断解放民航生产力的四十年，我国一跃成为世界航空运输大国。1978年，我国民航旅客运输量仅230万人，运输总周转量2.99亿吨公里，列国际民航第37位，排在印度、黎巴嫩、菲律宾、印尼、马来西亚等发展中国家之后。预计2018年，民航将完成运输总周转量1217亿吨公里、旅客运输量6.15亿人次、货邮运输量750万吨，现在民航一天完成的周转量比1978年一年的还多。中国民航运输总周转量连续14年位居世界第二，2005年我们相当于美国的17%，2017年约为美国的58.8%，2018年预计突破60%，差距在不断缩小。民航基础设施和设备获得极大改善，截至目前，全行业运输机队规模达到3588架，一年引进的飞机可以装备一家中型航空公司；颁证运输机场数量为234个，比1978年增加156个，年旅客吞吐量超过1000万人次的机场已经达到37个，超过3000万人次的10个，首都机场旅客吞吐量突破1亿人次几无悬念，将连续9年居全球第二，浦东机场货邮吞吐量连续11年保持世界前三；全球航空旅客吞吐量超过1亿人次的10个城市中，中国占2个；机场和空中交通管制设施、设备的现代化水平大幅度提高。飞行、机务等各类专业技术人员的培养渠道不断拓宽，规模扩大，水平提高。

　　——改革开放四十年是不断确立民航市场主体地位的四十年，我国民航市场体系得到充分孕育发展。四十年来，经过政企分开、联合重组以及放松市场准入管制，航空运输企业群取代改革前的政企合一运行体，航空市场的垄断经营模式被打破。在公共航空运输领域，目前全行业共有运输企业60家，其中国有资本控股45家，民间资本控股15家，形成了由中航、东航和南航三大国有控股航空集团、众多地方性航空公司、中外合资航空公司、民营航空公司等多元化市场主体共同参与的竞争格局。既有从事综合运输业务的大中型航空公司，也有专门从事全货运、支线运输的航空公司，竞争方式呈现出多样化与专业化并存的态势。原来的国有独资民航企业逐步走向产权多元化，一批民航企业进入国际国内资本市场，完善了公司治理结构，提高了经营管理水平，基本形成现代企业制度。运输生产的人、财、物由统购、统分、调拨逐步过渡到主要通过市场配置。法治化的市场运行规则基本建立，平等竞争、效率优先、优胜劣汰的市场机制基本确立。

　　——改革开放四十年是不断调整民航行业政府职能的四十年，我国民航行业治理体系现代化建设初见成效。随着民航管理体制改革的不断深化，民航从改革开放之初的政企不分、军民合一，实现了真正意义上的政企分离、政资分离。民航行业管理部门形成了"民航局—地区管理局—民航省（区、市）安全监督管理局"的管理架构，安全管理成为民航行业管理机构的首要职能，市场管理、空中交通管理、宏观调控、维护消费者合法权益以及对外关系等成为行业管理的重要职责，实现了向有限责任政府的转变。2008年，按照《国务院机构改革方案》的要求，当时的民航总局由国务院直属机构改制为部委管理的国家局，原来单一的、相对封闭的行业管理模式被彻底打破，代之以多元的、相对开放的行业治理模式。民航局主动完善与中央相关部门的沟通协调机制，积极规范与地方政府的事权关系，支持和发展行业协会、中介机构等第三方服务，基本上形成了与民航发展相适应的现代化治理体系。

　　——改革开放四十年是不断扩大民航对外开放的四十年，我国在世界民航业的地位大幅提升。四十年来，中国民航积极学习世界民航发达国家的实践经验，实现了与国际民航标准的全面接轨。截至目前，我国批准加入26个国际民航多边条约。通过外国政府贷款、中外合资、外商独资、融资租赁、海外上市等方式，民航累计利用外资约600亿美元。此外，我国还与126个国家签署了双边航空运输协定，其中近90%是在1978年改革开放以后新订立的。现在每周有15684个定期客运航班和1894个定期货运航班往返于中国与世界主要国家之间，一年开通的国际航线比改革开放前三十年的总和都多。民航企业通过加入航空联盟，开展代码共享、股权合作等方式，积极主动地参与世界航空运输市场的竞争。中国民航在世界航空运输业的重要性不断提升，2017年中国民航对全球航空运输增长贡献率超过25%，居全球第一。2004年以来，我国已经连续5届当选国际民用航空组织第一类理事国。2015年，我国政府提名的候选人柳芳当选国际民航组织秘书长，2018年3月成功实现连任。

——改革开放四十年是不断提升民航服务国家战略能力的四十年，我国民航对国家经济社会发展的战略作用日益凸显。经过四十年改革发展，民航旅客周转量占全社会旅客周转量的比例由1978年的1.6%上升到目前的31%，航空运输在国家综合运输体系中的优势越来越明显，而与之切相关的高科技、金融和旅游等行业也从发展中获得充足的支持。目前，全国各地规划了近百个航空经济区，其中国家级临空经济示范区有12个，民航业越来越成为各级政府调整产业结构、转变发展方式的重要抓手。中国民航适航审定体系不断完善，有力地支持了国产民机的发展，2016年ARJ21支线客机投入商业运营，截至目前安全载客近20万人次，2017年C919大型客机成功实现首飞。民航在政治、军事、外交、文化等领域的作用也日益凸显，出色完成历次抢险救灾、海外撤侨等重大和紧急航空运输保障任务，在加强两岸交流、服务国防建设和提升国家软实力等方面做出了重要贡献。此外，通用航空在农林、地勘、旅游、救灾等行业和社会生活的许多领域也发挥了重要作用。

回顾我国民航近四十年的发展历程，可以清晰地看到，我国民航航空市场空间越发广阔，航空公司竞争力不断增强，机场网络布局日趋合理，空管服务能力稳步提升，安全安保和技术保障水平显著进步，通用航空产业化发展蓄势待发，参与国际民航合作和交流程度愈加深入，民航自主创新发展体系初步形成。正是这些基本特征逐渐明显，标志着我国已经牢固地确立了民航大国地位，迈向了民航强国的关键阶段。

民航改革开放四十年的宝贵经验和深刻启示

伟大实践波澜壮阔，经验启示弥足珍贵。习近平总书记指出，中国四十年改革开放给人们提供了许多弥足珍贵的启示，其中最重要的一条就是，一个国家、一个民族要振兴，就必须在历史前进的逻辑中前进、在时代发展的潮流中发展。民航改革开放四十年的进程深刻表明，没有国家的改革开放，民航业就不可能有良好的发展环境，就难以获得如此广阔的发展空间；没有民航业自身的改革开放，民航业就难以获得如此巨大的发展动力和活力，就难以取得今天的发展成就。在民航改革开放的艰辛探索中，我们也积累了不少经验和启示，这些经验和启示是指导我们进一步推进民航改革开放的精神财富和强大力量。

——必须把满足人民群众需要作为推进民航改革开放的根本宗旨。新中国民航创立伊始，就确立了"人民航空为人民"的行业宗旨。民航四十年改革开放，始终把满足人民群众的航空出行需求作为根本出发点和奋斗目标，把人民群众的期盼作为改革的方向，把人民拥不拥护、赞不赞成、高不高兴作为衡量改革开放效果的根本标准；始终致力于增强服务能力、扩大服务范围，建成了覆盖世界最多人口的机场网航线网，使航空服务更多更广地惠及人民群众；始终致力于为人民群众提供更加放心的航空安全水平，通过创新安全管理理念，完善安全法规标准，强化专业技术人员资质能力，采用现代化科技手段，在生产规模扩大、发展速度加快的情况下，创造了世界领先的安全飞行纪录；始终致力于为人民群众提供更加满意的服务品质，让更多人民群众享受到更加便捷、舒适、多样、个性化的真情服务。

——必须把破除体制机制障碍作为推进民航改革开放的主攻方向。通过变革生产关系和上层建筑从而推动生产力发展，是马克思政治经济学重要思想。民航四十年改革开放始终坚持问题导向，通过改革破除束缚生产力发展的体制机制障碍，激发民航发展活力。"军转民和企业化"改变了民航的领导体制，破除军事化管理体制的桎梏，重新明确了民航的经济属性；"政企分开"破除了高度计划经济管理体制的僵化管理，使民航企业成为自主竞争、自负盈亏、自我发展、自我约束的市场竞争主体；"机场移交地方管理"极大激发了地方政府投资建设运营管理民用机场的积极性；"联合重组"优化了资源配置，极大增强了我国航空运输企业在国际市场上的竞争力。

——必须把发挥市场配置资源作用作为推进民航改革开放的基本原则。民航几轮改革都是紧紧围绕打破市场分割、市场封闭、市场垄断、市场混乱，建立统一开放、竞争有序的市场体系展开的。放松市场主体准入管制，允许民营资本、外资进入民航业，使民航发展迸发出前所未有的活力。逐步放松票价管制，不断完善机场、空管收费政策，市场机制在航班、航线、航权、时刻等资源配置中的作用越来越大。努力处理好政府和市场的关系。民航行业管理部门从既是行业管理者，又是企业资产所有者的双重角色中解脱出来，尽量减少政府对民航企业微观层面经营活动的干预，政府管理的着力点落实在为民航企业培育良好的市场环境，保证市场配置资源作用的充分发挥上。

——必须把运用法治思维和法治方式作为推进民航改革开放的基本方略。民航推进改革开放的过程始终坚持依法合规严守程序。在改革途径的选择上，既树立创新思维，不故步自封，不因循守旧，敢于破除自身思想和行动上、体制和机制上的束缚，把是否有利于提高民航安全、质量和效益作为检验改革成效的最终标准；又强化法治思维，运用法治方式推进改革进程，严格遵守宪法法律要求，规范改革行为，通过完善法规体系体现改革成果。四十年来，民航改革实践中一些成功的经验上升到法规层面，初步建立了以《民用航空法》为核心，内容比较齐全、比较配套的民航法律、法规、规章体系。坚持打造法治政府，将权力关进制度的笼子，把政务公开贯穿政务运行全过程，民航局实现了由行政指令管理向依法行政的转变。

——必须把维护民航行业系统性和运行链条完整性作为推进民航改革开放的重要基础。民航是一个集高投入、高技术、高风险于一体的多层次的复杂运行系统，任何一个单位、一个部门或环节出现问题，整个行业运行的系统性都将受损，轻者影响运行质量，重者危及航空安全，长远则影响民航的整体竞争力。体制改革使民航主体管理关系发生变化，客观上打破了原来一体化管理的格局，但行业系统的内在逻辑关系没有改变，行业运行业务链条没有改变。民航在改革中始终自觉维护行业的系统性，自觉保持民航安全运行链条、运输服务链条、业务协作链条的完整性，坚持运用法治手段和市场机制，调整、协调业内各市场主体之间的关系，实现业内分工合理、结构合理、利益合理和协调发展，维护行业唇齿相依、荣衰与共的合作关系。

——必须把坚持党的领导作为推进民航改革开放的根本保证。没有党的领导，民航改革就没有明确的方向，就没有了政策保障。四十年来，每当民航改革发展到关键时刻，中央领导都亲自"问诊把脉"，为民航指明改革方向和发展道路。民航坚决贯彻执行党中央、国务院的路线、方针、政策，将其作为保持民航改革正确方向的根本保证，自觉将民航改革开放置于国家改革开放大局中统筹推进，保证了民航发展适应国民经济发展的需要。民航各级党组织围绕中心工作，为民航改革发展提供了强有力的思想和组织保证。在结束"文化大革命"后的重大历史关头，坚决拨乱反正，保证了民航工作重心的转移；在20世纪80年代末90年代初，勇敢面对国内外政治风波和经济风险的严峻考验，坚定了社会主义市场经济道路的正确方向；进入21世纪以来，紧紧把握民航发展重要战略机遇期，奠定了民航和谐发展、科学发展新起点；党的十八大以来，以党的政治建设为统领，以坚定理想信念宗旨为根基，以调动民航全系统党员干部积极性、主动性、创造性为着力点，不断提高党的建设质量，为建设民航强国提供根本政治保证。长期的奋斗历程，民航孕育形成了"忠诚担当的政治品格、严谨科学的专业精神、团结协作的工作作风、敬业奉献的职业操守"这一当代民航精神。

把全面深化民航改革开放
贯穿于新时代民航强国建设的全过程

改革开放四十年的成功实践开阔了民航人的视野和胸襟，赋予了我们前所未有的智慧和自信。站在历史的新起点上，继续解放思想、推进改革、扩大开放，是对历史的最好纪念。我们要认真贯彻习近平新时代中国特色社会主义思想和党的十九大精神，坚持新发展理念，坚持稳中求进总基调，坚持供给侧结构性改革这条主线，以更高水平的改革和更深层次的开放，破除制约民航强国建设的体制机制障碍，从现在起至2020年加快从航空运输大国向航空运输强国的跨越，至2035年实现从单一的航空运输强国向多领域民航强国的跨越，至21世纪中叶实现从多领域民航强国向全方位民航强国的跨越。

——破除制约核心竞争能力提升的体制机制障碍。资源配置效率决定着一个行业或地区的核心竞争力。我国民航国际竞争力不够强、辐射范围不够广、运营效率不够高、服务品质不够优，资源配置效率偏低以致整体产出水平不高是主要原因。航空运输要素资源的配置效率主要取决于市场机制是否发挥作用以及运输组织方式是否高效。从市场机制的角度看，我国民航业中干预市场的因素还有很多，有的来自行业外部、有的来自行业内部；有的来自企业外部，有的来自企业内部。由于单位、部门利益的切割，行业关键要素资源的流动性较差，一些领域仍存在垄断现象。从运输组织方式的角度看，由于航班时刻资源配置不合理，难以形成航班有效衔接，导致一些大型机场枢纽功能不强；由于现代管理意识和契约精神不够，支撑民航跨地区、跨部门运行的环境还没有完全形成，行业运行链、服务链仍然存在缝隙和断口；由于低空空域开放不够、飞行审批过于严格等问题，我国通用航空发展仍然任重道远。此外，在综合交通体系建设中各种交通运输方式衔接度不高，地区机场群在协调发展中的功能定位不清晰，全国机场布局中东西部不平衡，支线、低成本航空等商业模式发展缓慢等方面同样存在很多体制机制障碍。

提升民航核心竞争能力，关键就在于破除这些制约民航要素资源配置水平的体制机制障碍，形成一套基于市场的、高效的、有机的资源配置方式。要进一步减少行政审批项目，简化行政审批程序，最大限度地减少对生产经营活动的干预；构建公开透明的市场环境，在市场准入方面推行负面清单管理模式，清单以外市场主体可以平等自由进入；鼓励航空公司重组整合、优胜劣汰，促进航空企业建立健全运转协调、有效制衡的法人治理结构，稳妥推进混合所有制改革；推进国内航空运输价格市场化改革，完善运价主要由市场决定的机制；进一步完善机场收费和空管收费政策，为航空企业实施差异化战略提供更大空间；引导构建多元化投融资机制，构建民航生产要素市场，引导社会资源在航空运输业优化配置，建立起规模经济与市场竞争相互兼容的市场结构以及国有资本与民营资本相互补充、相互混合的产权结构，提高行业资源配置效率。

——破除制约资源保障能力提升的体制机制障碍。近年来，航空运输快速增长与关键资源不足、保障能力不强的矛盾日益凸显。一是空域资源严重不足。自2000年移交29条航路给民航后，民航飞行总量年均增速达13%，而固定航路航线的年均增长率仅为2.1%。航路航线繁忙程度加剧，民航空管保障系统不堪重荷，安全运行风险不断加大。这一方面是由于空域资源管理主体、配置原则方式以及空域运行管理等方面的改革存在不少难点，空管体制改革尚未最终完成；同时，民航空管系统运行效率还需要进一步提高，这其中涉及运行信息共享、管制标准执行、单位绩效管理、人员激励约束机制等问题。二是地面保障能力不足。虽然改革开放以来，民航基础设施建设对行业发展的贡献率不断提高，但是基础设施建设对民航可持续发展的约束尚未得到有效缓解。由于投融资困难、审批程序复杂等导致建设进度相对滞后，不能满足旺盛的发展需求；由于规划建设不同步、建设标准不相容、系统配置不衔接等问题，造成基础设施建设协调性不够，影响整个系统的正常、高效、顺畅运行；由于在规划设计等方面前瞻性和创新能力不强、项目设计不合理等，直接影响人民群众对民航真情服务的获得感。同时，我们对机场多跑道运行等技术的研究还比较滞后，机场地面运行效率有待提高，基础设施的潜力不能有效发挥。三是关键人力资源紧缺。飞行、空管、机务等专业技术人才结构性不平衡状况较为突出，尤其是运输机长十分紧缺。由于人才培养周期较长，加之没有建立科学的人才预警机制，相应的学科体系建设和专业设置、培养方向、素质要求、招生规模具有一定的滞后性，使得行业发展对专业技术人员的需求总是处于一种"饥饿"状态。

提升资源保障能力，关键要继续推动国家空域体制改革以及地区空域精细化管理改革；加快建设"强安全、强效率、强智慧、强协同"的现代化空管体系，进一步激发空管系统挖潜增效的内生动力。对标全球一流机场，建立"平安机场、绿色机场、智慧机场、人文机场"标杆体系，着力打造和运营集内在品质和外在品位于一体的现代化民用机场；加强新技术应用战略目标的统筹和系统化，结合我国空域使用管理规划，综合确定未来什么技术能用、先用。积极培育民航教育培训市场，以开放包容的姿态，充分利用社会力量，加大飞行、机务、空管等民航特有专业人才的培养投入。

——破除制约行业治理能力提升的体制机制障碍。构建民航治理体系和实现治理能力现代化，是民航深化改革的总目标。建设民航强国需要一个强有力的高效决策和协调机制，但我国民航业空域分配、行业规划、产业政策制定、飞机引进、机场建设、国有航空企业的资产管理等方面职能分别由多个国家部门与民航管理部门参与决策，决策效率和政策执行力还有提升空间。机场属地化改革之后，一些地区因财力、管理能力等原因无法将机场经营下去，作为一种过渡和变通，出现了一些新的体制模式，给机场的发展与运营带来诸多问题。此外，面对民航发展的新业态、新领域和新模式，行业规章调整明显滞后，治理手段不够丰富，机关各部门的相互协同和内在联动也不尽如人意，行业协会、中介机构等第三方作用发挥还有相当空间。

针对这些问题，我们要对照国家行政机构改革要求，对民航局现行工作内容进行逐项梳理，理顺民航各级行政机构的权责关系，优化职能配置和机构设置。推进修改《民航法》，持续完善法规体系，确保规章标准建设与时俱进。改进行业管理方法，主要以发展战略、行业规划、财经政策，实施宏观调控；主要以市场规则和事后监管，规范市场秩序。在安全管理方面，更加注重规律把握和形势预判，增强前瞻性和预防性；更加注重标准规范和手册管理,减少具体认证和公文指令;更加注重长效机制和"基层、基础、基本功"建设,摒弃突击性、运动式管理方法。合理界定涉及民航管理中央事权和地方事权的关系,进一步完善机场管理体制,建立体现公益性与经营性要求的运营制度,条件成熟的机场要向管理型转变。完善航空央企经营业绩考核政策。稳步实施事业单位分类改革,稳妥推进局属企业改革。支持和发展行业协会、中介机构、咨询公司等第三方服务。推动解决机场和公安、空警体制改革遗留的问题。积极探索公务员分类管理制度,健全行政经费保障机制。

——破除制约行业创新能力提升的体制机制障碍。具有制定国际民航标准规则的主导权和话语权、具有引领国际民航业发展的创新能力,是民航强国的标志性特征和动力源泉。提升行业创新能力,需要从加强条件保障、激发创新活力和培育创新环境等多方面入手,破立结合。要破除国外技术的盲目迷信,改革开放之初,我们往往都是成套地引进国外设备和系统,亦步亦趋地照搬学习别人的东西,现在我们已经有了需要独立面对的特殊问题,必须破除不利于民航自主创新的体制机制障碍,不搞照搬照抄的伪创新,走出一条有中国特色的自主创新道路。要破除故步自封的行业壁垒,民航不能关起门来搞创新,必须要打破单位、隶属关系、身份等壁垒,充分利用行业内外创新力量,为民航发展所用。要破除项目管理的机制障碍,必须广开资金渠道,破除限制资本投入民航创新的制度瓶颈,增大创新投入。必须解决好科研经费分配使用管理方法的问题,对于不同类型的科教项目建立不同的支持方式。要破除束缚人才的制度藩篱,要改变唯学历、唯职称、唯论文的评价方式,突出对重大科技贡献、优秀创新团队和青年人才的激励;破除分配体制机制障碍,探索科技成果产权制度改革,让创新人才凭自己的聪明才智和创新成果合理合法地享有应有的待遇。

改革越向纵深推进,遇到的阻力风险越大,碰到的硬仗也会越多。我们要坚持全面从严治党,加强党的政治建设,强化"四个意识",坚定"四个自信",切实加强党对深化民航改革工作的领导,为全面深化民航改革开放提供根本政治保证。认真贯彻中央关于更加注重改革的系统性、整体性、协同性的精神,切实加强改革工作的组织领导,坚持既大胆创新,又慎重稳妥,看准的、成熟的要坚决改,不具备条件的要积极创造条件改。积极争取国家有关部门、地方政府和军队的大力支持,共同破解改革难题。加强改革督查考核力度,确保改革落地见效。大力弘扬和践行当代民航精神,动员广大干部群众积极参与和支持改革,保证深化民航改革开放扎实稳步顺利推进,特别是要引导民航广大青年坚定信念、志存高远、脚踏实地,在全面深化民航改革开放的伟大实践中贡献力量、创造人生辉煌,同时也要充分发挥老同志在民航改革开放事业中的积极作用。

成就已经载入史册,目标更加催人奋进。2018年9月30日,习近平总书记在接见"中国民航英雄机组"时勉励民航人继续努力,一个航班一个航班地盯,一个环节一个环节地抓,为实现民航强国目标、为实现中华民族伟大复兴再立新功。我们相信,在以习近平同志为核心的党中央坚强领导下,全体民航人按照民航局党组确定的改革总体框架,全身心地投入到进一步深化民航改革工作实践中,最大努力地探索改革路径,最大范围地凝聚改革共识,最大程度地形成改革合力,我国就一定能够跻身世界民航强国之林,民航人一定能为实现"两个一百年"奋斗目标和中华民族伟大复兴中国梦,贡献更大的智慧和力量!

将民航改革开放进行到底

《中国民航报》

　　历史，总是在一些特殊年份给人们以汲取智慧、振奋前行的伟力。对民航业来说，2018年就是具有里程碑意义的特殊一年，习近平总书记对民航工作的三次重要指示批示给予了我们攻坚克难的智慧，特别是9月30日习近平总书记会见"中国民航英雄机组"时的重要指示精神，使全体中国民航人受到了巨大的鼓舞。12月11日，民航改革开放40周年座谈会召开，在新的历史起点上，进一步凝聚了全行业奋进新时代的磅礴力量。

　　民航局局长冯正霖在座谈会上的讲话，从民航改革开放40年的生动实践和深刻启示、新时代全面深化民航改革开放重在破除制约民航强国建设的体制机制障碍、把全面深化民航改革开放贯穿于新时代民航强国建设的全过程等方面，全面回顾总结了民航改革开放历程、重要成就和基本经验，明确了新时代全面深化民航改革开放的重点任务，以及进一步深化民航改革开放的政策措施，表达了全行业全面推进"一加快、两实现"民航强国战略进程的坚定信心，彰显了全行业将改革开放进行到底的坚定决心和坚强意志。

　　全面理解会议精神、把握讲话精神实质，就是要始终高举改革开放这一面伟大旗帜，贯穿民航发展建设全过程。

　　高举改革开放伟大旗帜首先要始终把握民航改革开放的正确方向。旗帜就是方向，改革开放是当代中国一场伟大革命，是决定当代中国命运的关键抉择，是当代中国的鲜明特色。民航改革开放的历程是国家改革开放的伟大历史进程的成功缩影。1978年以来，民航经过1980年到1986年的"民航一定要企业化"，1987年到2001年的政企分开、航空公司与机场分设，2002年到2012年的政资分开、联合重组、机场属地化，2013年至今的进一步深化民航改革四个阶段系统性的改革，行业面貌发生了根本性变化，行业发展取得了历史性成就。40年

来，尽管每个阶段改革开放的形势不同、任务不同、要求不同，但始终坚持中国特色社会主义制度和社会主义市场经济改革方向，通过改革开放革除体制机制上的顽瘴痼疾，实现自我改进和自我完善，推动民航治理体系更加成熟、更加定型，治理水平更加科学、更加有效，从而解放和发展了民航生产力，民航的比较优势和先行优势得到充分彰显，行业发展更有效率、更有质量、更加公平，大踏步地赶上时代前进步伐。

高举改革开放伟大旗帜要始终把握民航改革开放的正确路径。旗帜就是指望，40年来，民航行业面貌发生了翻天覆地的变化，行业发展取得了举世瞩目的成就，一个重要原因是我们掌握了改革开放的正确路径。始终坚持安全第一，正确处理好安全与发展、效益、服务、正常的关系，改革开放40年是航空安全管理不断创新的40年，我国航空运输安全达到国际先进水平。始终正确处理好市场与政府的关系，改革开放40年是不断解放民航生产力的40年，我国一跃成为世界航空运输大国。始终发挥市场作为资源配置的决定性作用，改革开放40年是不断确立民航市场主体地位的40年，我国民航市场体系得到充分孕育发展。始终坚持"放管服"改革，实现政府权力"瘦身"、职能"转身"和治理"强身"，改革开放40年是不断调整民航行业政府职能的40年，我国民航行业治理体系现代化建设初见成效。始终坚持立足自身发展，同时主动融入国际社会，借鉴国际先进经验，改革开放40年是不断扩大民航对外开放的40年，我国在世界民航业的地位大幅提升。始终坚持围绕中心，服务大局，以服务国家战略和大局为己任，改革开放40年是不断提升民航服务国家战略能力的40年，民航的战略作用日益凸显，在国家经济社会和综合运输体系中，从可有可无到不可或缺，再到形成一个现代化的战略性、基础性产业，成为国家发展新的动力源。

高举改革开放伟大旗帜要珍惜民航改革开放的成功经验。旗帜就是趋赴，在40年的艰辛探索中，民航积累了宝贵的经验和重要的启示：必须把满足人民群众需要作为推进民航改革开放的根本宗旨；必须把破除体制机制障碍作为推进民航改革开放的主攻方向；必须把发挥市场资源配置作用作为推进民航改革开放的基本原则；必须把运用法治思维和法治方式作为推进民航改革开放的基本方略；必须把维护民航行业系统性和运行链条完整性作为推进民航改革开放的重要基础；必须把坚持党的领导作为推进民航改革开放的根本保证。这"六个必须"是全行业40年艰辛探索的智慧结晶，来之不易，需要倍加珍惜。我们要按照新时期民航

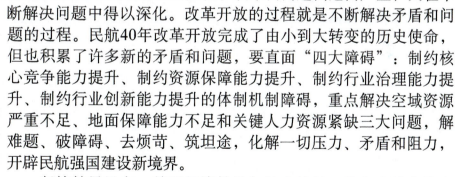

总体工作思路，大力弘扬和践行当代民航精神，让这些经验和启示成为指导新时代推进民航改革开放知所趋赴的精神财富和强大力量。

改革是民航立业之本，开放是民航强业之路。回首民航改革开放40年，我们不仅要为已经取得的成就欢庆和自豪，更重要的是要高举改革开放伟大旗帜，进一步深化对民航改革开放必要性、重要性和复杂性的再认识、再理解、再升华，把握其中的历史逻辑、理论逻辑和实践逻辑，切实增强民航进一步改革开放的认识自觉、思想自觉和行动自觉，坚定不移走改革开放这条正确之路、强国之路、兴业之路。

全面理解会议精神、把握讲话精神实质，就是要始终以建设民航强国这一战略为目标，实现民航高质量发展。

改革开放40年与新时代民航强国建设有高度一致的内在逻辑。一方面，民航改革开放40年的实践主题就是探索和建设民航强国之路，民航强国的八个基本特征逐渐明显，民航改革开放40年的历史就是一本驱动民航强国建设的生动教科书。另一方面，民航改革开放40年的发展为民航强国建设打下了坚实的基础，标志着我国已经牢固地确立了民航大国地位，迈向了建设民航强国的新阶段。

坚持目标导向，按照民航高质量发展要求，推进"一加快，两实现"的新时代民航强国战略进程。实现民航强国梦想是民航几代人孜孜以求的奋斗目标。目标就是前进的方向，建设民航强国就是要不断促进八个基本特征不断凸显、不断汇集、不断拓展，使民航业各种要素齐头并进、协调发展，从安全水平到运行效率、从保障资源到管理能力、从生产规模到质量效益、从市场需求到内生动力、从服务产品到规则标准，全方位全要素多层次加快建设两年多的时间，2019年是我们伟大祖国和新中国民航成立70周年。我们要有强烈的时间节点意识，进一步增强责任感、使命感和紧迫感，通过改革开放，抓重点、补短板、强弱项，在重要领域和关键环节的改革开放上取得决定性成果，推动民航强国建设不断取得新进展。

坚持问题导向，按照稳中求进总基调，逐一攻克制约民航强国建设的体制机制障碍。问题是时代的声音，坚持问题导向是改革开放的重要方法。改革由问题倒逼而产生，又在不断解决问题中得以深化。改革开放的过程就是不断解决矛盾和问题的过程。民航40年改革开放完成了由小到大转变的历史使命，但也积累了许多新的矛盾和问题，要直面"四大障碍"：制约核心竞争能力提升、制约资源保障能力提升、制约行业治理能力提升、制约行业创新能力提升的体制机制障碍，重点解决空域资源严重不足、地面保障能力不足和关键人力资源紧缺三大问题，解难题、破障碍、去烦苦、筑坦途，化解一切压力、矛盾和阻力，开辟民航强国建设新境界。

坚持效果导向，兼顾经济效益与社会效益，建立多维度综合性民航强国评价体系。效果是检验政策措施的标尺。改革开放效果如何人民群众最有发言权，民航要始终把满足人民群众的航空出行需求作为根本出发点和奋斗目标，把人民群众的期盼作为改革开放的方向，把人民拥不拥护、赞不赞成、高不高兴作为衡量民航改革开放效果的根本标准，让人民群众有获得感、幸福感和安全感。改革开放效果还要看民航对国家的贡献率，民航改革开放是国家改革开放的重要组成部分，民航发展成就首先得益于国家改革开放政策。民航是国家经济高质量发展的重要领域、重要抓手和重要动力，民航改革开放要有利于发挥民航对国家经济社会发展的战略引领力、在构建国家现代化经济体系中的基础支撑力和在综合交通体系中的先行先导力。改革开放效果最终要体现在行业整体的竞争力和创新力上，民航强国建设过程是贯彻新发展理念的过程，是不断提高民航全要素生产率的过程，也是不断提高行业竞争力和创新力的过程，通过继续深化改革开放，加快形成推动民航高质量发展的指标体系、政策体系、标准体系、统计体系、绩效评价和政绩考核体系，推动民航强国建设再上新台阶。

坚持目标导向就是要坚定民航强国的战略方向，坚持问题导向就是要明确攻坚克难的主攻方位，坚持效果导向就是要建立实事求是的评价方略。"三个导向"是辩证统一的关系，相互支撑，相互影响，缺一不可。坚持"三个导向"是深化民航改革开放必须把握的三条基本原则，也是深化民航改革开放必须掌握的三个科学方法。

全面理解会议精神、把握讲话精神实质，就是要始终以供给侧结构性改革这一主线为动力，将民航改革开放进行到底。

站在改革开放40年新的起点上，推进民航改革开放的复杂程度、敏感程度、艰巨程度前所未有，这就要求我们要以供给侧结构性改革为主线，把改革开放的工作重点放在供给侧上，把主攻方向放在结构性上，敢于攻坚克难、敢于啃硬骨头、敢于涉险滩，确保会议部署的充分发挥市场的决定性作用，完善民航市场体系；更好地发挥政府作用，健全民航行业治理体系；着力突破资源制约瓶颈，提升资源保障能力；继续深化企事业单位改革，增强行业发展活力；大力拓展国际合作，提高对外开放水平；切实加强组织领导，积极稳步推进改革开放等六条政策措施落地见效、行稳致远。

进一步深化民航改革开放的核心是发挥改革与开放的驱动作用，不断增强"两大引擎"整体性。改革和开放犹如民航前进的"两大引擎"。改革是刀刃向内的自我革命，重点是破除体制性障碍、机制性矛盾和政策性问题。开放是打开双臂的自我革新，重点是善于利用国际国内两个市场、两种资源，深度融入国际民航事务与分工体系。既要重视改革的"关键一招"作用，又要发挥开放的"外在推力"作用，把坚持历史进步性与不断借鉴吸纳人类文明优秀成果统一起来，以深化改革为扩大开放创造有利条件，以扩大开放赢得民航改革发展的主动，形成整体推进之力。既要处理好局部与全局的关系，也要处理好当前与长远的关系，既要重视民航局机关层面10项重点改革任务、也要推进民航企事业单位、中介组织的改革，加强组织领导、督查检查和第三方评估，形成齐头并进之势。既加强开放的顶层设计，服务"一带一路"倡议、全方位对外开放格局和构建人类命运共同体，也要统筹地方和企事业单位的开放，形成分工合作、优势互补的开放之局。让"两大引擎"整体运转起来，加快民航向以技术、标准、品牌、质量、服务为核心的综合竞争优势转变，形成新时代民航改革开放的联动效应。

进一步深化民航改革开放的关键是要正确处理好政府和市场的关系，不断增强"两只手"的系统性。市场是无形之手，政府是有形之手。在发挥市场决定性作用的同时更好发挥政府作用，对航权、航线、航班、运力、价格等要素实现市场化配置，既要解决市场失灵，又要解决行业政府职能在一定程度上存在的越位、缺位和错位问题。在大幅度减少政府对资源直接配置的同时，坚持控总量、调结构，强化导向作用，加强发展战略、规划、政策、标准等制定和实施，综合运用行政、经济、法律、科

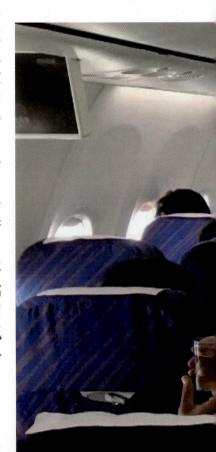

技、诚信等手段，加强市场活动监管，加强各类公共服务有效供给，完善考核评价机制，把坚持实践第一性与不断总结升华实践经验统一起来，让"两只手"优势互补、各展所长，加快打造公平的竞争环境、高效的政务环境、良好的法治环境，加快民航由要素驱动向创新驱动转变，由规模速度型向质量效益型转变，形成新时代民航改革开放的叠加效应。

进一步深化民航改革开放的方法是统筹协调，不断增强"三个支点"的协调性。改革发展稳定是民航强国建设的三个重要支点，也是稳中求进的必然要求。改革是民航发展的强大动力，发展是解决民航一切问题的关键，稳定是民航改革发展的前提。现在，国际社会面临大变革大变局大调整，存在不确定性；国内社会结构深刻变动，利益格局深刻调整，思想观念深刻变化，凝聚改革共识难度加大，统筹兼顾各方面利益任务艰巨。要始终把安全发展作为头等大事和生命线，既要处理好业内与业外的关系，也要处理好航空公司、机场和空管的关系；既要处理好运输航空与通用航空的关系，也要处理好干线航空与支线航空、客运航空与货运航空的关系；既要处理好机场网、航线网与运行监控网的关系，也要处理好东、中、西部机场发展的关系。改革文章越做越活，动力与信心就会不断迸发；开放文章越做越大，格局与气度就会不断彰显；创新文章越来越多，动能与引擎就会不断点燃，安全稳定文章越做越实，环境与条件就会不断优化。把坚持人民主体性与不断凝聚荟萃群众智慧力量统一起来，不断激发广大民航职工拥护改革开放、支持改革开放、投身改革开放的热情，让"三个支点"协调起来，实现民航质量变革、效率变革和动力变革，形成新时代民航改革开放的协同效应。

"纷繁世事多元应，击鼓催征稳驭舟"。回首过去，中国民航风雨砥砺，不仅收获了快速成长和宝贵经验，更收获了战略定力和高度自信。立足当下，处在"两个一百年"奋斗目标的历史交汇期，民航强国建设的新征程已经启航。展望未来，改革开放是激荡民航新气象、成就民航新作为的重要力量。我们相信，在以习近平同志为核心的党中央坚强领导下，中国民航这架新时代的银鹰，一定能够把民航改革开放进行到底，一定能够向着高质量发展的航向，搏击长空，势不可挡。

改革开放40年民航法治建设情况

中国民用航空局政策法规司

　　改革开放40年来，民航局不断加强法治建设，强化依法行政意识，落实安全监管责任，有力地引导和推动了民航行业的持续健康安全发展。

　　立法方面，基本建成以《民航法》为核心，覆盖行业各领域和各环节，科学规范、层次分明、配套衔接的民航法规体系，在保障、规范和引领行业发展方面取得显著成就。

　　民航局持续加强立法工作，坚守安全底线、适应行业发展需要，建立起比较完备的民航法律法规规章体系，共包括1部《民航法》，30部行政法规和法规性文件，以及129部部门规章。此外，还有近800部与规章配套的规范性文件，对规章内容进行了细化，便利行业运行主体遵守和执行规章。

　　《民用航空法》由第八届全国人大常委会第十六次会议于1995年10月30日审议通过，自1996年3月1日起开始正式施行。随着行业的发展，《民航法》在近年来进行了4次修订。目前，我们正在对民航法进行全面的修订，于2015年面向全社会广泛征求意见，修订稿已于2017年底报送至国务院。

民航规章是民航行业监管和运行的重要依据，具有系统性强、数量多、技术性强、国际化程度高、修订频次高等特点，包括航空器、航空人员、空中交通管理、运行审定、机场、运输管理、行政规则、综合调控等12大项内容，确保行业安全有序运行。民航各运行单位依据行业规章标准建立运行手册和岗位手册，作为员工开展工作的直接依据和标准，"规章意识、手册文化"已经成为中国民航法治建设的重要支撑和鲜明特征。

民航法规建设与时俱进，立法规范化和科学化水平不断提升。自1998年以来，平均每年修订9部规章，以适应行业的快速发展；2007年，颁布《规章制定程序规定》和《职能部门规范性文件制定程序规定》两部规章；2011年，发布规范性文件《民航局规章立法后评估规定》；2013年以来，制定《民航规章立法技术规范》《民航规章起草工作规范》等4部规范性文件；2016年，发布行业首部立法规划《民航十三五立法规划》，并对1978年以来的法规规章和与规章配套的规范性文件进行全面梳理清理。

目前，民航局正在探索构建独立的通航法规体系，按照经营能力、运行能力两个维度将通航活动分为40余个模块，规定不同的管理要求和管理标准，并着手对《通用航空经营许可管理规定》等11部涉及通航的规章进行了修订。近年来，民航局还开展了放管服改革、军民融合发展、产权保护等领域的规章清理工作。

在国际民航公约方面，民航局积极主动融入民航国际合作领域，目前我国已批准、加入26项重要的国际民用航空多边公约。特别是2010年在北京首次承办国际民航组织外交大会，通过并签署《北京公约》和《北京议定书》，进一步提升了我国在国际民航领域的影响力。

在依法行政方面，民航局的行业监管能力建设持续加强，监管队伍不断壮大，监管模式不断创新，监管手段不断丰富，监管效能显著提升，为维护民航安全和运行秩序提供了有力保障。

1999年民航局颁布《中国民用航空监察员规定》，组建民航监察员队伍，探索开展行业监管工作。监察员队伍从2004年初的976名，增加到目前的2462名，增幅达152%，包括安全监管类、经济监管类、综合类、督导类等四种监察类别。多年来民航局加强监察员队伍建设，不断强化依法行政理念，巩固提高监察员的专业监管技能，不断提高队伍素质。

截至2018年8月底，民航局印发《关于全面规范运用行业监管手段的指导意见》《民航行政机关行政处罚裁量权规范办法》等行政执法指导文件25份，不断完善行政执法制度体系，提升执法规范性。

行政检查是民航行业监管中使用最为广泛和频繁的手段，民航局于2006年颁布《民用航空行政检查工作规则》，不断增强行政检查工作的计划性和科学性，完善检查项目、检查内容和检查频次的规定，从而规范了行政检查程序和文书，建立了定期评查执法案卷的制度，形成了行政检查工作的闭环管理，建立起全面系统的行政检查工作体系。

民航各级行政机关以应用必用、过罚相当、权益相对、信息公开为原则，综合运用行政强制、行政处罚、行政许可、行政约见、经济调控、协同监管等多种监管手段，较为全面地履行了行业监管职责，确保了行业的健康安全发展。

开展行业监管模式调整改革。2015年4月，按照"先试点—再试用—后推广"三步走的方式，分步实施改革，自2018年起正式在全行业推开。行业监管模式调整改革的主要内容包括：建立基于民航行业监管事项库的行政检查方式；将民航行政机关的执法监管职责整理为21个监管专业、360个检查项目、2304项检查内容，明确监管边界和监管事项的主要内容；确立非现场监管制度；鼓励监察员在符合条件的情况下，运用远程音频、视频、图文资料、电子数据等远程手段开展行政检查，进一步降低监管资源消耗，提高监管效能；设立民航单位法定自查制度；由企事业单位对照监管事项库进行自我检查和自我整改，以行业信用手段为支撑，要求其承担起规章符合性检查的主体责任，全面提高民航企事业单位的行业合规管理水平。

全面系统构建民航领域信用管理体系。目前，民航局在行业运行主体和民航旅客端都建立了信用管理制度，全面覆盖航空服务产品的供给侧、需求侧和民用航空活动的各个领域。2017年，发布《民航行业信用管理办法》，在世界民航行业领域，率先以制度的形式提出并推行信用管理手段。2018年，与国家发展改革委、中央文明办、最高法等7家单位联合印发《关于在一定期限内适当限制特定严重失信人乘坐民用航空器推动社会信用体系建设的意见》。目前，共公布两批行业严重失信人名单共1个法人单位和6个自然人，三批民航特定严重失信旅客名单共计1367人，累计限制失信被执行人购买飞机票1414万人次。此外民航局还参加了27个部委间的多边信用联合惩戒文件。在这个月召开的国际民航组织法律委员会会议上，中国民航的全面信用管理体系受到了广泛关注，得到了国际民航组织和多个国家的认可和赞赏。

继往开来，民航局将在习近平总书记全面依法治国新理念新思想新战略的引领下，继续全面深入推进民航法治建设，为建设民航强国提供有力的法治保障。

改革开放40年民航国际合作发展成果

中国民用航空局国际司

民航业是中国经济社会发展的战略性产业。改革开放40年来，随着我国综合国力的不断增强，中国民航的国际航空运输呈现快速发展态势，国际航线网络不断完善，在以国际民航组织为代表的民航多边国际舞台上的话语权和影响力大幅提升。

一、开放合作，全面拓展国际航线网络

伴随着中国民航的快速发展，中国民航局采取了主动适应、积极引领的国际航空运输市场开放政策，统筹国家利益、行业利益以及公众和地方经济社会发展的利益需求，根据不同航空市场的特点，通过双边和区域两个途径积极、渐进、有序地推动双边及区域市场的开放，中国民航的大门越开越大。

40年来，与中国签署政府间航空运输协定、正式建立民航关系的国家和地区从1978年的34个增加至目前的125个。

目前，我已与东盟、澳大利亚、智利、马尔代夫等国家/地区完全开放了客货运市场，与美国、新西兰、英国等国完全开放了货运市场。

中国的航空公司已通航61个国家的167座城市，国际航线总数达到844条，初步构建成联结全球的国际航线网络，成为我国对外开放和发展双多边国际关系不可或缺的桥梁和纽带。

2013年"一带一路"倡议提出以来，中国民航局将推动与"一带一路"沿线国家航空互联互通放在发展民航对外合作的优先位置，与28个"一带一路"国家扩大了航空运输市场准入，并以乌鲁木齐、西安、昆明为节点，积极倡导"一带一路"上的航空运输自由化和便利化。截至目前，我国已与45个沿线国家实现直航，每周约5100个航班。

二、互利共赢，积极拓展民航国际交流合作

改革开放40年来，中国民航发展为全球第二大航空运输体系，这离不开引进民航发达国家的资金、人才、先进技术、经营理念和管理经验，因此"引进来"是实现民航强国必须长期坚持的战略方针。中国民航建立了中美、中欧等民航技术合作平台，积极学习借鉴欧美发达国家的先进技术和管理理念。同时，按照推动形成全面开放新格局、引进来与走出去并重的要求，中国民航局建立并不断夯实中国与非洲、中国与中亚民航区域合作平台以及中国-东盟运输工作组机制，与金砖国家建立合作机制。

中国民航局将"一带一路"沿线国家作为中国民航走出去的重点区域，支持中国民航企业和科研机构积极稳妥地开拓"一带一路"沿线国家市场，并为发展中国家提供航空安全、安保、空管等领域的培训。近十年，中国民航局已为发展中国家提供了400多个政府奖学金名额，为提升发展中国家民航专业人员的能力建设作出了积极贡献。

三、共治共建，着力提升民航领域参与全球治理能力

中国积极参与民航全球治理体系改革和建设。国际民航组织是联合国专门机构之一，是全球民用航空业政策、标准的制定者。民航局将全面参与国际民航组织活动作为重要抓手，积极参与国际民航组织事务，争取发挥越来越大的影响力和作用。

我国是国际民航组织的创始成员国，自1974年恢复参加国际民航组织活动以来，曾连续10次当选为二类理事国，并于2004年竞选成为一类理事国连任至今。中国恪守《国际民用航空公约》的宗旨，履行国际民航组织缔约国的义务，为国际民用航空的安全、有序、环保和可持续发展作出了积极贡献。

首先，中国是国际航空政策与标准制定的积极参与者。

我国全面参加了ICAO理事会技术委员会、航行委员会、航空运输委员会、非法干扰委员会以及秘书处设立的所有主要技术专家组，约有近60名专家直接参与国际民航组织国际航空政策与标准的制定。中国认真履行成员国义务，不断提高行业规章标准与国际民航组织标准的符合性，将所有ICAO标准纳入国内规章。在ICAO对中国的历次安全、安保等国际标准

执行审计中，均得到高度评价。

自2011年起民航局专门制定了"百人计划"，选派民航系统各专业的中青年骨干到国际民航组织进行为期1～2年的借调工作。截至目前，已选派了四批共55名骨干。2018年，民航局又进一步建立和完善了民航国际化人才库建设，对国际化人才采取梯次培养。

第二，中国是国际民航组织工作的积极支持者。

自1974年恢复在国际民航组织中的活动以来，中国认真履行在国际民航组织中的财务义务，并向国际民航组织亚太地区分办事处、北亚地区运行安全及持续适航合作、航空环境保护基金、航空安全基金、航空安保行动、非洲航空安全全面地区实施计划、非洲人力资源培训等项目提供了捐款。

2017年，我国政府还向国际民航组织捐赠了400万美元的"南南合作援助基金"，支持国际民航组织通过开展培训项目帮助"一带一路"沿线国家提升监管水平和能力建设。

中国还积极参与国际民航组织"不让一个国家掉队"的行动，举办发展中国家航空专业人员培训班。作为东道国，中国还承担了北亚地区运行安全和持续适航和亚太飞行程序设计项目工作，担任了国际民航组织伙伴援助计划联合主席。

第三，中国是全球航空治理的重要参与者。

2013年6月，国际民航组织在全球设立的第一个地区分办事处落户北京。这是国际民航组织首次设立的地区分办事处，主要负责亚太地区的空域组织和管理工作。

2015年3月11日，中国提名的候选人柳芳成功当选国际民航组织新一任秘书长，她是国际民航组织历史上首位中国籍秘书长，也是首位女性秘书长。2018年柳芳成功连任。

2017年5月，在"一带一路"国际合作高峰论坛期间，冯正霖局长代表民航局与国际民航组织柳芳秘书长就加强"一带一路"倡议与"不让一个国家掉队"倡议之间的有效对接签署了合作意向书，致力于提升"一带一路"沿线国家民航发展水平，分享中国发展经验。

2018年1月，首届亚太地区民航部长级会议在北京召开，会议通过了《北京宣言》，首次将构建人类命运共同体的表述写入国际民航领域文件。《北京宣言》将成为未来一段时期推动亚太民航发展的多边政策指南，对加强亚太地区各国在民航领域合作，提升亚太地区航空安全水平，促进亚太民航持续健康和高效发展，发挥航空在构建人类命运共同体中的作用等方面具有重要意义。

在积极参与国际民航组织工作的同时，中国民航局还积极利用亚太地区民航局长会议、亚太经合组织等重要民航多边合作机制，提升中国民航在亚太地区的影响力，协调航空公司、机场、空管保障单位、研究机构、民航行业协会积极参加国际航空运输协会、国际机场协会、民用航空航行服务组织、国际航空驾驶员联盟、飞行安全基金会等非政府组织，全方位、多层次地积极参与全球民航治理，不断提升中国在多边国际舞台的话语权和影响力。

改革开放40年民航运输发展情况

中国民用航空局运输司

一、航空运输持续快速增长

1978年，全行业旅客运输量230万人，世界综合排名仅为第37位，旅客运输量在国家综合交通体系中的比重仅为1.6%。

改革开放以来，我国民航运输一直保持着两位数的快速增长。截至2017年底，全行业累计完成运输总周转量1083亿吨公里、旅客运输量5.5亿人次、货邮运输量705.9万吨，分别是1978年的362倍、239倍和110倍，旅客运输量在国家综合交通体系中的比重已经从1978年的1.6%上升到2017年的29%。

二、市场化程度不断提高

20世纪80年代以前，我国民航"政企不分"。80年代以后，为加快民航业发展，满足国家社会经济发展的需要，民航通过实行"政企分开"、鼓励新设航空公司等手段和措施，不

断推进民航市场化改革，通过加强市场竞争，增强市场活力，满足广大人民群众日益增长的出行需求。

截至目前，我国共有60家运输航空公司，形成了主体多元、竞争有序的市场格局。目前共有客运航空公司51家，货运航空公司9家。市场竞争使得航空公司更加关注细分市场，由此也带来经营模式的变化。

近年来在传统意义的航空运输基础上，国内市场相继出现了专门从事支线航空运输的支线航空公司，以及多家低成本航空公司，较好地满足了消费者多元化的需求。

三、航线网络逐步完善

1978年，我国国内航线仅150条，经过40年的高速发展，2017年，我国国内航线数量已经达到3519条（不含港澳台航线），是1978年的23.46倍，全年共执行航班389.3万班，是1978年的85.6倍，60家国内航空公司运营了连接国内229个机场的航线。

民航多年来一直致力于通过推进枢纽建设逐步完善国内航线网络布局。目前已基本形成了以北京、上海、广州三大主要枢纽和成都、昆明、西安、乌鲁木齐等区域枢纽和门户枢纽为核心节点的轮辐式网络结构以及枢纽之间的空中快线网络结构。同时，为提升国内航线网络的通达性，民航局积极引导和鼓励航空公司开拓支线市场，开展短途运输业务，并在青海推行"基本航空服务"试点等。近年来支线航班量保持高速增长，国内支线航班量占比达到23.66%。

改革开放伊始，内地与港澳、大陆与台湾均无定期航班运营。40年来，航线航班数量大幅增加，形成了相对完善的航线网络。目前内地与香港每周有1954个定期航班；内地与澳门每周航班计划有591班。大陆与台湾于2003年首次开通春节包机，并从2009年正式开通两岸定期航班。现在每周共有1398个航班，进一步推动了两岸往来。

国际航空运输也取得了长足进步。1950年，中苏民用航空股份有限公司正式成立，标志着新中国首次开通了国际航线。1978年，中国民航共有12条国际航线，国际旅客运输量为11万人。进入80年代，为了适应国家对外开放和扩大对外交往的迫切需求，我国大力发展国际航空运输。特别是21世纪以来，随着我国加入世界贸易组织和新一轮民航体制改革的完成，民航局采取了一系列措施，鼓励国内航空公司"走出去"，大胆参与国际竞争。截至2017年底，我国共有31家航空公司经营810条国际航线，国际旅客运输量达5544万人次。

为服务国家战略，我国航空公司已开通"一带一路"沿线43个国家的95条国际航线。在中美航线上中方公司运力份额达到58%，在中欧航线上运力份额达62%，都处于相对优势地位。

在走出去的同时，我国民航也大胆"引进来"，目前，共有135家外国航空公司经营自境外138个城市至我国56个城市的814条国际航线。同时，国内航空公司也通过加入国际航空联盟、联合经营、代码共享、投资合作等一系列方式，提升国际化水平，增强国际竞争力，也允许国外民航企业参与中国民航建设和发展。

近期民航局出台了《国际航权资源配置与使用管理办法》，将逐步打破远程国际航线"一条航线一个承运人"的模式，有序扩大市场准入，引入竞争，更好地满足市场发展需要，以及广大旅客日益增长的出行需求。

四、服务质量和航班正常率稳步提升

1957年，周恩来总理对民航提出"保证安全第一、改善服务工作、争取飞行正常"的要求，这个要求高度概括了民航工作的主要特征，成为民航人长期以来遵循的宗旨。

改革开放以来，民航在坚持安全第一的前提下，始终持续改进服务质量，提升航班正常性。尤其是伴随着民航企业市场化程度不断提升，民航服务逐渐实现了从"要我服务"到"我要服务"转变。

近年来，民航业更加重视服务质量工作，提出"真情服务"理念，推进行业从高速发展向高质量发展转变。连年开展服务质量专项行动，服务质量和消费者满意度均逐步提高。"无纸化"便捷出行、机票"退改签"服务改进、"军人依法优先通道"、机场母婴室建设等一系列便民服务措施实实在在、深受好评。

随着我国民航快速发展，航班飞行量大幅增加，然而空域资源受限、地面保障资源不足等因素，给航班正常性带来巨大压力。面对困难，民航业坚持眼睛向内、深挖内潜、提质增效，采取了一系列有效措施。一手抓改进：通过"控总量调结构"、科学把握运行标准、大力推广应用新技术等措施，改善行业运行环境、提升运行效率；一手抓考核：逐月对航空公司、机场、空管部门进行考核，奖优罚劣，形成外在压力和内生动力。

近年来，全行业在航班量高速增长的情况下，航班正常水平逆势上扬，特别是2017年10月以来，航班正常率连续6个月保持在80%以上，行业自身原因延误比例大幅下降，得到社会各界的广泛认可。2018年航班正常率有望达到80%，将是十年来最高水平。

五、重大航空运输保障任务圆满完成

民航承担着国家赋予的重大和特殊紧急航空运输保障任务，在履行国家使命和社会责任方面发挥着重要作用。40年来，民航系统圆满完成了党和国家领导人出访的航空运输保障任务，全国性重要会议和重大活动航空运输保障任务，以及我国政府承办的大型国际会议和国际活动的航空运输保障任务（如奥运会、亚运会、世博会等），实现"零事故、零事件、零投诉"，得到社会各界的广泛好评。

紧急援助是我国综合国力的体现，也是我国负责任大国形象的展示。改革开放以来，民航快速响应和紧急救援能力不断提升，完成了多次对内、对外重大紧急救助行动。在四川汶川大地震、印度洋海啸、抗击埃博拉疫情，以及一些国家和地区发生自然灾害或者战乱后，运送救援物资和人员、转运伤员、紧急撤侨和运送滞留游客等任务中都发挥了重要作用，得到国内外各界的普遍赞誉。

六、民航运输法制化建设持续推进

改革开放以来，民航不断通过整章建制固化民航运输改革和开放的成果，持续推动简政放权和市场化进程。对市场准入、航权许可等审批事项进行规范，增加透明度和公开性。相继制定了《公共航空运输企业经营许可规定》等8部规章，基本涵盖了航空运输的各个方面，为依法行政、规范管理、促进民航运输发展奠定了法规基础。

特别是近年来，在"发展为了人民"和"真情服务"的指导原则下，制定或修订《航班正常管理规定》等6部规章，目的是能更好地保护消费者权益和维护市场公平性。

改革开放40年飞行标准工作和成绩

中国民用航空局飞行标准司

改革开放40年是中国经历历史性变革、取得举世瞩目成就的40年，也是中国民航实现大发展、大跨越的40年。40年来，特别是自党的十八大以来，中国民航飞行标准工作在改革开放政策和习近平新时代中国特色社会主义思想的指导下，在民航局党组的正确领导下，在飞行标准系统同志们的共同努力下，围绕民航强国战略，从探索、创建，到逐渐成熟，发生了深层次变革，取得了一系列成绩。

中国民航飞行标准工作是民航事业的重要组成部分，是民航安全运行管理和持续健康发展的主要手段之一，也是民用航空主管部门的重要职责，其内容包括飞行安全运行、航空人员执照、航空器持续适航维修、航行签派、航空器评审、航空卫生等管理工作。从组织构架上讲，中国民航现已形成由三级飞行标准管理机构、技术支持单位、民航行业协会、航空企业有关飞行标准工作部门所组成的，集行业管理、服务支持、贯彻执行等功能为一体的飞行标准工作体系。其中，中国民航三级飞行标准管理机构，由民航局飞行标准司、7个地区管理局和43个省市监管局的相应飞标业务管理部门组成。

在改革开放初期，中国民航政企合一，行业规模小，管理能力有限。经过40年的发展，民航飞行标准管理部门不断加大行业管理力度和服务职能，推动了民航飞行标准系统建设和行业规模不断扩大。

从航空企业数量看，1978年，全国仅有运输飞机144架，统一以中国民航的名义运行。而截至今天，我们已有大型飞机运输航空公司52家，在运行的运输飞机有3551架。此外还有小型航空器运输航空公司73家，在华运行的外国运输航空公司181家，在运行的通用航空公司367家，境内外民用航空器维修单位和维修技术人员学校1033家，境内外民用航空器驾驶员学校和飞行训练中心98家。

从人才队伍看，民航飞行人员从1978年的3900余人增加到6万余人，增长近15倍；机务维修人员从2200人增加到11万余人，增长近50倍；客舱乘务员从不到500人增加到10万余人。另外，自1987年设立飞行签派员岗位以来，现有持照签派员7500人；自2014年设立无人机驾驶员合格证以来，已经颁证4.3万人。可以说，航空企业数量和专业人才队伍的持续增长和资质能力建设，为行业实现稳定快速发展提供了有力保障。

上面这一组数字，见证了改革开放40年来飞行标准业务规模随着民航行业的发展逐渐壮大。与此同时，在持续高速增长的背景下，飞行标准管理部门注重夯实发展基础，坚守安全底线，引导行业量质并举、稳中求进，特别是在以下六个方面做了大量工作。

一、推进飞行标准规章体系建设，夯实依法治理基础

改革开放以来，中国民航的飞行标准管理工作历经变革，从以摸索和经验为主要手段的

行政管理阶段，发展到以法律、法规和规章为依据，全面推进依法治理的法制管理阶段。建成了由18部规章、279份规范性文件和115个国家和行业标准组成的相对完备的规章标准体系，涵盖运行安全管理领域的各个方面，对航空运行安全的保障起到了根本性作用。近年来，又通过对现行通航法规的修订，优化运行管理，减少审定要求，在政策上为通航企业松绑。

二、持续加强队伍建设，提高安全管理能力

经过多年努力，形成了包含飞行运行、客舱、维修、航务、航卫等专业，共计661名持证飞行标准监察员的专业监管队伍。为了保证监察员的业务能力和执法水平，建设飞行标准培训中心，开发了监察员培训大纲，逐步建立起全覆盖、多层次的初始培训和复训体系，有效加强了飞行标准系统的队伍建设。

三、大力推进系统建设，提升安全监管效能

飞行标准管理部门始终坚持探索和创新相结合的监管模式，不断提高监管效能。为了更好的应对不断增加的监管需求，2013年1月1日，飞行标准监督管理系统（FSOP）正式上线使用。这个基于互联网技术、引入系统安全理念的系统共包含33个子系统，监督检查项目数量达8900个，涵盖了所有飞行标准管理领域工作职责。截止到2018年10月，使用系统进行监察8万多次，发现问题4.8万个。同时通过闭环管理有效实施了隐患排查。为落实国务院"放

管服"工作要求，基于FSOP系统的行政审批事项网上全流程办理率已达98%，建立了行政许可"全事项、全过程、各环节"的网上办理标准化体系，提高了行政审批效率，提升了群众获得感，为下一步民航基于大数据的管理打下良好基础。

四、"抓基层、打基础、苦练基本功"，落实安全隐患零容忍要求

飞标司每年编写并下发《年度安全运行监察大纲》，给行业的飞行标准安全监督检查工作提供总体指导，对发现的各类隐患和问题实施闭环管理。持续加强飞行人员资质管理，狠抓诚信和作风建设。推进"老龄飞机"管理，持续做好防止发动机空中停车工作。指导运输航空公司建设以风险管理为核心的运行风险管控体系。狠抓外国航空公司在华运行的安全监管，创新地建立了针对外国航空公司的安全生产评价机制。通过航空器评审和运行支持体系评估，进一步支持国产民机发展。规范空勤人员和空中交通管制员体检标准，强化航空人员健康管理，持续完善航空卫生工作。

五、推进新技术应用，保障运行安全

通过研究国内外新技术的应用效果，开展示范验证，制定指导文件和管理措施，加速推进新技术在全行业的部署和应用，把新技术应用的落脚点放在提高民航安全水平、运行

效率和服务质量上来。截至2018年10月底，中国民航几乎所有运输机场都具备了基于性能的导航（PBN）飞行程序，全国地形复杂的21个机场配备了要求授权的所需导航性能（RNP AR）程序；96.7%的运输飞机具备广播式自动相关监视（ADS-B）OUT运行能力；20%的运输飞机具备平视显示器（HUD）运行能力。积极推进北斗卫星导航系统在民航运输、通用领域的应用，为北斗国际化提供支持。

六、积极参与国际民航事务，分享中国飞标经验

飞行标准管理部门始终秉持开放、共享、包容的态度，以民航强国战略为指导，广泛开展国际交流与合作。与美国和欧洲建立了常态化交流机制，其中与美国已连续举行22届中美民航飞行标准年会，对推动中国民航飞行标准工作起到了重要作用。

为实现中国标准的广泛应用，以国际民航组织专项工作组为平台，主导完成国际民航组织附件1关于电子执照相关规定的编写工作。以公共RNP AR进离场程序、高高原运行为突破点，深度参与国际民航组织相关工作，不断推动中国标准走向世界。

站在改革开放40年的新起点上，习总书记在会见"中国民航英雄机组"全体成员时对民航工作提出了新的要求，飞标系统全体人员将不忘初心，牢记使命，为实现民航强国的战略目标，为实现中华民族伟大复兴的中国梦而不懈奋斗。

改革开放40年民航机场建设相关情况

中国民用航空局机场司

　　改革开放40年中国经济创造了奇迹，中国民航的发展也取得了辉煌成就。中国民用机场建设以新理念、新方法、新技术为引领，着力打造"平安机场、绿色机场、智慧机场、人文机场"，在提供安全、正常、高效运营保障的同时，为促进经济社会发展和对外开放发挥了重要作用。

一、机场的数量持续增长，机场规模不断扩大

　　1978年，我国仅有78个民用运输机场，其中军民合用机场36个。经过40年发展，目前总数量达到233个。纵观机场建设发展历程，尽管机场数量较1978年只增长了约3倍，但旅客吞吐量达到1978年的495倍，货邮吞吐量也达到257倍。

2017年，年旅客吞吐量1000万人次以上的运输机场已达32个，2000万人次以上的有19个，3000万人次以上的有10个。我国大陆境内运输机场航站楼总面积约为1238.97万平方米，相当于修建了75个国家大剧院；飞行区道面硬化总面积约为73530.69万平方米，约等于3.5万千米的四车道高速公路。

二、机场建设发展情况

（一）改革开放初期（1978—1994年）

改革开放初期，中国民航事业迎来了快速发展的新时期，民用机场建设进入高峰期。1984年，历时10年的北京首都机场第一次扩建工程结束，首都机场成为我国第一个拥有两条跑道的民用机场。在这一时期，机场建设在投资、设计、施工技术等方面进行了大胆尝试。

中央及地方政府投资不断增大，军民合用机场建设加强相互支持协调，重视项目前期工作，机场建设项目中航站区比重增大，对项目经济效益及技术分析更为重视，开始通过总承包制度和招投标方式实施工程，基本建设程序执行更为规范。

（二）民航体制进一步改革后（1994—2001年）

1994年起，在市场竞争机制的进一步激活下，民航市场活力不断加强，地方建设机场的积极性再创新高。机场项目开始实行法人制度，这种体制及相应制度的落实，保证了工程建设质量，提高了投资效益。全国民用机场在布局结构、规模数量、建设质量等方面显著提升，从根本上改变了我国民用机场基础设施较为落后的局面，在满足航空运输发展的同时，大力促进了各地社会经济发展。

（三）机场属地管理以来（2002年至今）

随着我国国民经济持续快速发展，航空运输需求旺盛。在机场建设日益频繁，资金缺口问题日益凸显的背景下，机场属地化管理体制改革在2002年拉开了帷幕。机场自此真正融入地方经济社会，成为区域、社会经济发展的新动力，大大提高了地方政府对机场投入的积极性。

我国机场建设和管理理念从此由"重数量、争规模、求速度、轻管理"，逐步转变为"重质量、求实际、争效益、重管理"。

民航局对省会级机场的建设改造、中小机场安全投入、中西部机场建设等给予支持与补贴政策，机场的准公共基础设施属性更为突出，全国民用机场布局更为合理，整体安全管理水平持续提升。这段时间，机场建设基本以改扩建干线机场为主，以省会级机场建设为重点，北京首都、上海浦东、广州白云、天津滨海、呼和浩特白塔、武汉天河等一批大、中型机场完成扩建并投入使用。

新建机场多为支线机场，并向中、西部地区倾斜，如新建克拉玛依、文山、达州、兴义、荔波、陇南、楼兰等机场，全国机场布局逐步完善，大大促进了中西部经济发展。

目前，还有新建北京大兴国际机场、上海浦东机场三期、成都天府机场、青岛新机场等工程正在进行，这是完成"十三五"及实施远期机场建设规划的重要部分。

经过40年的发展，我国枢纽机场、干线机场和支线机场差异发展、分工协作，合理布局、协调顺畅的现代化国家综合机场网络已经初步形成，成为国家综合交通体系的重要组成部分和民航强国的重要战略支撑。

三、机场建设水平不断提升

改革开放以来，科技发展日新月异，在机场选址、规划设计、施工建设等方面，各种新理念、新技术、新材料、新工艺、新设备得以应用。机场建设力争以创新推动变革、智慧引领未来、人文共建和谐、绿色提升品质、平安保障发展为目标，以创新和新技术的普遍应用为引擎，着力打造机场建设高质量发展之路。

在机场选址、规划与设计方面，北斗导航系统和高分遥感影像提高了选址的科学性和精确性；计算机仿真技术、设计软件、大跨度钢结构设计软件、建筑节能分析和计算软件、BIM建筑信息模型软件等先进技术已大量应用在机场规划设计中。

在复杂地质条件下的地基处理方面，诸多技术创新破解了技术难题，机场选址从以往多平坦地区转移至场地起伏大、地质条件复杂、占用耕地少、环境影响小的地区，为推进中、西部地区机场建设发展提供了坚实保障。

在飞行区道面建设方面，SMA盖被技术、特性材料阻拦系统、跑道状态灯系统、跑道中埋设"神经元"、"互联网+"等新技术的推广，提高了机场的安全度和可靠性，能够持续保障机场建设与运行安全。

在航站楼设计和建设方面，随着改革开放后旅客数量和服务需求不断增加，对航站楼的面积要求和功能需求也逐步提高。北京首都机场T3、上海浦东、广州新白云、昆明长水等机场陆续建成超大单体航站楼，大量新工艺、新技术的应用和推广使得大跨度屋盖施工成功实现。

在高原机场和高高原机场建设方面，各项建设新技术和工艺的发展，破解了多项高原机场建设难题，为国内外高原机场建设提供了诸多宝贵经验。目前，我国已建成17个高原机场和19个高高原机场，是世界上高高原机场数量最多的国家。

局党组按照十九大的战略安排，谋划了"一加快、两实现"的新时代民航强国战略进程。我们将不忘初心、牢记使命，忠实践行"以人民为中心"的发展理念，深入落实"一二三三四"民航工作总体思路，始终坚持安全第一，守好三条底线，弘扬践行当代民航精神、凝心聚力、改革创新、奋发进取、埋头苦干，以机场高质量发展的新成绩，努力开创新时代民航强国建设的新成绩！

回顾民航改革开放伟大实践
为新时代民航强国建设献策

——民航改革开放40周年座谈会发言摘要

《中国民航报》

2018年12月11日，民航改革开放40周年座谈会在京召开，回顾改革开放40年来民航发展建设历史性成就和根本性变化，总结民航改革开放40年的经验，推动民航高质量发展，激励民航广大干部职工为实现民航强国宏伟目标不懈奋斗。会上，民航局老领导以及相关单位主要负责人结合亲身经历、工作感悟以及各自单位发展成就和历程，回顾民航40年改革开放的伟大实践，并为新时代民航改革开放和民航强国建设建言献策。

豪情满满忆发展　斗志昂扬展未来

民航局原局长　李家祥

我们召开民航改革开放40周年座谈会，总结民航过去发展经验，展望民航未来发展，既符合中央庆祝改革开放40周年的总体部署和要求，对推动民航健康发展也有重要意义。我结合自己在民航的工作经历，谈一下对民航改革开放的体会。

一是民航改革开放一定要围绕中央的方针路线政策和国家发展大局来进行。改革开放40年来，我国整体发展取得了巨大成就。40年来，民航的旅客运输量年平均增长率高于国家GDP的增幅，飞机数量、飞机总载客量、货邮运输总量也都实现了大幅增长。民航发展得益于中央确定的改革开放大战略，同时在改革开放中贡献了自己的力量。我们要更加坚定地围绕中央大局行动，更加坚定地执行中央决策，让民航持续健康发展。

二是民航在改革开放中勇于打头阵、当先锋。我2000年到民航工作，2007年到民航局工作，感受到民航的改革开放一直走在相关行业前列。每一次中央确定的重大改革，都有民航的参与，并在每个阶段都交出了良好的答卷。民航人勇于推动改革，而改革也成了民航发展的强大动力，比如民营航空公司的存在，体现的就是民航改革过程中的资本多元化发展。

三是民航改革开放一定要坚持走市场化、国际化道路。改革主要是搞市场经济，走市场化道路，同时民航的行业特点又要求我们对标国际，借鉴国际经验，走国际化道路。我在任民航局局长期间，与三任美国大使会面，他们都问我中国民航快速发展原因。我说，就是始终坚持改革开放，用改革促进市场化，用开放促进国际化。

四是民航发展一定要依靠中央的支持和社会的参与。民航发展不能单纯依靠本行业，必须融入社会改革开放大潮中，多方借助社会力量。2012年，国务院出台《关于促进民航业发展的若干意见》，提出民航业是我国经济社会发展中的重要战略产业，标志着民航在国民经济中的地位和作用大大提升。另外，1978年民航在全国综合交通体系中的占比不到1%，而2018年上半年达到31%，民航的地位和作用不可同日而语。

五是民航安全管理要始终坚持安全第一。党中央、国务院高度重视民航安全。改革开放40年来，民航安全管理实现了由观念到理念、由感性到理性、由经验到规章制度手册的转变，特别是加强了新技术的运用，对民航安全发展有很大促进作用。

六是要团结一心促进民航发展。40年来，民航不断深化改革，民航行业各主体隶属关系不断变更，但是民航的行业特点是不可分离的。航空公司、机场、空管等各主体在民航生产运行过程中彼此不能分开。长期以来，广大民航人很好地坚持了团结协调、共同奋斗的作风，这一点是弥足珍贵的，要始终不渝地保持。

回顾过去，我们豪情满满；展望未来，我们斗志昂扬。我相信，未来民航人一定能创造出更加辉煌的业绩，为实现中华民族伟大复兴的中国梦而不懈奋斗！

改革开放为民航发展奠定坚实基础

民航总局原局长　刘剑锋

1998年6月，中央决定调我到民航总局工作，时任国务院副总理的吴邦国同志与我谈话，要求民航：一是确保安全第一；二是力争尽快使全行业扭亏为盈；三是继续深化民航的体制改革，要达到政企真正分开，进一步转变政府职能，进行资产重组，优化配置，打破垄断，鼓励竞争。总之，就是要符合社会主义市场经济的要求。

自党的十一届三中全会以来，全国各行各业都开始了改革开放的伟大进程。邓小平同志高瞻远瞩，在1980年作出"民航一定要企业化"的指示，为民航改革发展指明了方向。民航逐步走上了企业化道路。至1992年底，民航系统通过改革，开始了政企分开的第一步，形成了地区管理局、航空公司、机场分立的新管理体制。1993年以后，民航管理体制、运行机制等方面的一些深层次矛盾和问题逐渐显现：作为政府管理机构的民航总局仍直接管理航空公司等企业的人、财、物，直接管理着全国多数机场。同时，民航运输能力布局分散；航空公司数量多但规模小，在国内市场竞争不规范，在国际市场竞争乏力；民航企业和机场资产负债率高、效益低，甚至出现亏损。针对以上问题，民航总局从1996年开始组织力量，不断研究论证，提出了民航进一步改革的初步设想。

1998年6月23日，我到民航总局就任，7月、8月连续召开局党委会、党委扩大会和局机关机构改革动员大会，同时建议局党委同意并报国务院重新设置主管体制改革的政策法规司。几年之间，民航内部从机关到企业、机场等基层单位，从内部到外部，都召开了大量的协调会，改革的深度和力度前所未有。

党中央、国务院对民航的改革非常重视。2002年1月23日，第121次总理办公会议讨论通过了民航改革方案。1月31日，中央政治局常委会批准了这个方案。2002年3月3日，国务院下发了国发〔2002〕6号文件，即《国务院关于印发民航体制改革方案的通知》，要求全国认真贯彻执行。

这次改革的主要内容是：改革民航企业的行政隶属关系，真正做到政企分开；重组民航运输及服务保障企业，建立现代企业制度；机场实行属地化管理，充分调动地方积极性；转变政府管理职能，实行有效的行业管理等。这次改革是民航历史上最深刻、最广泛的改革，极大地解放了生产力，促进了民航业管理水平的提高。全方位、多层次的对外开放，使民航业迅速发展。此次改革之后，又经过十几年的发展，中国成为世界民航大国。

民航40年的发展之路是一条不断解放思想、改革开放之路，也是一条不断推进市场化、坚持对外开放、走国际化之路。改革开放为民航进一步发展奠定了坚实基础。我们坚信，中国民航在党中央、国务院的坚强领导下，通过进一步深化改革，进一步扩大开放，经过全体民航人的不懈努力，在不久的将来一定能够建设成为民航强国。

推进改革开放　奋力攻坚克难

民航局原副局长、中国航空运输协会理事长　李军

民航改革开放始终走在前面，改革历程并非一帆风顺，在新时代将继续攻坚克难。

一、民航改革开放走在前面。在党的十一届三中全会召开之前，邓小平同志就对民航体制改革作出重要指示。到21世纪初，民航相继进行了三轮重大改革，此后改革不断深化。民航还创办了我国第一家中外合资企业。民航的改革开放，特别是政企分开的市场化改革，为什么启动最早，走在其他交通运输方式的前面？这主要由民航的战略地位和基本特性所决定。一是民航是现代化的交通运输方式，国家高度重视民航业发展。改革开放对这种现代化交通运输行业产生了巨大需求，只有改革开放才能适应客观要求。二是民航的国际性很强，全行业特别是领导者具有广阔的国际视野。民航要走向世界，必须参与国际竞争，扩大国际合作，实现国际接轨。当然，民航也是一个特殊行业，曾完全纳入军队建制。改革开放后，首先就是解决由军事化向企业化转变的问题。

二、改革开放并非一帆风顺。回顾所走过的历程，民航的第一轮重大改革，启动时推迟了一年。对第二轮重大改革的紧迫性和如何改法，开始时也存在不同认识。李鹏同志主持反复研究确定了方案，实施共用了六年。第三轮重大改革中国民航下了很大决心，经过多方协调，其中机场管理体制改革得到不断探索。为坚定不移地推进改革，确保改革取得成功，我体会到有几点非常重要：一是要不断解放思想。改革之所以有阻力，主要是受到

思想观念的束缚，推进改革一定要首先统一思想认识。二是着眼发展大局。改革肯定涉及利益格局的调整，一定要从大局出发，只要有利于国家，有利于人民，有利于行业发展，就大胆地改。三是坚持实事求是。尊重行业发展规律，以适合不同阶段的发展实际。四是坚持问题导向。哪里制约发展的问题突出，就从哪里改起。五是注重积极稳妥。特别是在确保安全的前提下推进改革。

三、在新时代继续攻坚克难。党的十八大以来，国家的改革进程进一步加快。改革进入了深水区，需要啃"硬骨头"。当下民航发展的最大瓶颈是空域资源不足，习近平总书记多次对推进空域管理体制改革提出要求。民航局党组积极促进这项改革，并加快民航空管系统的改革。与此同时，在推进航空运输市场化，放开搞活通用航空，支持民营经济和吸收社会资本，进一步扩大开放等方面，中国民航都迈出了新的重要步伐。推进空域管理体制改革难度很大，近几年航协代表会员单位配合民航局做了一些工作，未来将继续为此努力。

建设世界一流航空产业集团

中国航空集团有限公司副总经理　冯刚

中航集团是民航改革开放的见证者，更是参与者。16年来，集团以建设世界一流航空产业集团为战略目标，各方面工作都取得了长足进步。

坚持以改革促安全，始终强化系统建设，夯实安全基础。集团始终保持以高度的政治责任感和使命感对待安全生产工作，把保证航空安全放在一切工作的首位。在生产快速发展的同时，安全品质同步提升，事故征候万时率低于行业标准，安全飞行超过1300万小时。

坚持以改革促管理，始终敢为人先，锐意改革创新。成立之初，集团将机队和市场整合作为突破口，是率先完成实质性一体化的航空公司。自党的十八大以来，集团以强化核心竞争力为根本，确立了集团化管控、专业化管理、集约化运行的管理体制改革方向。

坚持以改革促效益，始终拓展枢纽网络，提升盈利能力。建设以北京超级枢纽、成都国际枢纽、上海和深圳门户为一级重要节点的四角菱形结构和广泛均衡的国内、国际航线网络。坚持把枢纽网络建设与服务国家战略相统一，精准对接"一带一路"倡议，发挥国际国内并举传统优势，加快国际市场拓展步伐。近10年来，国航的航线总数增长了62%，国际航线增长了44%。

坚持以改革促党建，落实两个"一以贯之"。始终牢牢把握正确的政治方向，坚持把政治建设摆在首位，忠诚于党，忠

诚于党的事业。

立足时代，展望未来。中航集团将在习近平新时代中国特色社会主义思想的指引下，沿着全面深化改革的大道砥砺前行，以建设具有全球竞争力的世界一流航空产业集团为目标，走出富有中航集团特色的改革发展之路。

打造中华民族的世界级航空品牌

海航集团董事长　陈峰

作为我国民航业发展壮大的见证者和参与者，海航集团是中国民航业迅速发展的缩影。2018年是海航创业25周年。在改革开放的时代背景下，在党中央、国务院，民航局，海南省委、省政府，各级党委政府及社会各界的大力支持下，海航从祖国南端边陲岛屿启航，紧扣时代脉搏，紧跟国家战略，与国家民航事业的发展壮大融为一体，打造了中华民族的世界级航空品牌，被称为"具有中国特色的全球卓越集团"。海航始终凝神聚力，做中华民族世界级航空品牌的创造者，做中国民航事业改革的开拓者，做国家战略在民航领域落地的践行者，做民航业社会责任的积极履行者。

作为我国民航业民营企业的排头兵，海航集团是党和国家支持民营经济发展的生动案例。初创时期的哺育让海航得以站稳脚跟、成功启航。民航总局为没有飞机、飞包机航线的海航颁发了经营许可证；为了解决资金问题，民航局和海南省委、省政府同意海航进行内联股份制、规范化股份制尝试与改造。成长过程中的支持让海航得以化险为夷、发展壮大。在2003年非典时期和2008年金融危机中，民航局和海南省委、省政府的援助，让海航"挺过寒冬"。关键时刻的关怀让海航得以找准方向、重拾信心。自2017年下半年以来，海航出现流动性困难。关键时刻海航得到了党中央、国务院的大力支持，民航局和海南省委、省政府伸出援助之手，全力帮助海航解决工作中的实际困难。

海航集团将不忘初心跟党走，扎根航空报党恩，助力实现民航强国梦。海航将深入贯彻习近平新时代中国特色社会主义思想，严守安全底线，聚焦航空运输主业，全身心投入到民航强国建设中。

闯出民营航空公司的创新发展之路

春秋航空有限公司董事长　王煜

2018年，在全国58家运输航空公司中，15家为民营航空。民营航空正成长为民航强国建设的重要力量。

2004年，民航局向春秋航空等3家民营企业颁发筹建牌照，由此诞生了中国第一批民营航空公司。春秋航空定位自掏腰包旅客市场，率先成立中国第一家低成本航空公司。

因为没有先例可循，春秋航空迈开了创新大步，自主开发了销售系统、离港系统、运行管理系统、安全管理系统等一系列拥有自主知识产权的航空信息系统；定位"互联网+"，直销比例达80%以上；改变一价全包的"捆绑销售"传统模式，为旅客定制个性化产品等。

2015年1月，春秋航空成功上市。2017年，运输旅客1716.91万人次，实现营业收入109.71亿元。

安全是一切工作的基础，也是高质量发展的前提。春秋航空近年来保持连续零安全事故征候，并把安全绩效管理经验作为学习标杆在行业内推广，是第一个获飞行安全一星奖的民营航空公司。

安全和准点是旅客的核心需求。春秋航空通过精细化管理，努力提升航班正点率。在2018年上半年月均航班量超过10000架次的航企中，春秋航空到港准点率居全国第一。

注重服务品质，践行真情服务理念，春秋航空历年均获民航局服务A级评价。

春秋航空积极回报社会。2013年，春秋航空股东个人捐资在河北康保成功种活了28万棵树。此外，春秋航空积极响应党中央扶贫攻坚号召，在云南红河州对接帮扶3个国家级深度贫困村；响应民航局倡导民航企业参与脱贫攻坚号召，在民航对口扶贫的江西省赣州市开展教育扶贫项目。

为服务西北地区经济社会发展作贡献

西部机场集团有限公司党委书记、董事长　王海鹏

西部机场集团目前负责陕甘宁青4省区21个机场的建设运营管理，为服务西北地区经济社会发展作出了积极的贡献。一路走来，充满探索和挑战，有以下几点体会。

第一，坚持改革创新，不断增强高质量发展动力。始终注重破立并举。发挥集团集约化管理、专业化运营、个性化支持的优势。始终注重求同存异。集团各机场准确定位，错位发展。始终注重知行合一，总结并不断丰富具有鲜明特色的原创企业文化体系。

第二，坚持补短板、强弱项，不断拓展可持续发展空间。始终致力于提升安全管理水平，

持续健全完善安全管控体系，狠抓"三基"建设。始终致力于提升运行服务品质，创新大型枢纽机场协同运行体系。始终致力于提升基础设施保障能力，全力加快基础设施建设步伐。

第三，坚持提高站位，有效服务国家战略和区域发展。始终着眼提高区域对外开放水平，抓住用好"一带一路"建设等历史机遇，统筹布局航线网络。始终着眼推动地方产业转型升级，充分发挥航空带动作用，助力产业转型升级。始终着眼保障和改善民生，创造性提出"通廉航空"模式，促进支线机场在助力地方脱贫攻坚中发挥重要作用。

民航强国建设久久为功，我们有以下几点建议。一是建议推进协同发展。加强机场与航空公司协同、机场与机场的协同、民航与区域经济社会发展的协同。二是建议推进均衡发展。持续深化对西部地区的"放管服"改革，加大对西部地区基础设施建设的倾斜力度。三是建议推进开放发展。对内积极引进国际领先技术和成熟应用，对外持续深化国际合作。

始终以行业信息化建设为使命
中国民航信息集团有限公司总经理　肖殷洪

中国航信经过近40年的深耕，始终以行业信息化建设为使命，探索出了一条集约化发展、中性化服务、低成本运营的道路，将民航建设成为我国信息化起步最早、信息化程度最高的行业。

40年的发展，中国航信取得了以下成就贡献。

中国航信建立了本土民航商务信息系统，实现了中国民航信息化。1985年，中国民航首次推出电脑订票业务。此后，中国航信的开拓者们刻苦钻研，对系统进行了大量修改，建立起适合我国民航实际的计算机订座系统，培养了大批技术专家。

保障和助力行业进步，支撑了民航业的快速发展。在全球率先实现100%电子客票，建设"百

家离港"工程，打造智慧机场，助力航空公司建设航空联盟信息平台，建立了离港系统四级备份安全体系，建设新一代旅客服务系统，推动旅客简化出行。

服务国家战略，践行中央企业社会责任。承担国家和省部级多项重大科研项目，积极承担社会责任。

40年的发展，我们总结出了以下经验体会。

必须坚持走独立发展之路。首先，中国必须有独立的GDS公司。其次，中国的GDS必须是根植于中国本土并且是国有控股的企业。最后，中国的GDS必须立足于中国民航业。

必须坚持走创新发展之路。创新是引领发展的第一动力。航信只有坚持走技术创新之路，才能拥有核心竞争力。

必须坚持走改革开放之路。深化改革是发展的强大动力，开放合作是发展的必然要求。

展望未来，中国航信将不忘初心、牢记使命，继续秉承"把安全放在首位，用服务赢得客户，让信息创造价值"的发展理念，遵循构建大平台、汇聚大数据、开展大服务的战略路径，为民航强国建设、为满足人民对美好出行的向往作出应有的贡献。

做新时期通航发展的探路者

中国飞龙通用航空有限公司党委书记、董事长　章文浩

中国飞龙通航始建于1980年，前身是哈飞农业航空服务队，是民航局批准成立的第一家地方通用航空公司，现隶属于中国航空工业集团，至今已成功运营发展了38年。

在发展方面，飞龙通航目前年营业收入3亿多元，年飞行作业能力达到13845小时，有12种固定翼/直升机机型、64架航空器、158名飞行人员、135名地勤人员。作业项目涵盖除海上石油以外的全部通航服务项目。

在贡献方面，每年由飞龙通航执行的航空护林面积超过我国国土面积的10%。1985年至今，航空物探累计总飞行长度达到302万公里，从事人工影响天气任务超过20年。共执行了包括汶川救灾、重庆武隆山山体滑坡抢险等数十次应急抢险救援任务，为服务社会、发展经济、保障民生作出了突出贡献。

在助力民航改革与行业发展方面，飞龙通航在不同阶段的通航变革与发展中，都代表通航发出改革强音，深度参与试点工作。

飞龙通航为通航运营摸索和积累了大量的成功经验，推动行业向前发展。一是大力发展支线运输，二是大力发展培训业务，三是大力培育和

服务警用飞行市场，四是寻求对外合作。

针对新时代民航强国建设中通用航空的发展，我们提出以下三点建议：一是大力支持航空应急救援事业发展；二是加大航空人才建设，改善人才短缺问题；三是加速推进低空空域改革。

站在新的历史起点上，飞龙通航愿继续做新时期通航发展的探路者、试金石，继承老一辈航空人的开拓创新精神，不忘初心，继往开来，为民航事业发展持续贡献力量。

承载"〇〇一号"的荣耀

北京航空食品有限公司总经理　布赫

作为改革开放以后成立的第一家中外合资企业，中国航空集团有限公司下属的北京航空食品有限公司在改革开放的大潮中逐浪前行，成为引进外资、接轨国际的"破冰先锋"。

1980年5月1日，北京航食挂牌成立，结束了中国民航没有航空配餐公司的历史，被誉为"001号合资企业"。

自成立以来，北京航食经营形势持续向好，连续38年保持盈利，日均配餐量超10万份，能加工生产2500多种餐食，服务40家中外航空公司，包括6家位居世界前10的航空公司。

成立之初，北京航食即实行董事会决策制度，推行劳动合同制，并建立了较为全面的绩效考核制度。北京航食党委提出开门搞党建的思路，党的活动都是围绕着生产经营开展的，显著地促进了企业的发展。

自党的十八大以来，北京航食践行新发展理念，坚持稳中求进的工作总基调，聚焦主业，推动各项工作开创新局面。为了不断提升航空餐食服务品质，2017年，北京航食建成了集产品研发、烹饪实践和厨艺交流等多功能于一体的研发培训厨房，与院校合作开展智能化数据模型、生产运行控制系统、生产技术自动化升级等项目研究。

作为国内同行业领军企业，北京航食参与了国家食品安全标准《航空食品卫生规范》的编写工作。通过管理升级，成为全球四家之一、大陆地区首家通过FSSC22000 4.1版认证的企业。

作为民航运输服务的重要组成部分，航空配餐领域绿色发展大有空间。建议引导航空配餐企业节能减排，提高可再生能源利用比例，加快航空配餐企业绿色发展步伐。

北京航食将继续传承和发扬"001号"的荣耀，高扬改革创新的前进风帆，致力于成为行业标准的制定参与者、中华餐饮文化的全球传播者、航空配餐产业模式的开拓者。

现在，中国人民和中华民族在历史进程中积累的强大能量已经充分爆发出来了，为实现中华民族伟大复兴提供了势不可挡的磅礴力量。

——习近平

扬改革风帆　展开放胸怀
成为世界一流的机场集团

波澜壮阔的改革开放大潮，激荡了伟大复兴的中国梦想，也激荡了中国民航由小到大、由大到强的发展跨越。

时间回溯到1979年，首都机场一号航站楼一幅壁画《泼水节——生命的赞歌》，引发了思想文化界的广泛关注。后因非议太大，不得不两度遮盖，直到1990年才又重见天日。中国第一国门——首都机场的这幅壁画，曾经被看作是改革开放政策的风向标……

伴随着改革开放的东风，在民航局的坚强领导下，首都机场集团公司勇立潮头、改革创新、开放发展，走过了从单一机场到集团化，从规模扩张到高质量发展的历程，用坚定的步伐丈量了大国之门做强做优做大的不平凡历程。

首都机场集团公司
Capital Ariports Holding Company

改革开放的缩影：与时代同呼吸，与国家共奋进

回首40年的改革、建设与发展，踏着中国民航改革开放的节拍，首都机场集团公司走出了从单一机场向集团化，从国内领先向国际知名的发展之路。从国门的视角看，它也是中国改革开放的一个缩影。

一、备受关注的国门，是中国民航机场企业化、股份化改革的先锋

改革开放以来，党和国家最高领导人高度重视首都机场的建设和发展：1979年10月12日，邓小平同志视察了一期扩建竣工启用前夕的首都机场；1999年9月16日，江泽民同志视察了二期扩建刚刚竣工的首都机场；2008年6月25日，胡锦涛同志视察了启用不久的首都机场三号航站楼；2008年7月12日，习近平同志视察首都机场三号航站楼奥运会服务保障筹备工作……

首都机场1958年建成投用。1980年，面积达5.1万平方米的1号航站楼启用，曾被评为当时北京市十大建筑之一。1978年，首都机场成为我国第一个拥有两条跑道的大型民用机场。1999年，面积达33.6万平方米的2号航站楼投入运营。2008年，总面积100.1万平方米的3号航站楼投入运营，首都机场成为三条跑道、三座航站楼，双塔台运行的大型国际机场。首都机场的客流1978年为103万人次，1993年突破1000万人次，2018年突破1亿人次。

十一届三中全会以后，中国民航业进入了政企分开、改革发展的新的历史阶段。1999年10月15日，北京首都机场集团公司设立北京首都国际机场股份有限公司，首都机场率先实现了股份制改革。2000年2月1日，"北京首都机场"股票在香港联交所成功上市；2001年5月18日，公司成为一家外商投资的股份有限公司。

二、在战略扩张、管理转型中深化改革，迅速成长为世界规模最大的机场集团之一

伴随着中国民航管理体制改革的深入推进，2002年12月28日，首都机场集团公司组建成立，由原北京首都机场集团公司、北京首都国际机场股份有限公司、天津滨海国际机场、中国民航机场建设总公司、金飞民航经济发展有限公司和中国民航工程咨询公司联合组建而成。首都机场集团公司初始资产规模为167亿，拥有员工6500人。

在机场属地化、企业化改革的背景下，2003年至2006年，首都机场集团公司迅速推进了战略扩张，先后重组了江西、湖北、重庆、贵州、吉林等地机场集团，托管了内蒙古、黑龙江等地机场集团，集团版图不断扩大。

伴随着规模的迅速扩张，公司通过管理模式改革，推进了专业化发展。

北京空港配餐有限公司和北京空港航空地面服务有限公司在中国改革开放的大潮中应运而生，由首都机场与新加坡机场航站服务有限公司合资组建。北京空港配餐有限公司在1993年4月注册成立，1994年开始试营业，1996年9月6日举行了隆重的开业庆典，新加坡内阁资政李光耀等领导参加了开业仪式。北京空港航空地面服务有限公司于1994年成立，是中国首家中外合资的航空地面服务公司。

2004年12月31日，组建北京首都机场商贸有限公司、北京首都机场餐饮发展有限公司、北京首都机场广告有限公司。

2005年12月21日，组建北京首都机场动力能源有限公司。

2006年6月9日，首都机场地产集团有限公司正式挂牌成立。

2006年10月10日，组建北京首都机场航空安保有限公司……

2008年，顺利完成东区扩建转场，在圆满完成奥运会和残奥会保障之后，首都机场集团公司全面贯彻落实国家和民航局要求，开启了"三调整、一再造、一优化"……

在变革中发展壮大。经过重组托管、管理转型、战略调整，首都机场集团公司成长为以机场业为核心，管理着北京、天津、江西、吉林、内蒙古、黑龙江、河北等7个省、市、自治区，旗下干支线成员机场达52个，同时在房地产、物流、证券、保险、金融、担保等领域也有较大发展，资产总规模达1955亿元，年旅客吞吐量达2.17亿人次，跨地域、多元化、多业态的大型国有企业，成为全球规模最大的机场集团之一。

三、在重大保障、对标一流中扩大开放，让中国服务走向世界

2008年6月25日，时任中共中央总书记、国家主席胡锦涛视察首都机场航站区扩建工程和奥运保障准备工作，并作出重要指示："首都机场是"中国第一国门"，北京奥运会期间将承担为各国奥运健儿和宾客提供首站服务的光荣使命。从这个意义上说，你们的形象代表着国家的形象，你们的服务水平体现着北京奥运会的服务水平。"

2008年7月8日到9月7日，首都机场圆满完成了中国民航有史以来规模最大、历时最长、涉面最广、流程最复杂、资源投入最多的重大航空运输保障任务，创造了"零事件、零事故、零投诉"的纪录，摘下了北京奥运会"第52枚金牌"！残奥期间，专用进港大棚、无性别卫生间、低位柜台、盲人手册的使用，44分钟的最短进港保障，都为我国民用机场无障碍设施行业标准的制定积累了宝贵经验。

在深入总结T3建设运营、奥运保障的基础上，首都机场集团公司在民航业率先提出了倡行"中国服务"的理念。

经过十余年的不懈努力，首都机场服务品质迅速提升，连续7年获得ACI"亚太区最佳机场第二名"、"全球旅客吞吐量4000万以上级最佳机场"奖项。在追逐中发展，在发展中壮大，"中国第一国门"用实力演绎了从跟跑到并跑、再到领跑的发展过程。

走向世界一流：担当"四个服务"，建设"四型机场"

首都机场集团公司是以机场管理为主体，功能和地位特殊的大型国有企业，履行好公共服务功能，建设管理运营好机场，承担起党和国家赋予我们的政治责任、经济责任和社会责任，是集团公司改革发展的核心价值取向。按照民航局"一二三三四"总体工作思路，集团公司主动担当、勇往直前，把握民航强国建设的新形势、新使命、新的战略进程，形成了"4-3-4-1"总体工作思路。

一、担当"四个服务"，新时代的神圣责任

落实党的十九大精神，不断满足人民日益增长的美好生活对航空出行的需要，服务国家战略、服务地方发展、服务广大旅客、服务航空公司，是新时代赋予首都机场集团公司的神圣责任，也是民航强国战略对集团公司的要求。

特别是党的十八大以来，集团公司以服务国家战略为己任，做航空先行者，服务京津冀协同发展国家战略，服务交通强国建设，落实民航强国战略，服务国家发展大局，切实担当起机场业龙头的作用，当好发展的"排头兵"。首都机场集团公司旗下机场辐射华北、中部和东北等区域近3亿人，覆盖经济总量达15万亿元，承担着全国近1/5旅客吞吐量，产生经济效益3620亿元，创造直接和间接就业岗位超过100万个。

集团公司旗下的机场中，首都机场不仅是北京的空中门户，也是国家对外交往的重要窗口，充分发挥了展示国家形象和外交阵地的作用，传播了中国文化与中国声音，对北京四个中心建设、世界城市建设发挥了重要作用。北京大兴国际机场是服务于京津冀协同发展和雄安新区建设的重大基础设施建设，通航后将与首都机场形成协调发展、适度竞争、具有国际一流竞争力的"双枢纽"机场格局，推动京津冀机场建设成为世界级机场群。

在改革开放的进程中，集团公司旗下成员机场服务地方发展，融入地方发展，成为助力区域经

济和社会事业发展的强大动力。

机场是个平台，服务好航空公司是间接服务好旅客的方式。首都机场集团公司倡导各成员机场与驻场航空公司同呼吸共成长，形成了"443"管控体系（即4个平台、4套标准、3个杠杆）。提炼出"超越组织边界管理"理念，不断通过运管委、旅促会、安委会、新宣委等机构，加强超越组织边界的协调，共同搭建公共航空平台。将管理升级为服务，更好地为以航空公司为主的驻场单位服务，进而更好地满足广大旅客的需求，首都机场3号航站楼转场和奥运保障入选哈佛商学院教学案例，美国《时代周刊》这样评价："有了北京的榜样，世界各地机场都将会逐步关注到旅客的感受。"

二、建设"四型机场"，打造全球空港同层级标杆

2017年9月7日，冯正霖局长强调要加快民航基础设施建设，推进建设平安机场、绿色机场、智慧机场、人文机场。这是总结中国民航机场发展历史，适应中国民航进一步深化改革、扩大开放的战略性举措。冯正霖局长要求，首都机场集团公司要在"四型机场"建设中走在前列，树立标杆！

为响应民航局局长冯正霖在2018年全国民航工作会议上提出的建设"四型机场"标杆体系，对标一流，打造现代化民用机场的要求，首都机场集团公司将建设"四型机场"作为打造世界一流机场管理集团的核心目标，并将其纳入"4-3-4-1"总体工作思路中。

2018年，首都机场集团公司开展了贯穿全年的中小机场安全整治和安全大检查。在民航局下发确保民航安全运行平稳可控26条措施后，首都机场集团公司各成员单位迅速行动起来，进行对接分解，制定了1000余项具体举措，成为安全管理工作的重要抓手。在安全管理工作稳中向好的大趋势下，首都机场集团公司乘势而为，发布了《平安机场建设指导纲要》。

早在2015年，首都机场集团公司便极具前瞻性地发布了《绿色机场建设指导纲要》（以下简称《纲要》）1.0版。随着国家生态文明建设水平的不断提升和相关政策、法规的相继出台，首都机场集团公司对《纲要》1.0版进行了大幅修改，于2018年12月正式下发了《绿色机场建设指导纲要》2.0版。《纲要》2.0版创新性地提出了"一轴四驱"绿色机场建设总体思路，进一步丰富和深化了绿色机场建设的内涵，"一轴"即以机场建设运营全生命周期为轴线，"四驱"即以"资源节约、环境友好、运行高效、绿色发展"为驱动要素。

2018年8月，首都机场集团公司在调研各成员单位信息化现状、分析行业和技术发展趋势的基础上，制定了《智慧机场建设指导纲要》，提出了"一核两翼"的总体思路。"一核"是指机场群智慧云平台，"两翼"分别指地域中心的机场群智慧运行服务体系和垂直一体化的机场群智慧商业服务体系。

在首都机场集团公司发布的《人文机场建设指导纲要》中有这样一段话：平安是最大的人文，是"四型机场"建设的根基；人文与绿色的融合，构成了机场可持续发展的环境和条件；人文与智慧的融合，促进机场运行和旅客服务品质的全面提升，是机场发展的手段和源泉。

北京大兴国际机场是中国机场建设改革开放40年积淀和发展成果的集中体现，也是面向未来，面向世界，一个新时代新空港发展大幕的开启。将与首都机场构成服务亚太、面向全球的国际航空"双枢纽中心"，形成"一带一路"空中走廊的重要节点。按照"世界一流空港"的要求，充分体现新时代特征，成为平安机场的"中国样板"，智慧机场的"中国力量"，人文机场的"中国精神"，绿色机场的"中国品牌"，将给旅客带来"四型机场"的新体验，最终成为集中展现改革开放40年，中国民航发展实力、管理能力、科技能力、治理能力等方面的"中国窗口"！

三、加强国际交流，大踏步走向世界舞台

从奥运保障开始，"中国第一国门"徐徐开启，首都机场集团公司加快走向世界民航舞台的中央。

2009年9月，来自120个国家、500余家机场、200余家航空公司，超过3000名代表参加的第15届世界航线发展论坛在北京举行。近年来，首都机场集团公司先后成功承办或参与主办了"ACI（国际机场协会）全球安全会议""2010年国际航空城会议"等重要国际行业大会。

服务"一带一路"，集团公司积极参与民航局中非民航学院前期规划工作，承办了民航局中亚合作项目，开展了中亚国家航空安保培训。集团公司与芬兰机场集团、瑞典机场集团、华盛顿机场管理局、毛里求斯机场等37个机场结成友好机场，朋友遍布全球。

在"2016年中国品牌影响力评价成果发布活动"上榜企业名单中，首都机场集团公司CAH品牌影响力位列交通运输类第一，品牌价值为247.35亿元。

推进高质量发展：落实"三大关切"实施"三大战略"

2017年2月23日，这是中国民航更是首都机场集团公司一个永载史册的日子。当天下午，习近平总书记视察了北京大兴国际机场建设工地。党和国家最高领导人视察在建机场，这在新中国历史上还是首次。习近平总书记强调，新机场是首都的重大标志性工程，是国家发展一个新的动力源，必须全力打造精品工程、样板工程、平安工程、廉洁工程。每个项目、每个工程都要实行最严格的施工管理，确保高标准、高质量。希望大家再接再厉、精益求精、善始善终、再创佳绩。要努力集成世界上最先进的管理技术和经验，为我国基础设施建设打造样板。社会主义是干出来的。新机场建设的每一个参与者都在参与历史、见证历史，大家要树立责任意识、奉献意识，在建设中增长才干、展示风貌。

习近平总书记在视察过程中，还特别关切地询问："如何管理运营好北京新机场？""北京两个机场如何协调？""京津冀三地机场如何更好地形成世界级机场群？"首都机场集团迅速掀起了深入学习贯彻总书记重要指示精神的热潮，围绕总书记"三大关切"，集团公司提出了"新机场""双枢纽""机场群"三大战略。

一、推进新机场战略，引领世界机场建设

2014年12月26日，新华社记者拍下的一张照片定格了一个激动人心的时刻：当地居民笑容满怀、挥锹铲土，为北京大兴国际机场"奠基"。推土机、铲车的轰鸣声，打破了京南大地的宁静。一个对京津冀地区、中国乃至世界民航业产生重要影响的世纪工程开工了！

北京大兴国际机场定位为大型国际航空枢纽，远期规划建设7条跑道，满足年旅客吞吐量1亿人次以上需求。本期按2025年旅客吞吐量7200万人次、货邮吞吐量200万吨、飞机起降量62万架次的目标设计，建设4条跑道、70万平方米航站楼及货运、空管、航油、市政配套、综合交通枢纽等生产生活设施。机场工程预算投资799.8亿元。

站在新时代的起点，落实总书记"四个工程"的要求，北京大兴国际机场着力打造标杆工程和精品工程，力争将世界一流的先进建设技术与传统的工匠精神相结合，通过科学组织、精心设计、精细施工、群策群力，最终达到内在品质和使用功能相得益彰、完美结合的高品质工程，确保品质一流，获得社会认可。

二、推进双枢纽战略，"龙凤呈祥"的双枢纽蓄势待发

从空中俯瞰，位于北京东北角，长达三公里的首都机场三号航站楼，仿佛一条舞动的巨龙。而

坐落在北京南部，永定河畔的北京大兴国际机场航站楼，则如同展翅欲飞的凤凰。这两座机场的建设，是国家发展和改革开放成就的缩影，更展示中国进一步走向世界、面向未来、开放发展的胸怀。

2019年，北京大兴国际机场建成投用后，首都北京将成为拥有两个大型枢纽机场的城市。纵观全球民航发展的历史和现状，在一个城市布局两个如此规模、如此体量、如此具有发展潜力的大型枢纽机场，尚不多见。

北京双枢纽将不仅成为连接中国和世界的门户，在中国对外开放中将扮演更加重要的作用：一是成为连接以京津冀为核心的腹地至世界的核心门户枢纽；二是成为连接中国与世界，特别是中国至欧美、中东非洲、中西亚中亚等路向上的核心中转枢纽；三是成为连接东亚与世界的关键节点，释放在东南亚—欧美、东北亚—欧美等关键路向上的潜力。

未来，首都机场将着重提升功能品质，完善核心保障功能，以核心要素资源补充为重点，通过"第四跑道建设""T1/T2行李系统改造""跑道异物监测系统建设""跑滑系统优化"等项目实施，提升国际竞争力和综合保障能力。

北京大兴国际机场将重在上量。北京大兴国际机场建成之日，将使北京地区新增航站楼面积70万平方米、跑道4条、停机位268个，可以释放大量国际航班时刻，为我国国际航权谈判赢得更大的空间，使首都机场和北京新机场大幅提升国际航班比例成为可能。

三、推进机场群战略，实现集团高质量发展

站在新时代的新起点上，机场群战略是首都机场集团公司的全局性战略。

按照"京津冀协同发展，民航率先突破"的原则，在民航局的积极推动和支持下，2015年5月20日，河北机场集团正式纳入首都机场集团公司统一管理。按照"目标一致化、定位差异化、运营协同化、管理一体化"的思路，统筹区域机场的发展，构建三省市航空枢纽协作机制，推进三地机场协同运行和联合管理，打造京津冀世界级机场群。

经过四年来的努力，如今京津冀航空市场发生了显著变化。首都机场国际运量增速明显快于国内运量，天津、石家庄机场增速明显快于首都机场，京津冀航空市场结构明显改善，以前"北京吃不下、天津吃不饱、石家庄吃不着"的现状得到有效缓解。

集团公司发挥集中统一管理的优势，强化京津冀机场群的示范引领和辐射带动作用，在开发市场、补充运力、争取政策、优化运营、提升效益上，为其他成员机场提供切实而且有效的支持，实现了京津冀机场群与江西、吉林、内蒙古、黑龙江等成员机场群共同发展、高质量发展。目前，目标同向、突出特色、协同协调、共同发展的格局正在形成，集团公司旗下"2+6+N"的机场网络格局取得突破性进展，6个千万级区域枢纽进入高质量发展的新阶段。江西作为集团公司"以京津冀机场群为核心，带动成员机场群共同发展"战略的试点，争取政策支持，加强战略合作，实现了吞吐量的跨越式发展。哈尔滨机场新航站楼的启用打破了制约发展的资源瓶颈，2017年旅客吞吐量突破2000万人次，是国家重点建设的十大国际枢纽机场之一；长春机场新航站楼为智慧城市建设助力，区域枢纽建设加速推进；呼和浩特机场与19个区内支线机场共同构建起干支联动的航线网络。2018年，集团公司旗下干线机场全部成为1000万级机场。

以机场群带动相关产业共同发展，集团公司旗下正在形成具有国际竞争力的产业群：贵宾服务精彩亮相APEC、G20会议，服务网络遍及全球160余家国际机场；广告传媒收益能力居全球前列；商贸公司已形成强大的品牌集成和专业化商圈管理能力；公务机地面服务市场份额占国内三分之一；地服公司代理着国内外50余家航空公司的地面服务；同好餐饮、物业管理、动力能源、安全保卫、航空设施维护、机场应急救护的专业化管理水平居行业一流。证券、担保、财务、资产管理等公司，实现了与实体业务的高效协同。

壮阔东方潮，奋进新时代。

展望未来，首都机场集团公司将以习近平新时代中国特色社会主义思想和党的十九大精神为指引，不忘初心，牢记嘱托，按照民航局"一二三三四"总体工作思路和集团"4-3-4-1"总体工作思路，担当"四个服务"，实施"三大战略"，建设"四型机场"，开启建设世界一流机场管理集团新征程，续写改革开放高质量发展新篇章！

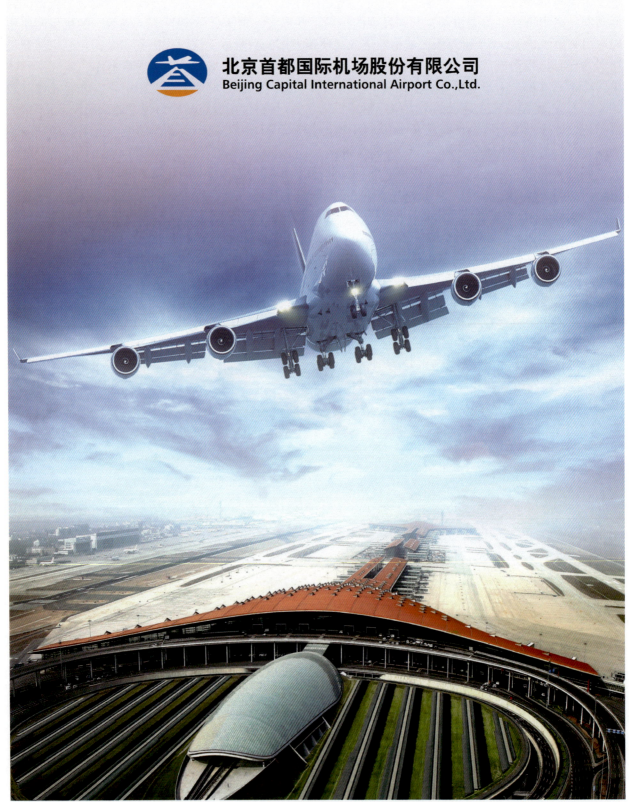

国门奋进一甲子，有凤来仪。

2018年12月，首都机场年旅客吞吐量突破1亿人次历史大关。

在首都机场运营60年之际，一切显得那么锦天绣地，一切显得那么溢彩流光。献给中国改革开放40周年，似如约而至，气势恢宏，令人欢欣鼓舞。

首都机场的发展史是一部攻坚克难、不断取得胜利的奉献史，更是一部舍我其谁、彰显家国情怀的担当史。60年披肝沥胆，与共和国的成长同呼吸共命运；40年栉风沐雨，为共和国的改革开放增彩添光。从0到1亿，浓缩了光阴和汗水，唤醒了记忆和豪迈。

凤鸣九皋，声闻于天。伫立"中国第一国门"，聆听万米高空气流呼啸，天地雄心拔地而起。在让历史告诉未来的坐标上，从来没有终点，首都机场又将出发。

肇兴开疆土（1958—1979）

"筚路蓝缕，以启山林"。从荒草摇曳到第一架航班起飞，从北京到拉萨，从1958年到1979年，跑道上的每一刻都在记录不凡，刷新历史。这是共和国第一座自行设计自行施工的大型民用运输机场，60年过去，丰碑不移。

1958年3月1日，首都机场正式启用。建成后的首都机场拥有1座10000多平方米的航站楼，1条2500米长的跑道，以及可容纳42架航空器和1座塔台的飞行区，成为自新中国成立以来兴建的第一座大型民用运输机场。

20世纪50年代，首都机场候机大厅和塔台。

1965年3月1日，北京—成都—拉萨航线正式开通。至此，与北京通航的省会城市、自治区首府、直辖市增至27个。

　　20世纪70年代初，中国民航先后从英国、苏联和美国分别购入了三叉戟、伊尔-62、波音707等大型喷气客机，并从1974年起代替原有的老式飞机，中国民航进入了喷气机时代。那时的旅客只能通过登机楼梯上下飞机。

攻坚展宏图（1980—1998）

改革开放之初，20世纪80年代伊始，T1惊艳亮相。1988年3月，民航北京管理局体制改革，"首都机场"正式更名为"北京首都国际机场"，设施管理不断升级，亚运保障初试莺啼，外航纷至沓来。从1980年到1998年，更多的家国天下，T1见证时代强音。

1980年1月1日，首都机场1号航站楼正式启用。该候机楼年设计旅客吞吐量350万人次，建筑面积5.1万平方米，设有东西两个卫星厅，被评为北京市20世纪80年代十大建筑之一。

当1号航站楼建成时，内部配备了中国民航机场首次采用的自动门、自动人行步道、自动扶梯、行李处理系统、飞机动态显示牌、闭路电视等国内最先进的设备，代表着当时中国民航业的顶端水平。

1981年1月7日中国民航北京管理局首航北京-旧金山-纽约航班，徐柏龄局长亲自驾驶并率领波音747机组开辟中美航线。在北京首都国际机场举行隆重首航仪式，民航总局沈图局长、美国驻中国大使伍德柯克夫妇、北京市副市长王笑一等各界朋友到机场送行。首航机组成员有：徐柏龄、尹淦庭、尹怀锦、张庆祥、王春林、匡汉造、高自强、张贞琛、李大义、代洪福、孙树勤、缪品芳、武韵秋、刘玉梅、马秀兰、陆金丽、林宏、苏连萍、刘静慧、李艳贞、王颖。

1981年1月7日，中国民航开辟北京—上海—旧金山—纽约航线。

1988年3月26日，民航北京管理局一分为三，分别组建了民航华北管理局、中国国际航空公司、北京首都国际机场。自此，首都机场开始步入企业化发展的道路，成为一家独立核算、自负盈亏、自主经营、具有独立法人资格的国有企业。

1990年9月22日—10月7日，第11届亚洲运动会在北京举办，这是中国举办的第一次综合性国际体育大赛。首都机场改革工作制度、完善设施设备、强化治安保卫，为保障赛事顺利举办作出了自己的贡献。

传承行大道（1999—2007）

1999年11月1日，T2正式投入运营。是年，北京首都国际机场股份有限公司成立，翌年于香港上市，企业化发展道路走得坚实。2002年，中国首都机场集团公司正式成立。2007年，首都机场成为全球第八大航空港。一个崭新的发展转瞬即来。

1999年11月1日，首都机场2号航站楼正式投入使用。在我国建设史上，2号航站楼的扩建规模、配套项目、投资总额都是当时绝无仅有的：航站楼面积33.6万平方米，停机坪面积46.4万平方米，近机位35个，远机位120个；共有6层的停车楼可提供车辆泊位4000余个，是当时亚洲地区最大的候机停车楼。

场内场外，服务保障有条不紊，一丝不苟。

2002年12月28日，中国首都机场集团公司（以下简称"集团公司"）正式成立，集团公司是在北京首都国际机场集团公司、北京首都国际机场股份有限公司、天津滨海国际机场、中国民航机场建设总公司、金飞民航经济发展有限公司、中国民航工程咨询公司的基础上组建的以机场为主业，跨行业、跨地域的大型企业集团。

2003年初，全国"非典"爆发。为切实履行社会责任，切断"非典"的航空传播途径，首都机场及时成立领导小组，制定可行预案，并投入大量资金，采取多种有效措施，最终实现了"控制发热旅客进入候机楼；切实做好员工防护，保证员工健康"的"非典"防控目标。

2005年1月29日，国航CA1087班机在北京首都国际机场起飞，为2005年台商春节包机拉开序幕。这也是56年来，台商春节包机首次实现了海峡两岸"共同参与、多点开放、直接对飞、双向载客"。

绽放迎天下（2008—2016）

2008年，北京举办奥运会。T3屹立，一个飞跃的象征，"中国第一国门"从此叫响。首都机场形成了3座航站楼、3条跑道、双塔台同时运营保障的格局。首都机场勇担国家使命，广迎天下来宾，倡行中国服务，展示国门形象。

2008年2月29日，首都机场3号航站楼正式投入运营。3号航站楼建筑面积100.1万平方米，是当时世界上最大的单体航站楼，其先进的行李系统、捷运系统、IT技术、立体交通和文化景观被广为称道，荣膺2008年度国家建筑工程"鲁班奖"、第八届中国土木工程詹天佑奖，入选北京当代十大建筑。

2008年3月，首都机场人攻坚克难、众志成城，利用不到半年的时间全面完成转场，为圆满完成北京奥运会、残奥会的服务保障任务奠定了坚实的基础。

　　百年期盼，一朝梦圆。2008年8月，首都机场用自己的实际行动圆满完成了北京奥运保障任务，共保障涉奥航班7744架次，运送奥运大家庭成员98420人次，轮椅旅客4092人次，创造了中国民航史上重大运输保障总架次、高峰日架次、高峰小时架次等多项历史纪录，也创下了"零事件、零事故、零投诉"的最高服务保障水准。

　　首都机场以协同联动为目标，先后搭建了首都机场旅客服务促进委员会、首都机场安全管理委员会、首都机场运行协调管理委员会、首都机场新闻宣传协调委员会四大平台，明确了服务、安全、运行、宣传四套标准，并通过资源共享、风险共担、荣誉共勉三项承诺，加深理解、增进信任、凝聚合力，形成了超越组织边界的"4-4-3"协同联动机制，这在"倡行中国服务，打造国际枢纽"的过程中发挥了巨大作用。

唱响新时代

2017年初春，习近平总书记考察北京新机场建设，强调新机场是国家发展一个新的动力源。如何管理运营好北京新机场、北京两个机场如何协调、京津冀三地机场如何更好地形成世界级机场群，总书记的"三大关切"为新时代首都机场的发展提出了新要求和新目标。

首都机场深入贯彻落实"一二三三四"民航总体工作思路及"四型机场"建设要求，按照首都机场集团公司"4-3-4-1"和北京首都国际机场股份有限公司"1-3-3-4"总体工作思路，开启了建设新时代世界一流大型国际枢纽机场的新征程。

2017年4月2日，首都机场中跑道大修第三期工程启动。通过精心组织、周密部署和紧密协调，工程提前3天竣工，成为全球全跑道关闭施工效率最高的机场，实现了安全"零事故"、保障"零差错"、工程"零缺陷"、工期"零延迟"。

　　首都机场坚持对安全隐患零容忍，始终把安全作为头等大事来抓，牢牢守住机场安全"四个底线"，深入推进"三基"建设，科学运用"三抓"安全管理方法，打造"平安机场"标杆。

　　首都机场大力推进节能降耗工作，贯彻绿色发展理念，光伏发电、桥载设备、通过ACA2级认证……一个个生动的绿色实践展示了首都机场努力引领低碳未来，打造"绿色机场"标杆的决心。

　　首都机场充分利用新技术，完成旅客WiFi自建，推进"航信通+"应用……只为实现安全自动化、运行协同化、服务个性化和管理智能化，打造"智慧机场"标杆。

　　首都机场不断从空间品位、环境品位、文化品位和服务品位等维度提升旅客服务水平，只为给旅客带来"愉悦服务、愉悦体验"，打造"人文机场"新标杆。

中国民航科学技术研究院

民航是一个高科技应用密集型行业，民航的持续安全和科学发展必须依靠科技创新。近年来，民航局党组高度重视科教创新工作，发布了《关于推进民航科技教育创新发展的意见》，要求民航科研机构创建"基础技术研究型、应用技术开发型、成果转化枢纽型、技术政策暨服务智库型"科研院所，达到"出

2019年3月，民航局冯正霖局长到航科院视察技术支持有关工作

成果、出人才、出效益"的目标，推进创新型民航行业建设。

航科院积极响应民航局党组要求，认真贯彻落实民航"一二三三四"总体工作思路，针对国家和行业战略需求，研发了多项重大科技成果，打破了国外垄断，填补国内空白，引领科技创新。通过打造科技创新平台，汇聚高端创新人才，完善科技创新体系，深化体制机制改革，初步建成"四型"科研院所，为民航强国建设提供了有力的科技支撑。

2018年6月，民航局领导在首届民航科教创新展上听取了航科院在民航安全和航行新技术等领域的重点创新项目介绍

2019年5月，航科院作为代表单位与中科院代表单位签署科技战略合作协议，着力开展民航安全与发展的科学研究工作

2019年1月，民航局李健副局长视察航科院，关注"EMAS"等产品的科技成果转化情况

2019年3月15日，"12326"民航服务质量监督电话在航科院正式开通

特性材料拦阻系统

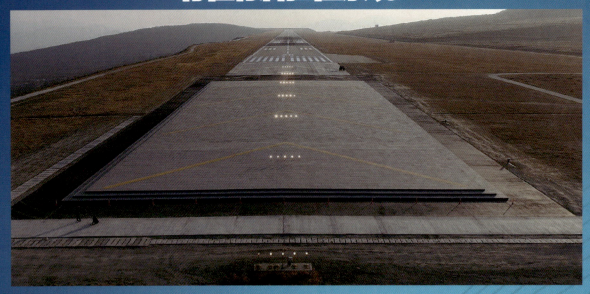

特性材料拦阻系统（EMAS）是用于拦停冲出跑道的飞机的一种安全保障设施。EMAS 铺设在跑道端安全区，跑道延长线上，由特定力学性能的溃缩材料组成。系统可保证飞机在以不超过 70 节的速度冲出跑道时，将飞机拦停在拦阻床内，并保证机上人员和飞机主结构不受损伤。目前已在云南腾冲机场、四川攀枝花机场和西藏林芝机场完成施工与安装。

飞机真火实训

全尺寸航空器真火实训系统。能在确保安全的前提下，模拟多种航空器真实火灾情景，提供专业化灭火救援训练条件，提升行业应急处置实战能力。
示范应用：武汉天河机场

飞行品质监控

通过 WQAR 和自动收集的飞行数据，运用大数据挖掘技术识别安全隐患、分析安全形势、评估安全状态、共享安全信息，为航空公司改善运营提供数据支持。

全球航班跟踪监控系统

系统以秒为单位实时追踪显示国内外航空器飞行状态，对各类航班运行数据进行综合处理，对高风险状况实时预警，为航班运行保障提供技术和决策支撑。

示范应用：国内数十家航空公司

北斗技术应用

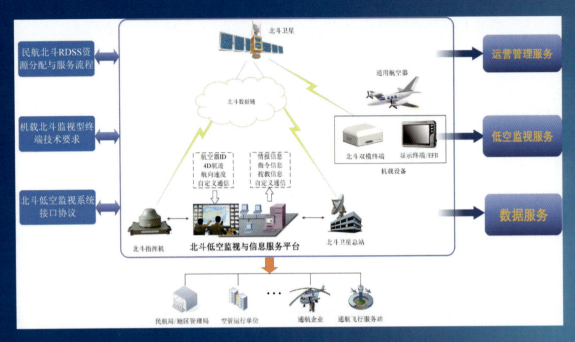

对民航行业的北斗用户卡进行统一申请和统一管理，对行业北斗应用数据进行统一接入和统一发布，形成北斗基础运营服务能力、北斗空间大数据服务能力以及北斗应用技术支持与服务能力。

应急救援管理系统

基于应急救援电子网格图，通过预案电子化研究与部门岗位职责解析，贯穿了事前准备、事件处置和事后评估三个阶段，在突发事件应急处置与应急演练过程中，实现了全过程的数字监控、指挥和督导。

示范应用：康定，泸沽湖，拉萨等机场

行业高端智库　引领民航发展

国家重大战略和政策

- 研究编制《国务院关于促进民航业发展的若干意见》
- 研究编制《国务院办公厅关于促进通用航空业发展的指导意见》
- 研究编制《全国民用运输机场布局规划（2025）》
- 研究编制《国家航空应急救援规划》

民航重大任务和政策

- 研究编制《新时代民航强国建设行动纲要》
- 研究编制中国民用航空发展第十三个五年规划
- 研究编制京津冀、长三角、粤港澳大湾区三大世界级机场群战略规划
- 研究编制乌鲁木齐、昆明、哈尔滨、成都、重庆、郑州、西安等国际航空（货运）枢纽战略规划
- 研究编制国际航权资源配置政策与使用管理办法
- 研究编制民航专项资金机场投资补贴政策
- 研究编制鼓励民间资本参与民航（通航）建设的政策

高端咨询

- 研究编制《南方航空集团（股份）"十三五"发展规划》
- 研究编制《河南民航发展投资有限公司发展战略规划》
- 研究编制《云南机场集团"十三五"发展规划》
- 研究编制《深圳市通用航空发展规划》

1958年12月11日，国家交通部正式批准成立中国民航局科学研究所，从此，中国民航有了自己的行业科学研究机构。1971年，民航科研所迁建至四川省新津县的报告获得民航总局批准。1987年，民航局批准"中国民航局科学研究所"更名为"中国民航局第二研究所"；1990年，民航二所整建制搬迁至成都市；1993年，开始经营管理体制改革，将原来的研究室运营整合成专业公司经营；2000年，民航二所转制为科技型企业，划归民航总局空管局管理；2003年，国家科技部正式下达了民航二所转制的批复；2010年4月22日，民航二所隶属关系调整为民航局直属管理。

2018年12月11日，民航二所迎来了一甲子华诞。作为民航局直属专业从事民航高新技术应用开发的科研机构，民航二所主要从事民航信息管理系统、机场弱电系统、航空物流系统、空中交通管理系统、航空安全管理系统、航空化学产品、通用航空产品的设计、研究、开发及科技成果产业化推广，同时还承担航化产品适航性能、飞机非金属材料阻燃性能、农林航空喷洒设备、空管自动化系统、空管雷达系统、航空危险品运输安全的技术测试及航油航化适航审定、民航节能减排监测、航空材料研究等行业技术支持工作。

唯实创新，硕果盈枝。经过60年发展，民航二所已经成为国内最大的机场弱电信息产品提供商及系统集成商，国内唯一具有完全自主知识产权的行李自动处理系统集成商，国内领先的空管装备和技术服务提供商及系统集成商，以及国内最大的航空化学产品生产制造商。60年来，先后完成国家863计划项目、国家科技支撑计划项目、国家自然基金重点项目、民航创新引导重大项目等科研课题100多项，荣获国家级科技奖14项、省部级奖130项、专利233项，协助编制国家和行业标准100多项。

栉风沐雨，砥砺前行。60年来，民航二所打造了一支科技创新的国家队，全所有高级职称人员200余人，其中科研系列研究员和副研究员人数占全民航的43%；享受国务院特殊津贴的专家18名，民航局中青年技术带头人4名，四川省有突出贡献的优秀专家3名，四川省学术和技术带头人6名。38人获得国家级科技进步奖。

民航二所主动落实国家"一带一路"倡议，成为中国民航实施"走进非洲"的8家重点承担单位之一和国际民航组织援建非洲、南美洲等民航项目的建设单位，科技成果已在民航空管、机场、航空公司等领域的海内外300多家单位广泛应用，成为新一轮"智慧民航"建设实践的引领者。

今天，民航二所的科技成果和技术服务应用于全球126个机场、173家航空运输和维修企业、50个空中管制单位。每小时超过400架次飞机、每一天超过80万件行李、每一年超过4亿人次旅客享受民航二所的产品和服务。

2016年7月5日—8日，中国民用航空局冯正霖局长在民航二所调研并召开民航科技创新座谈会，为民航科技擘画了"三出四型五基地"宏伟蓝图。2017年9月7日，中国民用航空局与四川省人民政府签署合作协议，共同建设民航科技创新示范区，双方将共同打造中国民航的基础技术研究、应用技术开发、核心技术产业、成果转化效益和创新人才发展五大民航创新基地。

站在新起点，肩负新使命。2018年1月18日，中国共产党民航二所第二次代表大会胜利召开，确立了"一二三四五"发展战略。未来，民航二所将全面贯彻党的十九大精神，始终坚持习近平新时代中国特色社会主义思想，认真落实民航局"一二三三四"总体工作思路，加快推动实现高质量发展，为民航强国战略实施作出新的更大的贡献。

1. 行李自动处理系统

是一套对旅客托运行李进行称重接收、安检跟踪、快速运输、自动识别、自动分拣及信息处理的自动化系统。民航二所是全球四家具有完全自主知识产权的翻盘式行李高速自动分拣机设备厂商之一。2017年6月15日，民航二所成功中标北京大兴国际机场行李处理系统项目，打破了全球市场由少数几个国外品牌长期垄断的局面；2018年12月11日，再次中标成都天府国际机场行李处理系统项目，整体技术达国际先进水平。

2. 场面多点定位系统

可用于机场场面、进近和航路及终端区域的目标监视，通过多个地面接收站同时接收机载应答机信号，实现目标精确测量定位。民航二所是全球五家能够生产"场面多点定位系统"的厂商之一，也是目前国内唯一一家在该领域获得中国民航局颁发正式使用许可证的厂商，在全国多个大中型机场及空管单位已成功应用。

中国民航局第二研究所
THE SECOND RESEARCH INSTITUTE OF CAAC

3．基于IMF民航机场信息集成系统

　　以IMF平台为核心，实现机场各部门信息按需共享目的，满足机场"多航站楼、多跑道"的运营模式。全球五家能够生产基于IMF民航机场信息集成系统的厂商之一，其产品不仅在国内大中型机场使用，千万级流量机场的市场占有率超过80%，而且出口到亚非多个国家。

4．飞机除冰/防冰液

　　用于飞机地面除防冰，包括SAE I 、II 、IV型等共5个产品，通过了AMIL、SMI、APS、民航局测试，被列入FAA、TC合格除冰液清单。民航二所是全球四家能生产"IV型飞机除冰防冰液"的厂商之一，该产品拥有4项发明专利，在降雪条件下可保持80分钟不再结冰，极大提高了飞行安全裕度。

5．大型管制中心空管自动化系统

可为大型区域管制中心或者中小机场管制中心提供稳定可靠的管制数据服务。民航二所是全球六家具备大型管制中心空管自动化系统技术的厂商之一。已成功应用于成都、西安、重庆等区域和终端管制中心的大型空管自动化系统，并在西安区域管制中心实现了全国首例与国外系统互为主备的常态化运行。

6．机场跑道异物（FOD）探测系统

该系统置于跑道沿线的异物传感器对跑道进行光学、雷达扫描，在数据中心对传感器进行分析和融合。当辨识出异物目标时，系统对目标自动图像取证并通过控制中心的控制台向管理人员报警。民航二所是全球首家掌握混合制式机场跑道异物（FOD）探测系统技术的厂商，已成功中标成都天府国际机场工程项目。

中国民航局第二研究所
THE SECOND RESEARCH INSTITUTE OF CAAC

7. 广播式自动相关监视系统（ADS-B）

　　该系统可用于航路、终端区、塔台管制空域的目标监视，也可以作为机场场面监视的重要补充。已获得民航局颁发的设备使用许可证，在西北Z1航路、新疆南疆地区、上海虹桥机场、西藏、重庆等全国多个空管单位和机场得到了广泛应用。

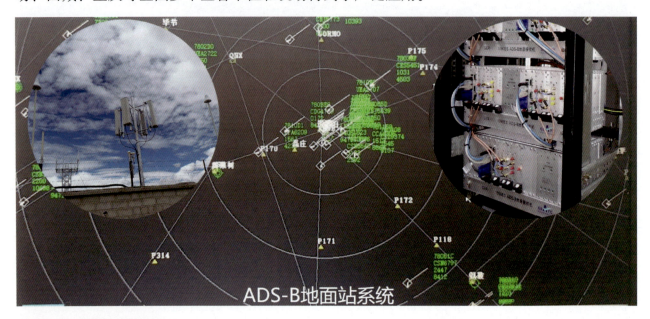

ADS-B地面站系统

8. 华越灭火器

　　该产品是为满足国际民航组织关于需使用Halon替代品而研发的一款环境友好型产品，已于2018年12月获民航局适航取证，具有环保、灭火效率高、灭火功能齐全、规格多样等特点，可直接替代Halon 1211手提式灭火器应用于不同种类飞机上；产品具有独立自主知识产权，打破了国外技术垄断，填补了我国民用飞机手提式灭火器的产业空白。

9. 轻型航空座椅、轻质航空餐车

新型航空座椅单座普通经济舱座椅重量控制在10千克左右，同比国外同类型座椅轻2～3千克；在强度仿真方面，建立了一套完善的座椅静、动态模拟仿真方法，评估准确度高达80%以上；在座椅舒适度方面，将建立仿真与测试平台，为航空座椅的舒适性设计提供指导，也能为航空公司座椅选型提供依据。轻质航空餐车已获得CTSOA证，它的重量小于15千克，比目前全球最轻的航空餐车轻5%以上，比传统餐车减重7.5千克左右，中心正在取证的新一代复材餐车有望可到12Kg左右。每台餐车一年可以节油2吨左右。与传统铝制餐车相比，该产品具有结构强度高、维修性好、保温性能好的优势，使用寿命是传统铝制餐车的2倍，寿命近10年。

10. 基于跑道状态灯的防跑道侵入系统

该系统具有全天候、自动化，根据实时交通态势，自动控制部署在跑道上和入口滑行道上的灯组开关，为飞行员和车辆驾驶员提供可视化的跑道不安全提示，增强飞行员和车辆驾驶员的情景感知力，预防跑道侵入事件发生。目前已在上海虹桥机场开展示范应用。

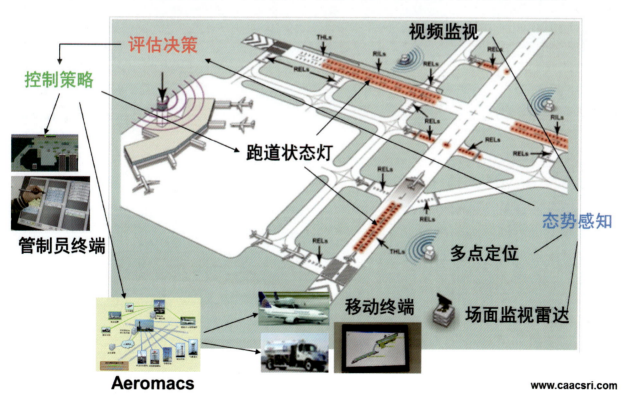

中国民航局第二研究所
THE SECOND RESEARCH INSTITUTE OF CAAC

11. 电容扰动围界报警系统

　　该系统是一套防护全方位、设计人性化、技术现代化的安防产品，满足围界安全的实际应用需求，具有高可靠性、高安全性、误报率低等优势。已应用于成都双流国际机场、三亚凤凰国际机场等国内大中型机场。

12. 远程塔台

　　远程塔台通过可视图像替代目视观察来提供机场空中交通服务的设施，可以对大型机场进行局部补盲，实现支线机场"无人值守方案"。目前，远程塔台系统中的核心技术已成功应用于广州、成都、重庆、昆明、哈尔滨、桂林等20多个机场、空管及航空公司。该系统填补了国内空白，打破国外长期垄断，实现了场面管控重要技术国产化，成果总体达到国际先进水平。

13. 高级场面引导与控制自动化系统（A-SMGCS）

是一种机场综合交通监视与引导系统，主要通过对机场场面活动的监视、引导和控制来解决机场在安全、效率和容量等方面的问题。已在重庆江北国际机场、成都双流国际机场等多个空管单位和机场成功应用。

14. 航向信号在线测试分析仪

可以进行仪表着陆系统航向信标在线测试和状态分析，并辅助进行仪表着陆系统航向信标地面和空中空间信号检测关联分析。能够为仪表着陆系统航向信标运行维护人员提供了在线测试技术手段，有助于提高导航设备运行安全，减小设备测试对机场运行的影响。产品已经在绵阳、台州等机场成功应用，改写了国外厂家长期垄断中国民航仪表着陆系统外场测试仪市场的历史。

15. 新型供电方式LED助航灯光系统

新型供电方式LED助航灯光系统主要由助航灯光监控系统、正弦波调光器、双模式LED助航灯具等组成。在新型供电方式LED助航灯光系统领域已经取得4项发明专利，22项实用新型专利；自主研发的助航灯光监控系统、正弦波调光器、双模式LED助航灯具（23个型号）已经取得民航局民用机场专用设备通告。

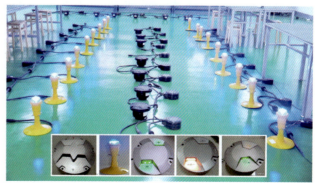

致敬改革路　奋进新时代
——辽宁机场集团发展综述

改革开放40年浪潮中，辽宁省机场管理集团有限公司（以下简称"辽宁机场集团"）在民航局、辽宁省委省政府的正确领导下，以助力东北振兴和实现民航强国为己任，以做强做优做大国有资本为目标，坚持稳中求进工作总基调，围绕建设"平安、绿色、智慧、人文"四型机场为核心的"1234"总体发展思路，切实发挥了国有企业助力辽宁振兴发展的"龙头"作用，开创了辽宁机场集团"十三五"发展新局面。

40年披荆斩棘，辽宁机场集团稳步发展

1989年4月16日，沈阳桃仙机场正式通航。1994年11月28日，经民航总局批准，沈阳桃仙机场更名为沈阳桃仙国际机场。2003年4月24日，成立沈阳桃仙国际机场集团公司。同年12月31日，按照国务院有关民用航空机场交由地方政府管理的部署，组建辽宁省机场管理集团公司，为省属全民所有制企业。2013年11月，正式改制更名为辽宁省机场管理集团有限公司，注册资金9亿元。

辽宁机场集团下辖沈阳、丹东、锦州及朝阳机场，托管鞍山机场，设有11个职能部门，3个直属单位，广告、商贸、餐饮、客运换乘等4个非航专业分公司及7个子公司。沈阳机场的定位是辽宁对外开放的第一窗口、辽沈地区国际化营商环境第一窗口。截至2018年，辽宁机场集团共有员工4152人，其中党员1779人。

多年来，在服务辽宁经济社会发展的背景下，辽宁机场集团全力完成做强功能、做优品质、做大规模三项主要任务。

一是做强功能，提升有效供给能力和辐射带动力。辽宁机场集团不断强化基地航空建设，着力引进过夜运力投放，推动时刻容量临时性和常态化提升，运输生产实现持续快速增长。

（一）空。空域使用效率，进离场分离，空域资源扩大，进离场飞行程序优化带来空域容量提升、效率提高，增强了有效供给能力。基地公司运力规模不断壮大。2018年新增7架过夜运力，沈阳机场过夜运力总数达59架。南航实现在沈运力升级，深航加快基地建设，

沈阳桃仙机场地服员工带领无陪伴儿童登机

沈阳机场跑道大修

瑞丽加快分公司设立。航线网络日趋完善。沈阳机场日均5班以上国内航点突破20个,积极推进"经沈飞"枢纽战略,实现了东北区外省会、直辖市、副省级市通航全覆盖。东南亚、欧洲等旅游热点航线加班包机运营,旺季"一带一路"航线达8条,日韩市场逐渐复苏。支线机场稳步发展,丹东

于2019年1月实现复航,锦州优化成都、新开穗深航线,朝阳加密天津航线,鞍山不断提高航线运营品质。货运业务稳步发展。实现顺丰运力升级,推动落实沈阳市支持航空货运发展政策,沈阳机场公用型保税库4月27日正式运营。

(二)地。沈阳机场至今共经历三期建设,目前航站楼总面积为33.08万平方米,T1航站楼建筑总面积1.6万平方米,设计容量150万人次/年。T2航站楼建筑面积6.68万平方米,设计容量606万人次/年。T3航站楼建筑面积24.8万平方米,设计容量1750万人次/年。停机坪面积共计96.9万平方米,停机位79个,停车场建筑面积合计约13万平方米。经过三期建设,沈阳机场是目前东北地区保障能力最强的机场。

(三)服务功能辐射带动综合交通体系初步形成。辽宁机场集团已在沈阳、辽阳、阜新、抚顺、盘锦、通化设立6个城市候机楼,开通10条机场快线,构建了辐射抚顺、辽阳、鞍山、本溪、丹东、盘锦、阜新等外埠7个地市和市内沈阳站、沈阳北站、龙之梦三大客运站的旅客班线网络。空地联运、四通八达的综合交通枢纽功能初步形成。

二是做优品质,为高质量发展增添竞争力。

(一)做优安全品质。辽宁机场集团坚决贯彻落实习近平总书记对民航安全工作系列重要指示批示精神,坚守安全底线,坚持"安全隐患零容忍",落实安全生产责任制,强化"三基"建设,创新监督管理机制,提升应急处置能力,牢牢把握安全工作主动权。

(二)做优服务品质。辽宁机场集团聚焦人民群众的需求和关切,认真践行真情服务,对标国内先进机场,创新特色服务,打造"每一刻,心快乐"的U悦服务品牌,提升"智慧服务"水平,建设"人脸识别"系统,推行"无纸化"出行,简化服务流程,努力提升人民群众的获得感、幸福感和安全感。

迎战暴雪天气　保证机场快速开放

丹东机场

锦州机场

朝阳机场

鞍山机场

（三）做优运行品质。辽宁机场集团以航班正常为抓手，加强运行管控能力，搭建运行协调机制，组建沈阳机场运行管理委员会，统筹调度空地资源，发挥空地联动作用。强化信息化建设，以建设智能化指挥平台系统为支撑，加快推进沈阳机场协同决策系统（A-CDM）平台建设，实现以大数据为依托的智能化指挥调度，提高航班放行正常率。与东北空管局签署战略合作协议，在规划衔接、项目建设、空地运行安全和效率、人才培训和交流、设备维护维修等方面的合作中，充分发挥双方资源优势，共同推进双方协同快速发展。

三是做大规模，提升有效供给实力和影响力。辽宁机场集团创新理念和模式，优化业态和环境，认真落实"三去一降一补"，航空主业实现增收创效，非航业务实现提质增效。

（一）主业规模做大。2018年辽宁机场集团完成运输起降14.50万架次、旅客吞吐量1983.9万人次、货邮吞吐量16.98万吨，分别同比增长7.6%、9.5%、5.3%。在民航局总量调控政策下，辽宁机场集团主动作为，沈阳机场完成运输起降13.67万架次、旅客吞吐量1902.7万人次、货邮吞吐量16.86万吨，分别同比增长8.0%、9.7%、5.9%。

（二）资产规模做大。2003年辽宁机场集团的资产总额为17.77亿元，2018年跃升至77.50亿元，属地化后已增加了59.73亿元，增长336%。其中，固定资产由2003年的15亿元跃升至2018年的56.20亿元，增加41.20亿元，增长275%。

（三）收入规模做大。辽宁机场集团2018年营业收入13.32亿元，同比增长9.2%，实现第二年连续盈利，平稳渡过"债务风险期"，进一步降低资产负债率，生产经营进入良性轨道。航空主业提质增效，2018年实现航空性收入6.86亿元，增长15%。沈阳机场航空性收入6.52亿元，同比增长16%。非航业务持续改善，实现非航收入6.46亿元，增长3.7%。

40年矢志不渝，辽宁机场集团提质增效

辽宁机场集团矢志做优品质，严格落实"三个底线"要求，全面提升安全、服务、运行品质，已经连续实现了第15个航空、空防安全年。

全国民航示范班组

安全形势平稳可控。一是强化政治担当。深入贯彻习近平总书记对民航工作重要批示指示精神，2018年制定了75项落实措施，牢牢把握安全工作主动权。二是强化主体责任落实。逐级签订安全责任书，层层压实责任，推进安全生产"四个责任"全覆盖。三是强化"三基"建设。抓基层，加强专业队伍建设，及时补充专业人员和技能人员；依托"安康杯""安全生产月"，持续加强班组建设。2018年，集团公司荣获民航局"安全生产月"先进集体，沈阳机场安检中心彩虹班组荣获民航局"安康杯"优胜班组、全国民航工会"三优创建"优秀安全班组。打基础，2018年全年修订完善安全制度5项，编制8类法定自查系列检查单；投资2.15亿元，完成沈阳机场跑道大修工程等安全项目建设；搭建重点业务管理及安全管理信息平台；强化专家库建设，推进双盯、法定自查、安全绩效管理工作及危险品运输管理体系建设试点。完成各机场SeMS及锦州机场SMS内审。苦练基本功，2018年开展教育培训104次，参训人员7880人次；以技能大赛引领学技术、比技术热潮，培育"机场工匠"，沈阳机场应急救援中心在民航东北地区消防技能比武中获得团体第一，包揽个人全能前四名和5个单项奖第一名。四是开展"减存量、遏增量"行动，修订完善安全隐患排查治理管理规定，2018年治理隐患问题568项；坚持风险管控常态化，实现风险闭环管控。五是强化应急救援能力，加大设施投入，2018年开展各类演练30余次，提升实战能力。

服务质量不断提升。一是对标民航局年度8项服务承诺，强化行李运输、航班正点管理，完成停车楼综合改造和航站楼服务功能升级，沈阳机场2018年四季度ASQ测评4.95分，ACI同规模排名第六。二是以顾客为中心，对标先进、创新特色，打造"每一刻、心快乐"U悦品牌，塑造辽沈名片。三是沈阳机场成功上

反恐救援综合演练

线"无纸化"出行，完成APP三期研发，打造智慧机场。

机场运行高效有序。一是扩容增效。以沈阳机场机坪管制移交和机坪塔台独立运行为契机，实现沈阳机场容量标准提升至28架次/小时。二是提升运行效率。加强空地信息共享，完成ADS-B、二次雷达、放行系统的引用，实施航班进程管控，精细化管理航班保障时间节点，缩短航空器保障时间。三是破解不力因素。狠抓雷雨季节和冬季运行保障两大难题，完善大面积航班延误和冬季运行保障两大机制，实现大面积航班延误不对称放行和不停航除雪，2018年全年沈阳机场航班放行正常率为75.01%，同比提升2.65%。四是践行军民航深度

U悦服务品牌

融合发展思路，体现"民为军备，军为民用"，推进丹东、鞍山机场军民航联合运行保障机制建设，促进军民航融合发展。五是改善运行环境。实施机坪运行优化、优化PBN飞行程序，抓净空管理、机坪运行秩序治理、外来物防范、防跑道侵入等，提供运行高效有序的良好环境。

40年坚守初心，辽宁机场集团党建引领

属地化以后特别是十八大以来，辽宁机场集团党委坚决把党中央和省委省政府决策部署不折不扣落到实处。坚持稳中求进工作总基调，持之以恒贯彻落实新发展理念和"四个着力""三个推进"，落实民航局"一二三三四"总体工作思路，围绕省委组织部"1571"和省国资委党委"121"基层党建工作思路，推动党建工作全面进步全面过硬。

以政治力塑"魂"。辽宁机场集团党委全面落实党建工作主体责任，切实发挥把方向、管大局、保落实的领导核心和政治核心作用。各级党组织和党员干部旗帜鲜明讲政治，牢固树立"四个意识"，增强"四个自信"，坚决做到"两个维护"，在政治立场、政治方向、政治原则、政治道路上同党中央保持高度一致，确保上级各项决策部署在机场集团不折不扣地贯彻落实。深入学习党章党规、习近平总书记在全国国有企业党的建设工作会议上的重要讲话精神、十九大精神和习近平总书记在辽宁考察时和在深入推进东北振兴座谈会上的重要讲话精神，扎实开展党的群众路线教育实践活动、"三严三实"专题教育，扎实推进"两学一做"常态化制度化。进一步激励广大干部新时代新担当新作为，重实干、强执行、抓落实。廉政建设深入推进。强化政治纪律和组织纪律，落实党风廉政建设和反腐败工作责任制，运用好监督执纪"四种形态"，增强拒腐防变和抵御风险能力。

以组织力植"根"。辽宁机场集团党委把党的领导融入公司治理结构各个环节，使党的领导与完善公司治理有机统一，建立党委会、董事会、监事会、经理层四级法人治理结构，明确党委会研究讨论是董事会决策重大问题的前置程序。坚持正确选人用人导向。坚持党管干部原则，落实好干部标准，规范党委讨论决定干部任免事项议事规则和决策程序，做好干部年度考核，强化干部日常监督管理，努力打造"对党忠诚、勇于创新、治企有方、兴企有为、清正廉洁"的干部队伍。加强各级领导班子建设，不断完善"双向进入、交叉任职"的领导体制。全面落实党委主体责任、党委书记第一责任人责任、班子成员"一岗双责"责

全国民航工人先锋号

任和纪委监督责任。完善基层组织建设，为支线机场增设党建工作部门机构编制，规范台账、抓好组织排查、党费清缴、换届清查，建成14个"党员之家"。发挥群团组织合力，发挥好工会联系职工的桥梁纽带作用，促进统战、扶贫、群团工作的合力发挥，选派15名扶贫干部担任驻村第一书记；积极做好社会治安综合治理工作。

以先进力赋"能"。辽宁机场集团积极倡导和践行社会主义核心价值观，严格落实意识形态工作责任制，建立良好舆论沟通渠道，树立空港改革新形象。2016年5月，中央企业社会主义核心价值观建设交流会召开，辽宁机场集团作为仅有的全国两家省属企业之一参会，书面材料编入会议文件。辽宁机场集团党委坚持将党建工作与中心工作深度整合、与改革发展有机衔接。国企改革方面：建立四级法人治理结构；党建工作总体要求写入《公司章程》；"僵尸"企业注销工作有序开展；积极探索混合所有制改革；攻坚克难完成东塔小区"三供一业"分离移交任务；对标国内同类先进机场稳步推

进三项制度改革。推动党的理论创新成果进一线、进班组、进头脑，深入实施在职党员"责任"工程、流动党员"安家"工程、退休党员"余热"工程和困难党员"帮扶"工程，深入推进"共产党员先锋工程"，积极开展"强党建，兴国企，为辽宁振兴发展作贡献"行动。目前,辽宁机场集团共设立党员先锋工程35项、党员先锋岗47个、党员责任区59个，涌现出秦建岭等一批有社会影响力的"两先一优"先进代表。沈阳机场信息机电中心"创新工作室"成为国内首个被民航局授牌的机场创新团队，在改革发展中发挥了先锋作用。

中国特色社会主义进入新时代，建设民航强国踏上新征程。辽宁机场集团将以习近平新时代中国特色社会主义思想为指导，深入学习贯彻党的十九大和习近平总书记在辽宁考察时

和在深入推进东北振兴座谈会上的重要讲话精神，不忘初心，牢记使命，在民航局、省委省政府、省国资委的坚强领导下，不断开创辽宁机场集团高质量发展新局面，为加快推进辽宁全面振兴、全方位振兴和民航强国建设作出积极贡献，以新气象、新担当、新作为的高质量发展迎接中华人民共和国成立70周年。

"新春送福·情满旅途"——把桃仙福运带回家

中国民航机场建设集团有限公司
China Airport Construction Group Co., Ltd.

精诚打造精品 专心成就专业
——中国民航机场建设集团有限公司改革发展纪实

改革开放40年，中国民航机场建设集团有限公司（以下简称"机场建设集团"）抓住历史机遇，伴随着我国民航事业的发展不断壮大，特别是党的十八大以来，机场建设集团致力于服务国家战略和民航强国战略，不忘初心，实现了由小到大、由弱到强、由单一到综合的跨越发展。

牢记使命，积极服务国家战略

党的十八大以来，机场建设集团积极践行社会责任，服务国家战略，支持地方发展。

围绕京津冀发展战略，先后保障了北京首都国际机场、北京大兴国际机场、天津滨海国际机场、石家庄正定国际机场等重大机场的建设项目。北京大兴国际机场最早规划于21世纪初，从那时起，机场建设集团便参与了前期的规划设计工作。随着北京大兴国际机场项目的推进，机场建设集团承担了总体规划编制、飞行区和空管工程设计、绿色机场研究、飞行区数字化施工管理、自融雪研究、飞行区部分监理、航油配套工程等任务。正式施工后，机场建设集团派驻了70余人的现场设计团队，服务于北京大兴国际机场建设。

围绕"一带一路"倡议，积极拓展海外市场，陆续承担了多哥、老挝、安哥拉、科摩罗、巴基斯坦等国的机场工程项目。2012年，机场建设集团承接了多哥洛美机场一期工程总承包项目，这是机场建设集团承接的首个海外总承包项

目。项目实施过程中，机场建设集团摸着石头过河，打造出样板工程，也逐步积累了海外机场总承包的经验和实力。目前，在多哥，机场建设集团已完成多哥洛美机场一期，正在进行洛美机场二期工程和尼亚木图古机场工程；在巴基斯坦，正在开展瓜达尔新国际机场工程；在贝宁，正在推进格鲁—吉格贝新国际机场项目……

洛美机场夜间不停航施工现场

多哥洛美机场二期不停航施工现场

围绕长江经济带战略，机场建设集团保障了上海浦东国际机场和虹桥国际机场、南京禄口国际机场、武汉天河国际机场、重庆江北国际机场

等大型枢纽机场的规划建设任务。从1965年修建上海虹桥机场开始，机场建设集团与上海就结下了不解之缘。1997年，上海浦东国际机场一期工程全面开工，机场建设集团首次践行"一市两场"的规划建设模式，获得了"国家第十届优秀工程设计金质奖"和"民航总局第六届优秀工程设计一等奖"。2015年，上海浦东国际机场三期扩建工程启动，工程完工后将建成全球最大的单体卫星厅，大大提升机场运营保障能力。机场建设集团承担了卫星厅及相应站坪工程的设计工作，充分发挥人才优势和核心技术优势，全力支持机场的建设工作。

鄂州民用机场飞行区投标——鸟瞰日景

久久为功，为民航强国事业贡献力量

改革开放40年来，机场建设集团先后参与了国内90%以上民用运输机场的工程选址、预可研究报告、可行性研究报告、总平面规划及设计等工作，其中不仅包括京津冀、长三角、珠三角等地的世界级机场群，还包括成都、昆明等国际枢纽机场，以及各区域枢纽机场，此外机场建设集团还积极参与鄂州机场等大型货运枢纽机场建设和通用机场建设，不断完善现代机场体系建设。

作为技术密集型企业，一直以来，机场建设集团高度重视科研创新工作，累计获得科技类、设计类国家级奖项42项、省部级奖项108项，以

一座座优质精品工程，书写着中国机场建设事业的辉煌。

我国幅员辽阔，从雪域高原到沿海低地，从荒原冻土到横断山区，从黄土丘陵到大漠戈壁，不同地区的机场工程地基处理是机场建设集团的技术人员面对的首要问题。其中最为典型的是贵阳龙洞堡机场的大块石高填方地基处理。

延安新城一期工程现场

九寨黄龙机场地基处理现场

贵阳龙洞堡场址位于高低起伏的岩溶发育地带，填方高度超过50米、填挖方总量超过3500万立方米，如何保证大块石地基稳定是一个巨大的考验。通过大量实验，机场建设集团的技术团队针对这种大块石、高填方的地基处理开发出了中等量的强夯成套技术，解决了工程难题。在这次工程中开发出的"大块石填筑地基的强夯处理技术"不仅获得了民航局科技进步一等奖，还获得了国家科技进步三等奖——这是民航基础建设领域的首个国家科技进步奖。

中国民航机场建设集团有限公司
China Airport Construction Group Co., Ltd.

此后，机场建设集团的技术人员根据各地工程实际需要，创新技术手段，先后解决了沿海机场的填海、软基处理问题，东北机场的冻土地基处理问题，以及湿陷性黄土地基和盐渍地基处理问题，有效保障了不同地区机场建设和运营安全。

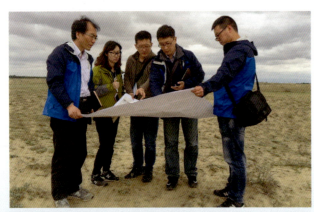

伊犁州通用机场现场选址踏勘

阿里机场航站楼陆侧透视图

此外，机场建设集团还积极参与行业规范的修编工作，在引进、吸收国际技术标准的基础上，逐步消化、提升，建立起自己的机场建设技术体系，累计编制国家和行业标准规范27部，并开始参与到国际规则制定中，机场建设集团提交的SMA道面结构提案获得国际民航组织认可，被编入《机场设计手册》。机场建设集团以科技实

力为后盾，开始在国际标准规范制定中赢得一席之地。

图纸汇签整理

苦练内功，争创"世界一流"企业

在服务国家战略和民航强国战略的同时，机场建设集团砥砺内功，向着"世界一流"的目标前行。

改革开放40年来，尤其是进入21世纪后，机场建设集团产业链不断完善：从2000年开始，北京民航华北机场规划设计院、民航西南机场建设规划设计研究院、西南民航机场建设咨询监理所、民航东北机场设计院、西北民航机场规划设计研究院相继并入，成为机场建设集团在华北、西南、东北和西北地区的各分公司。

为充分发挥集而团之的优势，2005年12月，正式挂牌成立中国民航机场建设集团公司。此后，先后入股或组建了北京中企建发监理咨询有限公司、北京中企卓创科技发展有限公司……

2018年7月，机场建设集团完成公司制改制，正式拉开新一轮联合重组的序幕。2018年12月，根据民航局属建设类企业股份制改革统一部署，机场建设集团正式完成重组改革，联合12家兄弟单位，以全新的面貌正式亮相，致力于成为中国民航机场建设领域的旗舰企业。

机场建设集团足迹

随着产业链的不断完善，机场建设集团资质逐步健全。从21世纪90年代开始，机场建设集团先后获得工程设计民航行业甲级、工程咨询民航专业甲级、工程勘察岩土工程专业甲级、工程设计建筑行业建筑工程专业甲级、工程项目管理资格民航专业甲级、发改委评估咨询资质、城乡规划编制单位乙级、对外承包工程资格等诸多资质。

与此同时，机场建设集团也将业务范围延伸到非民航业务领域。2012年4月，延安新区（北区）一期综合开发工程开工建设，机场建设集团承担了其中的地基处理与土石方工程设计工作，工程于2014年竣工，机场建设集团圆满完成非民航领域的首秀。

同时，机场建设集团也在不断提升服务质量和水平：在设计阶段，建立三级校审制度，完善内部评审，确保图纸质量；在施工阶段，派驻相关设计代表常驻现场，及时保障现场设计变更；在项目投入使用后，建立设计回访机制和业主满意度调查制度，及时总结使用过程中面临的问题，用以指导后续工作的开展……

凭着过硬的技术和优质的服务，机场建设集团得到了社会各界的高度评价，在大江南北设计建设了一个又一个机场，树立了一座又一座丰碑。

此外，机场建设集团作为知识密集型企业，连续六年被评为"高新技术企业"，人才队伍建设是机场建设集团的重中之重。

近年来，为实现建设"技术高地"和"人才高地"的目标，机场建设集团加大员工培训力度，通过集中学习、考察研讨、轮岗交流、继续教育等多种方式培养人才，实施了IPMP专项培训、设计软件培训、设计规范宣贯等系列培训项目，参训人员几乎全覆盖。此外，还出台了专项津贴制度，鼓励员工通过自身努力取得注册执业资格，对提高员工的专业技术水平和职业素质起到了良好的促进作用。

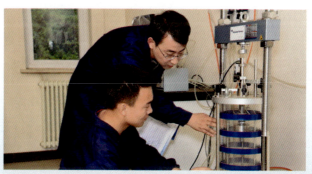

科研人员实验中

不停航施工标志改造——名副其实的现场设计

2018年，是改革开放40周年，机场建设集团也迎来了发展新时期。"机场建设集团未来的发展任重而道远。" 机场建设集团党委书记、董事长蔡颢说道，"我们要借改革的东风，加快向世界一流的目标迈进，在新时期谱写发展的新篇章！"

河北机场管理集团有限公司
Hebei Airport Management Holding Co.,Ltd.

河北民航：搭建从"家"飞向世界的空中桥梁
——改革开放40周年专稿

40年辛勤耕耘，40年硕果累累。

改革开放40年，河北民航服从服务于河北地方经济社会发展需求，从无到有，从小到大，从弱到强，取得了持续快速发展，打开了河北对外开放的窗口，架起了河北通往世界的空中桥梁。

时序更替，逐梦前行

忆往昔，峥嵘岁月；看今朝，再起展宏图。

2018年，伴随着改革开放的春风，河北经济的快速增长，石家庄机场客流量将突破1000万人次，迈入大型机场行列，将迎来河北民航发展的春天，踏上高质量发展新征程。

一座空港的起航：从借地开航到2座候机楼

从借地开航到全国最后一个省会机场艰难诞生，石家庄机场历经4次改扩建。如今，一座拥有2个航站楼、1个综合保税区、2个国际快件处理中心、4个基地航空公司的现代化航空港矗立在冀中南的中心，成为京津冀民航协同发展的重要组成。

河北民航起步于1982年。

1982年9月10日，为适应当时河北经济发展和改革开放需要，在河北省政府积极推动下，民航总局同意成立民航河北省管理局筹备小组。1984年9月28日，河北民航借用空军石家庄大郭村机场，开通北京—石家庄—郑州—长沙—广州航线，每周1班，河北人的蓝天梦从此启航。同年11月6日，经国务院批准，民航河北省管理局在石家庄正式成立，河北民航事业开始蹒跚起步。

1984年，大郭村机场候机楼

航线虽然开通了，但发展前景并不乐观。军民合用的大郭村机场基础设施比较简陋，不能起降大中型飞机。这种状况严重制约了河北对外开放的需求和民航事业的发展。河北民航发展与河北省的地理位置和经济总量极不相称。

1992年4月27日，在河北省委、省政府和民航河北省局的努力下，国务院、中央军委批复同意新建石家庄正定机场（以下简称：石家庄机场），并于同年8月30日举行了隆重的奠基仪式。

1995年2月18日，伴随着一架雅克42飞机的轰鸣而起，石家庄机场正式通航，河北省结束了没有民用机场的历史，河北民航从此步入新的发展时期。通航当年，石家庄机场开通航线16条，通航15个城市，初步构建起了以石家庄为中心的航线网络，河北航空市场的潜力初显。

1995年2月18日，石家庄机场首航典礼

随着石家庄机场航线航班的日益增多，机场飞行区保障能力已不适应航班运行需求。1997年，石家庄机场将2600米跑道延长至3400米，可以满足B747、AN124等大型飞机起降。1998年，石家庄机场进行停机坪扩建工程，扩建面积近7万平方米，综合保障能力进一步提升。

为加快实施"京津冀经济区"区域发展战略，繁荣河北经济和加强对外交流，完善石家庄机场基础设施，满足2008年北京奥运会以及河北省经济社会发展需要，2008年石家庄机场进行了第三次改扩建。新建两条快速滑行道、扩建站坪3.5万平方米，新建航站楼2.68万平方米。改扩建后的石家庄机场1

号航站楼面积达5.5万平方米,较以前扩大一倍,高峰小时旅客吞吐能力由900人次提高到1500人次。

2008年,改扩建后石家庄机场1号航站楼

2010年,本着有利于发展方式转变、调整优化结构,有利于构建综合交通体系、形成发展新优势的原则,石家庄机场开始了投用以来最大规模的一次改扩建。此次改扩建工程主要包括航站区、飞行区、生产辅助及市政配套。其中,新建的2号航站楼于2014年10月10日实现转场运营,2号航站楼面积15.4万平方米,投入使用后,石家庄机场年旅客吞吐能力达到2000万人次,货邮吞吐能力达到25万吨。

硬件设施的不断完善,吸引人流、物流不断向石家庄机场汇集,石家庄机场成为地方经济转型升级的新引擎。

2010年,石家庄机场2号航站楼

一个战略的实施:从独闯新路到协同发展

从建成最晚、规模最小、客流最少,到明确定位、协同发展、快速增长,伴随着改革开放深入,石家庄机场作为京津冀民航协同发展的重要组成部分,紧紧围绕京津冀机场群发展中自身战略定位,不断强化差异化功能定位,稳步提升机场综合服务保障能力,踏上了高品质发展的新征程。

一直以来,石家庄机场由于受首都机场和天津机场虹吸效应影响,旅客吞吐量长期徘徊不前,很长一段时间维持在20万人次左右。河北民航人充分考虑河北的实际航空需求,在积极改善机场地面综合交通状况、努力拓展客源的同时,艰难探索自身的发展之路。最终,河北机场人找到了具有自身特色的发展模式——大众化、差异化发展之路。

河北机场发展思路得到了河北省委、省政府和民航局的大力支持,2010年,河北省政府与中国民航局签署了《关于加快发展河北民航的会谈纪要》,明确石家庄机场为首个大众化航空试点。通过实施航空大众化战略,积极引进低成本航空公司、构建区域枢纽及"无缝隙衔接、零距离换乘的集疏运体系"。河北民航迈入航空大众化的新时代。

2010年,河北省政府与中国民航局签署了《关于加快发展河北民航的会谈纪要》

2010年12月21日,省政府在河北会堂隆重召开石家庄国际机场2010年客流量翻番总结表彰大会

思路决定出路

在航空大众化战略引领下,石家庄机场运输生产焕发出勃勃生机。

2004年,属地化改革的第一年,石家庄机场旅客吞吐量25.5万人次,2005年45.6万人次,2007

河北机场管理集团有限公司
Hebei Airport Management Holding Co.,Ltd.

年80.2万人次，2008年突破100万！2010年，石家庄机场旅客吞吐量达到272.36万人次，同比2009年132万人次翻了一番，创造了世界民航史上的发展奇迹，被民航业内称为"石家庄机场速度"。"十一五"期间，石家庄机场旅客吞吐量年均增长43%，居全国省会机场增速第一。2018年，石家庄机场将正式迈入千万级机场行列，发展速度高于全国机场平均水平。

按照石家庄机场定位，河北机场集团持续加大与低成本航空公司合作力度，3家客运基地航空公司中春秋航空和中联航河北分公司均为低成本航空公司。2009年，我国首个低成本航空公司——春秋航空入驻石家庄机场，至今共投入运力10架，并于2018年10月23日成立了首家分公司——春秋航空河北分公司。

石家庄机场停机坪

截至2018年11月，石家庄机场共运营低成本航空公司7家，累计执飞低成本航线50条，通航城市50个，低成本航空旅客吞吐量占总量的40%，远高于我国低成本航空市场占比。

航空大众化战略的落地使航空"飞入寻常百姓家"。越来越多的河北百姓希望通过石家庄机场飞往全国各地，走出国门，飞向世界。以航空大众化为契机，石家庄机场不断提高安全和服务水平，积极打造"为民、便民、利民、惠民"的航空服务，力求"让人人能坐的上飞机、让人人能做得起飞机、让人人都能享受到高品质的航空服务"。

2015年2月，民航局积极响应国家京津冀协同发展战略，全力推动京津冀民航协同发展。2015年5

月，首都机场集团正式托管河北机场集团，京津冀三地机场实现一体化运营，河北机场集团插上了高质量发展的翅膀。

2015年5月20日，河北省国资委与首都机场集团公司签订《河北机场管理集团有限公司委托首都机场集团公司管理协议书》

河北机场集团紧紧围绕京津冀机场群建设中石家庄机场的战略地位，强化差异化功能定位，主动疏解首都机场非国际枢纽功能，不断完善大众化区域枢纽机场功能和河北航空网络。

以打造"经石进京"航空旅游新通道和京津冀航空旅游集散中心为目标，石家庄机场大力增加支线航点。2018年，石家庄机场新增恢复至泸州、林芝、大理、张家界、海拉尔等地的航班，支线通航点达31个。积极挖掘区域优势，统筹航空旅游相关资源，开发"河北+"航空旅游新线路，支持河北全域游战略落地；在航站楼设立河北游客服务中心，承接中外游客出游咨询和服务；推进正定航空旅游集散中心项目，共建航空旅游发展平台。

"四通八达的航线网络，方便快捷的自助服务，免费流畅的WiFi服务，功能齐全的母婴室……"从石家庄机场出行的旅客首先感受到了协同发展带来的变化。

一个枢纽的崛起：从一条线到一张网

河北民航成立之初只有北京—石家庄—郑州—长沙—广州一条航线，如今的河北民航已初步构建起了以石家庄机场为枢纽，通达80多个城市的航线网，以石家庄、秦皇岛、承德、张家口为节点的省内机场网，以保定、邯郸等城市为节点的旅客直通车线路16条，集空空、空陆、空铁为一体的综合交通网络逐渐成形。

随着河北对外开放步伐加快，在石家庄机场开航的第二年，石家庄机场作为一类航空口岸对外籍飞机开放，打开了河北对外开放的大门。

1996年，石家庄机场开通了石家庄—香港的包机航线，实现了冀港直航。石家庄机场成为河北省招商引资、经济合作、文化交流的空中桥梁和对外开放窗口。当年，港资在河北的协议投资额为5.5亿美元，居全国第8位。

将投资"引进来"的同时，河北机场集团将目光瞄准国际货运发展，一架架飞机带着河北省的商品"飞出去"。

21世纪90年代，独联体国家生活物资短缺，尤其是日用品普遍匮乏，而我国正值改革开放，经济稳定增长，物质产品十分丰富，特别是石家庄是闻名全国的小商品集散地。当时的民航河北省管理局抓住机遇，决定大力发展独联体国家货运包机业务。

1996年12月26日，石家庄至俄罗斯包机航线首航。从此，河北辛集的皮衣、枣强大营的裘皮、高阳的毛巾、石家庄南三条的小商品通过石家庄机场搭乘货运包机源源不断地运往俄罗斯和独联体国家，并广受欢迎。

1996—2000年，5年间石家庄机场对俄包机业务迅猛发展，航班量成倍增长，成为中国重要的北方货运基地。1998年，石家庄机场货运包机飞行1000多架次，货运量达到4.9万吨，货运包机业务量位居全国第一。

此外，石家庄机场还是经国家民航局批准，在中国大陆唯一可起降世界上最大飞机安225的机场，目前已10次成功保障安225飞机运输任务。

国际客运的发展却不如国际货运发展迅速。石家庄—香港航线开通后，直至2008年，石家庄机场才开通了石家庄—首尔航线，每周两班，这是河北第一条国际客运定期航线。也是在那一年，石家庄正定机场升级为"石家庄正定国际机场"。两字之增，意味着河北民航在对外开放、联通世界的道路上又迈出一大步。

2010年以后，石家庄机场加大国际航线开发力度，先后开通了至韩国仁川、日本名古屋、泰国曼谷、新加坡、柬埔寨暹粒、越南芽庄、印度尼西亚

巴厘岛等多条国际航线，国际客流大幅增长。2018年1—10月，石家庄机场完成国际旅客吞吐量22.35万人次，同比增长25.8%。

2013年11月29日，世界最大飞机——安225货机从乌克兰基辅飞抵石家庄机场，装运由中国北车唐车公司研制"祥龙号"现代有轨电车，飞往土耳其

国内航线在属地化改革后逐渐焕发生机。2005年，河北机场集团采取包航线、包租飞机等多种方式，大力引进航空公司开通航线航班；采取各种促销策略，充分挖掘市场客源，取得了显著成效。当年恢复航线10条，新开客运航线6条，周最高客运始发航班达到85班，通达20个城市。2010年，为实现翻番目标，河北机场集团进一步加大了航线拓展力度。同年，河北省本土的航空公司——河北航空正式成立，为石家庄机场航线网络的完善提供了助力。当年石家庄机场航线条数达58条，同比增长76%；每周平均始发客运航班297班，通达41个城市。

随着发展思路的明确和航空市场的不断成熟，以石家庄机场为核心的"通达东西、连接南北、辐射周边国家"的航线网络已经形成。目前，石家庄机场航线从开航之初的十几条增加到120余条，通达77个城市，其中国际航线7条。此外，石家庄机场还进一步完善中转联程服务措施，推进通程值机业务，提升石家庄机场区域枢纽功能。2018年1—10月，石家庄机场中转旅客13.2万人次，同比增长158.2%。

随着石家庄机场航线网络的不断完善，河北省内机场网络在不断形成。

2007年8月8日，邯郸马头机场通航；2010年7月13日，唐山三女河机场开航；2013年6月13日，张家口宁远机场开航；2016年3月31日，秦皇岛北戴河机场转场通航（原秦皇岛山海关机场1987年通航）；

河北机场管理集团有限公司
Hebei Airport Management Holding Co.,Ltd.

2017年5月31日，承德普宁机场开航。

至此，河北省支线机场数量达5个，形成了以石家庄机场为中心，干支结合的机场网络和航线网络。河北机场集团在石家庄机场与省内支线机场之间打造"航空快线"，不断开发经石中转新线路。目前，"张石快线""承石快线""石秦快线"每日往返航班量3～5架次，省内快线网络雏形初现。石家庄机场的区域枢纽功能进一步强化。

天空中网络的不断密织，石家庄机场的地面交通网络也在不断构建，综合交通枢纽已初具规模。

2004年，石家庄机场首先开通了至保定、定州的旅客班车，这是首次开通机场至周边地市的班车线路。随后，石家庄机场不断推进集疏运体系建设，提升机场集聚辐射能力。目前，已在保定、邢台、衡水、沧州、阳泉等地设立了14座异地城市候机楼，开通了16条旅客直通车班线。2018年1—10月，石家庄机场旅客直通车运送旅客29.6万人次，同比增长22.4%。

2012年12月26日，京广高铁全线贯通，京广高铁上唯一一个以机场命名的高铁站——正定机场站正式运营，石家庄机场"空铁联运"产品正式上线。2013年3月正式运营的石家庄机场高铁候机楼成为石家庄机场打造进京第二通道的"第3航站楼"。这里可以为旅客提供办理登机牌和托运行李服务，提供至机场候机楼的只有5分钟车程的免费摆渡车。

航空与高铁在石家庄机场"珠联璧合"，为旅客提供无缝隙换乘服务

近年来，石家庄机场空铁联运通过不断增加车次，调整摆渡车运行班次，实行免费住宿政策，实施"互联网＋"营销推广等服务措施，为京津冀等地旅客创造更多出行便利。正定机场高铁站目前有京广线、津保线上、下行共32趟列车，空铁联运服务辐射北京、保定、邯郸、郑州、太原等高铁沿线近30个城市，旅客流向覆盖石家庄机场通航的70多个城市。2018年，石家庄机场空铁联运运送旅客将突破100万人次。

随着机场网络和航线网络的不断优化，石家庄机场综合交通枢纽的建成，机场对地方经济社会发展的拉动作用日见成效。石家庄机场正在成为区域经济增长"新引擎"，为我省拉来了一个临空经济产业聚集区。

2014年，石家庄机场东侧石家庄综合保税区设立，目前，综保区注册企业达到44家。

2016年4月，依托于石家庄机场的河北首家国际快件监管中心投入运行。

2018年2月12日，石家庄国际邮件互换局兼交换站获准设立，河北结束无邮件进出口岸的历史。

一个企业的发展：从曲折前进到高质量发展

从民航河北省局到河北机场集团，从河北省属地化管理到首都机场集团托管，从"单打独斗"到协同发展，河北机场一直在改革发展的道路上阔步前行。

石家庄机场开航初期，机场新、设备新、人员新、管理滞后。民航河北省管理局1998年倾注大量精力进行了规范化管理工作，大大提高了经营管理水平，迈入法制管理的轨道，推动了机场持续、快速、健康发展。

2003年，适应全国机场属地化改革需要，民航河北省管理局平稳实现了向国有企业的改革和转型。当年12月30日，石家庄正定机场和秦皇岛山海关机场交由河北省政府管理，民航河北省管理局撤销，河北机场管理集团有限公司于2004年1月8日正式成立。河北民航步入了市场运作、自主运行的新阶段。

2005年，在总结实践探索的基础上，河北机场集团提炼出了谋求发展的"三千精神"，即"不畏千难万险，不辞千辛万苦，不惜千方百计"。同年，河北机场集团率先推出"从家飞"服务理念，旨在为旅客、货主提供优质、高效、便捷、舒适的航空运输服务。2009年，"从家飞"服务品牌正式注册，服务内容主要包括航空订票、旅客班车、城市候机楼、候机服务等。2010年，在石家庄机场旅客吞吐量实现"翻番"的战役中，河北机场的企业精神得到进一步发酵和孕育。 2011年，河北机场集团实施"文化强企"战略，提炼出了"敬天爱人 家合之道"的企业文化主旨，形成了一套符合机场集团特点、突出河北民航特色的"家合"文化体系。

2015年，在京津冀协同发展的战略指引下，民航局和河北省委、省政府积极推动，首都机场集团与河北省国资委签订《河北机场管理集团有限公司委托首都机场集团公司管理协议书》，河北机场集团正式纳入首都机场集团管理，京津冀三地主要机场实施统一管理，一体化运营。首都机场集团的"京津冀机场群"战略，再次为河北机场集团高质量发展插上了腾飞的翅膀。

遵循"目标一致化、定位差异化、运营协同化、管理一体化"的思路，在首都机场集团规范化、专业化管理指引下，河北机场集团紧紧抓住融入京津、服务北京的历史契机，借势借力，通过主动对接、深度融合、多面并轨，焕发出勃勃生机。

河北机场集团全面对接首都机场集团各项管理制度，学习借鉴先进的管理模式，在体制机制、组织机构设置、运营模式优化、保障能力建设等方面深入思考、认真研究，努力实现与首都机场集团管理体系的深度融合。通过与"国门"文化的对接融合，河北机场人得以用更高的视角、更系统的思维、更全面的眼界引领机场发展。

在首都机场集团的统一管理下，石家庄机场加入国际机场协会，参加ASQ测评，一步一步拉近服务质量与世界级标准的差距。"从家飞"品牌连续多次被评为河北省著名品牌，石家庄机场ASQ评分从2016年4.40分提高到2018年第3季度4.77分，在全球320余家机场旅客满意度排名中由第67位上升到第49位。

2018年11月20日，石家庄机场旅客吞吐量突破1000万人次，迈入千万级大型机场行列，河北机场迈入发展的黄金时期。河北机场集团贯彻落实民航局"12334"总体工作思路，围绕京津冀机场群建设中航空大众化和北京门户机场定位，积极融入京津冀民航协同发展战略和京津冀世界级机场群建设，提出了"建成集内在品质与外在品位于一体的现代

化机场、打造具有两个能力（创新能力和核心竞争力）的高质量发展的一流企业"的"4321"工作思路。河北机场将秉承"服务国家战略、服务地方发展、服务社会大众、服务航空公司"的神圣使命，服务京津冀民航协同发展，服务雄安新区建设，紧紧围绕管理精细化、运行信息化、服务品牌化"三化"目标，不断提升管理水平、运行质量、服务能力，建设"平安、绿色、智慧、人文"四个机场。积极实施航空众化战略，充分发挥比较优势，强化差异化功能定位，主动疏解首都机场非国际枢纽功能，合理布局，不断完善大众化区域枢纽机场功能和河北航线网络，打造"经石进京"航空旅游新通道和京津冀航空旅游集散中心。积极构建以石家庄机场为区域航空枢纽，支线机场为支撑的干支结合的航线网络体系，不断完善空空、空铁、空陆衔接的集疏运综合交通体系，搭建河北省对外开放的空中桥梁，为京津冀协同发展国家战略、雄安新区建设和河北经济社会发展贡献自己的力量。

2018年11月20日，河北机场集团举行庆祝石家庄机场旅客吞吐量突破1000万，空铁联运客流量突破100万仪式。图为参加庆祝仪式的领导推动拉杆，开启河北机场集团高质量发展新征程

长风破浪会有时，直挂云帆济沧海。到2020年，石家庄机场驻场运力将达到50架左右，基本形成连通国内重点城市、热点旅游城市、主要中小城市及周边国家地区的通达便捷的航线网络；完成年旅客吞吐量1350万人次，货邮吞吐量5万吨；初步构建起铁、航、陆国家综合物流、综合保税、临空工业园区、国际贸易为主体的临空产业体系。2040年旅客吞吐量达到4000万人次、货邮吞吐量65万吨，石家庄机场将成为拥有4座候机楼和3条跑道的现代化空港。

奋力推进郑州航空枢纽高质量发展

河南省机场集团

改革开放40年，作为河南对外开放高地的郑州新郑国际机场（以下简称郑州机场）始终怀揣梦想、接力奋斗，依靠星罗棋布的空中航线，把一个不沿边、不临海的内陆省份与世界连接了起来，坚持开放引领、务实创新，在激烈竞争中成功走出了一条差异化发展路子，实现了航空运输业务持续高速发展，推动郑州航空枢纽高质量发展不断取得新成绩、迈出新步伐。

郑州机场是国内干线运输机场、国家一类航空口岸，也是河南唯一的国际机场、全省对外开放的主要窗口。最初起步于1951年扩建的燕庄军民合用机场，1997年迁入新郑市，2003年全国民航机场属地化改革，移交河南省人民政府管理，2007年机场改扩建工程竣工启用，2015年机场二期扩建工程正式投运，现拥有双跑道、双航站楼，保障能力达到年旅客吞吐量4000万人次、货邮吞吐量70万吨。

货运创造"郑州路径"

2011年，郑州机场货邮吞吐量达10万吨，旅客吞吐量突破1000万人次。河南省委省政府审时度势、果断决策，在全国创新性提出："货运为先，以货带客；国际为先，以外带内；以干为先，公铁集疏"的发展战略，把郑州机场建设成"国际航空货运枢纽"和"国内大型航空枢纽"。由此，经过河南民航人连续数年的努力，被民航业界誉为"郑州路径"的新发展模式逐步显现。

作为发展基础薄弱的内陆机场，河南机场集团一直把目光瞄准了打造独有的核心竞争力：枢纽网络、保障能力、通关便利化。截至2018年年底，郑州机场已启用了7座货站，拥有进口水果、冰鲜水产品、食用水生动物、冰鲜肉类、澳洲活牛、国际邮件经转等6个指定口岸和跨境电商业务，是国内进口指定口岸数量最多、种类最全的内陆机场；在郑运营的货运航空公司达21家，开通货运航线34条，通航城市40个，基本形成了横跨欧美亚三大经济区、覆盖全球主要经济体的枢纽航线网络，成为"空中丝绸之路"重要节点机场。

独有的核心竞争力使郑州机场具备了更高层次、更高质量发展的良好基础，竞争优势更加凸显。截至2018年年底，在郑运营的知名货代企业达151家，机场年货邮吞吐量达51.5万吨，行业位次跃居至全国第7位。2018年，通过郑州机场进出口的货值占河南全省总货值的39.3%，社会效益和经济效益日趋凸显。

客运提速连上新台阶

"郑州路径"之所以令人啧啧称道，不仅在于货运实现了快速发展，还在于有力带动了客运发展。在货运快速发展的同时，河南机场集团紧抓机遇、主动作为，持续加密加厚客运

航线网络、加强基地建设和过夜运力引进、拓展中转运输规模。

　　一系列卓有成效的举措，使郑州机场年旅客吞吐量从2012年的1167.4万人次增至2018年的2733.5万人次，行业位次跃居全国第12位，客货运规模继2017年以来连续两年保持"中部双第一"，成为中部地区机场的领跑者。

　　截至2018年年底，在郑运营的客运航空公司达55家（其中基地航空公司2家），通航城市116个，客运航线208条，洲际定期客运航线4条，基本形成覆盖全国及东亚、东南亚主要城市以及通达中东、欧洲、美洲、澳洲等地的航线网络，"空中丝绸之路"枢纽支撑日益凸显。

"空中丝绸之路"添新彩

　　2017年6月14日，国家主席习近平在会见卢森堡首相贝泰尔时提出，中方支持建设郑州—卢森堡"空中丝绸之路"。这一重大举措，给河南机场集团加快发展带来了新的战略机

遇，让郑州机场这个连接中国内陆地区和世界的"空中桥梁"首次彰显国内外。

　　作为"空中丝绸之路"的主力军，河南机场集团采取了一系列的举措支持和提升郑州"空中丝绸之路"建设：对"空中丝绸之路"航线航班加密，逐步扩大以郑州为中心，"一点连三洲，一线串欧美"的航空国际货运网络；进一步提升机场口岸功能、货物集疏功能，建设国际物流多式联运数据交易服务平台，积极参与全球的物流分工和全球物流多式联运。

　　2018年6月30日，中国民用航空局与河南省人民政府联合下发了《郑州国际航空货运枢纽战略规划》，郑州机场被定位为全球航空货运枢纽、现代国际综合交

通枢纽、航空物流改革创新试验区、中部崛起的新动力源，为郑州航空枢纽建设提供了顶层设计和战略支撑。

机场三期工程也将于2019年年内开工建设，并将根据实际分批分期实施北货运区、西货运区空陆联运中心、中转旅客服务中心及连廊、第三跑道、第四跑道等项目建设。2025年，郑州机场将建成以T2和T3航站楼为核心的中央航站区，形成南北货运区协同发展的货运设施体系，实现四条跑道高效运行。

斗转星移四十载，郑州机场人以踏石留印、抓铁有痕的劲头迎难而上、砥砺前行，取得了辉煌的成就。今后，郑州机场将以崭新的姿态深度融入"丝绸之路"的广阔天空，展翅奋飞，昂首前行，在接续奋斗中谱写郑州航空枢纽高质量发展新篇章，为推进新时代民航强国战略作出新的更大贡献！

立足贵州民航新起点 开启西部枢纽新征程

——庆祝贵阳龙洞堡国际机场年旅客吞吐量突破2000万人次

2018年12月29日，贵阳龙洞堡国际机场年旅客吞吐量首次突破2000万人次，这是继2013年突破1000万人次、2016年突破1500万人次、2017年突破1800万人次后，贵阳机场运输生产指标第4次实现的又一历史性跨越，为贵州省机场集团有限公司打造具有核心竞争力的大型枢纽机场企业集团，建设西部地区重要航空枢纽开启了新的高质量发展征程。

贵阳机场自1997年转场到龙洞堡通航至今，历时21年。在省委省政府的领导下，在省国资委和上级民航主管部门的关心支持下，机场集团党委把方向、管大局、保落实，全体干部职工勠力同心、立足岗位、攻坚克难、奋勇前行。贵阳机场年旅客吞吐量由100万人次增长到2000万人次；航线数量由32条增加到236条，其中国际航线20条；通航城市由32个增加到117个。全省民用机场数量由1个发展为现在的11个，形成了"一枢纽十支"布局，支线年旅客吞吐量从5万人次增长到723万人次……在改革开放40年之际，贵州民航实现了

安全服务、深化改革、经营管理、生产建设和党建工作并驾齐驱的跨越式发展。

以"三基"建设为基础，坚守安全底线

安全是民航的永恒主题。近年来，机场集团始终坚守安全底线，推进"三基"建设，着重加强"三违"整治，在抓作风管理、抓服务质量提升方面开足马力，安全形势总体保持平稳，贵阳机场实现保障飞行安全47周年。机场集团深入推进"安全固本强基工程"，以开展"服务质量提升年""作风建设年""民航服务质量体系建设""安全生产月"等专项活动为载体，通过设立总经理安全奖励基金、实施"蹲点"调研、推行安全管理资格考试、开发利用"黔程在握"生产系统、独立研发生产数据统计系统等，持续开展形势分析、技能演练、排查整治和作风巡察，信息、动力能源保障做到保障有力、保障有

效、保障可靠，有效提升了资源的分析和利用水平，提高了安全工作领导水平、风险防控水平。

以"美丽空港"品牌为指引，践行真情服务

近年来，机场集团始终把服务提升到战略高度来认识，全面建立"党员责任区""党员先锋岗"，开展"三亮三创"提升活动；从口碑建设、形象管理、质量评估等方面着力，持续推进"美丽空港"品牌建设与升级，践行真情服务；全面改造启用1号航站楼国内区、2号航站楼综合型母婴休息室和中转休息室，实现"无纸化"便捷出行、自助托运行李、自助办理临时身份证、候机楼WiFi信号全覆盖、2号航站楼五级安检回流线等"智慧机场"项目建设；实施航班起飞前45分钟截载及设立塔台席位，优化行李保障流程，提高航班正常性，服务质量全面提升，获得旅客一致好评，机场集团外部影响力、内部凝聚力显著提高。近年，机场集团以高度使命感完成十九大、数博会、全国"两会"、生态文明贵阳国际论坛等大型会议保障，先后获得全省"五型企业"示范单位、贵州省五一劳动奖状、省五一劳动奖章、全国民航安检技能大赛"特别贡献奖"、全国助航灯光技能大赛竞赛组织奖、全国民航青年文明号、国家版权局计算机软

件著作权等集体及个人荣誉。奖状、奖匾、领导的肯定，不仅记录了贵州机场人激情勃发、勤于探索的心路历程，也体现了贵州民航人为美好的明天而努力奋斗的决心和勇气。

以"双100"项目为抓手，拓展航空市场

近年来，机场集团用抓党建工作的方法来抓生产经营，用机场旅客吞吐量的快速增长助推全省经济发展，充分发挥机场全省交通战略支撑作用。在全省经济社会快速发展的强力带动下，贵州成为西南地区机场运输量增长最快的省份，贵阳机场运输生产指标持续不断增长。

机场集团精准发力，抢抓市场开发，通过"贵阳飞"中转品牌引领实施"100个航线产品 100场推介活动"的"双100"项目，借助航旅推介平台，成功开辟了莫斯科等20条国际、洲际航线和172条国内航线，实现了洲际航线"零突破"。截至目前，贵阳机场共有航线236条、通航城市117个、过夜运力57架次、执飞航空公司49家，年货邮吞吐量突破11万吨，实现历史性突破。同时，贵阳机场全面推行"黔货出山"品牌，铜仁机场首次执飞国际航线，兴义机场成为继铜仁机场之后首次突破100万人次的贵州机场集团

直管机场且成为贵州机场集团直托管支线机场中首家引进驻场航空公司的机场，荔波机场旅客吞吐量保持持续稳步增长，凯里黄平机场、黎平机场开通通用业务，不断拓展的航空客货市场为机场集团的发展带来新活力，彰显了贵阳机场的不凡，演绎着贵州民航的精彩。机场集团正在实现从突围到崛起，从突破到跨越，从小到大，从慢到快的蝶变。

以"高质量发展"纲要为契机，推进深化改革

近年来，机场集团坚持把企业新旧动能转换作为党建创新的重要抓手，主动融入三个国家级试验区和临空经济示范区建设，研究制定了《高质量发展行动纲要（2018-2020年）》，以开放姿态强化对外合作，引入战略投资，探索实施混合所有制改革，务实推进股权多元化，相关业务板块实现更高质量、更有效率、更可持续的发展。全面开展组织机构调整，全面优化干部队伍建设，稳步推进"三项制度"改革，推进"三供一业"分离，推进支线机场"一场一策"全面落地，推进机坪塔台移交管理，推进"机场公安体制"改革等，大胆探索项目公司、综合体经济、冷链物流等发展项目，深化改革取得突破进展，改革红利持续释放。

以"主业+副业"方式为核心，实现提质增效

近年来，机场集团瞄准目标深入调研，带着问题现场求解，在全集团掀起明思路、抓落实、提效益的攻势热潮。机场集团以年为单位，明确年度重点工作，启动专项督办工作，各二级单位拿出时间表、路线图、施工图，加快推进工作落实。航食公司、丽豪饭店、酒业公司、商业公司、物流公司等二级单位营业收入持续上升；铜仁、兴义两个支线机场不断拓展辅业经营范围；飞机地勤公司拓展辅业市场规模，承接特种车辆、深度清洁及公务机等多项辅助业务；蓝天置业公司启动土地开发项目，等等，实现了主业更强、辅业更广，为机场集团做强做优做大奠定了坚实基础。

以"四联"模式为合力，致力改容扩建

近年来，机场集团用联建、联动、联办、联抓的"四联"模式凝聚新的建设合力，致力于贵阳机场三期扩建工程和支线机场改扩建，全力打造"精品工程、样板工程、平安工程、廉洁工程"。2018年，贵阳机场优化新增7个机位，总机位达到55个，过夜运力不断提升；兴义机场2号航站楼全面投入使用，极大缓

解了保障压力，提高了干支机场保障容量。机场集团先后实施了贵阳机场飞行区、2号航站楼、1号航站楼扩容改造等重大项目和推进支线机场改扩建工程，运行保障资源极大提升，诠释了贵州建设新速度。贵阳机场三期扩建工程规划有一条4000米跑道和一条3500米跑道同时运行，航站楼总面积达到36万平方米，总机位达到114个，能够满足年旅客吞吐量3000万人次、货邮吞吐量25万吨的使用需求，助推全省综合立体交通运输体系将更加完备，为贵州省实施"大旅游"战略提供航空运输支撑，增进了贵州与全国乃至世界的交流互通，打造了贵州对外开放的新名片。

以"十大标杆"体系为中心，强化党建引领

机场集团党委自觉提高政治站位，树牢"四个意识"，增强"四个自信"，始终做到"两个坚决维护"。坚持发挥党委把方向、管大局、保落实作用，积极履行社会责任，助力脱贫攻坚，坚持以党建统领生产经营，坚持把促进发展作为党建工作的出发点和落脚点，牢固树立"抓党建是全体党员的事"的工作理念。以深化"空港先锋"党建品牌为重点，以打造"党建标杆"为主线，全力打造"政治标杆、组织标杆、安全标杆、服务标杆、改革标杆、发展标杆、创新标杆、工程标杆、文化标杆、廉洁标杆"十大标

杆，用党建工作品牌引领机场中心工作，推动企业实现高质量发展。

机场集团将党建工作绩效考核权重由原来的10%提高到了15%，加大对党建工作考核的力度。修订公司《章程》，明确党组织在法人治理结构中的地位作用，全面实现"党建入章"；修订管理标准，全面推行"三重一大"决策制度，建立健全党组织议事决策机制；推进学习型党组织建设，增强驾驭引领改革发展的本领；加强干部人才队伍建设，打造企业管理中坚力量；坚持推进全面从严治党，构筑基层组织坚强堡垒；全面推行积分制管理制度、建立完善党建目标管理体系、落实党风廉政建设责任制，切实加强班子和干部队伍监督管理，促进党建工作与中心工作有机融合。同时，通过开放贵州简史陈列馆，挂牌"新时代学习大讲堂"，成立劳模和工匠人才创新中心等，提升企业文化宣传力度；持续推进员工关爱工程，完成阶段性薪酬优化，开展员工慰问、建设员工公租房、建成启用新职工运动场、开展EAP员工心理辅导项目等，极大提高了员工的归属感和获得感。

立足贵州民航新起点，开启西部枢纽新征程。机场集团正牢记党的重托，不忘初心、感恩奋进，保持定力、信心倍增，向机场集团高质量发展继续前进，为服务全省经济社会发展作出更大贡献。

105

齐鲁之翼·厚道言商

"厚道山航欢迎您！"

根植齐鲁大地的山东航空公司（以下简称山航），在2017年11月9日获得由中国质量协会评选的第17届全国质量奖，成为首家也是唯一一家获奖的民航企业，实现了中国民航历史上零的突破。

自1994年成立以来，山航始终不忘初心、厚道待客。目前，山航已安全飞行24年，用自己精益求精的服务品质和日趋完善的管理体系，为民航争得了荣誉，也获得了越来越多旅客的高度肯定。

一、首家且唯一获全国质量奖的航企

2017年11月9日，中国质量协会将第17届全国质量奖授予山东航空股份有限公司等13家企业，并于2017年11月底在人民大会堂举行的全球卓越大会暨第17届全国追求卓越大会上进行授奖。山航是中国民航行业首家也是唯一获奖的航企，实现了中国民航历史性的突破，成为服务业的标杆。

山航始终坚持质量兴企的发展之路，将质量建设作为企业发展的根基，积极推广实施全面质量管理，广泛开展质量风险分析与控制、质量成本管理、质量管理体系升级等活动，积极应用六西格玛、QC等质量工具，不断提高航空服务全生命周期质量追溯管控能力。

在管理实践中，山航一直致力于建立"战略中心型"和"学习型"组织，将质量体系建设视为重要的管理基础，严格落实民航局各项运行规章和标准。2002年通过ISO9001质量体系认证，2005年通过国际航协IOSA运行安全审计，2010年首批实施并获颁民航局SMS运行规范，实

现了从结果管理到预防管理的根本转变。

在日常运营中，山航通过多种方式了解和把握各类顾客需求，围绕顾客最为关注的安全、正点和服务等核心需求，汲取标杆企业、竞争对手的优秀做法，在公司长期以

来的实践基础上，不断创新与沉淀，形成了山航独特的经营管理模式，构建了以安全、运行、服务为核心的质量"黄金三角"管理模式。首创"坚持一个理念、打造两个平台、创建三个支撑"的安全管理模式，构建以航班正点率排名为统领，运行控制、现场保障、航班编排三个品质指标为支撑的"2-5-5-5"航班正点指标体系，独创"一心二力三式"的厚道服务质量管理模式。

在民航局的正确领导下、社会各界的大力支持帮助下，山航在安全、正点、服务、效益等方面均取得了较好的成绩。山航安全飞行24年零事故，各项安全指标均处于行业领先水平，实现安全飞行超过300万小时，荣获"飞行安全三星奖"；公司航班正点率连续12年位居行业主要航空公司前列；在民航局公布的航空公司旅客投诉率中，连续三年保持行业最低，连续三年获得全国民航服务最佳航空公司荣誉。近三年，山航主营业务收入逐年递增，连续11年获"中国500最具价值品牌"，并获得"全国实施用户满意工程先进单位"等荣誉，良好的发展态势为山航的可持续健康发展奠定了坚实基础。

二、始终将飞行安全置于首位

至2018年5月底，山航累计安全飞行334.92万小时，获得民航局"飞行安全三星奖"；运输旅客1.74亿人次，货邮158.67万吨；连续11年无责任原因运输航空一般事故征候以上事件，连续16年无责任原因发动机"空停"事件，是2007年以来全国民航事故征候万时率最低的航空公司；机队结构持续优化，建立起波音737单一机队，飞机总数超过120架；先后四次获得民航局安全最高荣誉奖"金雁杯"和"金鹰杯"，2017年8月荣获中国民航"飞行安全三星奖"。

从"严字当头、当头先严"到"安全第一、预防为主"，从"八该一反对"到"四不放过"，山航始终坚持以"规范、严格"为核心的安全管理理念；从事后管理到风险管理，从结果管理到过程管理，从单纯"条管"到"条管块控"，指挥前移，管理下沉，安全管理机制不断完善；从通过国际航协组织运行安全审计到民航首批建设安全管理体系，在安全基础建设投入上不遗余力，安全管理的科学化水平不断提高，持续安全基础更加牢固。24年的经验说明，安全高于一切，确保持续安全是山航发展的根本基础。

山航围绕飞行员技术等级、经历时间、人员特点、英语能力以及机场类别、特点等条件，分别将机长、副驾驶、航线划为绿、蓝、橙三大类、七小类，通过合理搭配，均衡机组实力搭配，实现安全关口前移，有效规避安全隐患。2015年，山航成立金鹰飞行队，以金鹰飞行队为标杆示范，打造飞行队伍优质团队品牌，倡导职业飞行员"敬业、诚信、责任、忠诚"的价值观念。2018年，金鹰飞行队被山东省委组织部评为"干事创业好团队"。

三、根植齐鲁大地，践行厚道服务理念

山航始终坚持顾客导向，立足于提升顾客价值，提高服

山東航空集團
SHANDONG AVIATION GROUP

务体验，树立服务品牌。山航连续4年获得"年度最佳航空公司奖"，并以416.52亿元的品牌价值位列"中国500最具价值品牌"第99位，连续两年跻身前百位，连续11年获评"中国500最具价值品牌"。

山航鲁雁乘务组以"真诚、真情、真挚"的精细服务传达礼仪之邦的厚道待客，积极践行客舱"六心"服务，在服务、安全、常旅客发展、公益活动等方面不断突破创新，取得了丰硕的成果，真正起到了"聚是一团火，散是满天星"的示范引领作用。2016年被中国质量协会、中华全国总工会、中华全国妇女联合会共同授予"用户满意服务之星班组"荣誉称号。

山航汲取齐鲁文化之精髓，以"仁"为立身之本，以"礼"为待客之道。山航积极弘扬优秀传统文化，2017年6月28日，山航与孔子基金会联合推出"空中孔子学堂"，从主动、包容、利他等方面出发，将"厚道山航"服务展示给旅客，以"内省外授"的方式向八方宾客传播文化之美，得到了广大旅客的肯定和赞扬，并获得第四届民航服务峰会年度创新服务奖。

航班正点运行是旅客的核心诉求，也是厚道服务的基本体现。山航实施"航班正点工程"，航班正点率一直位列全民航前茅，除调整组织架构外，还投入巨资为机队飞机

装配HUD设备，运用新技术手段提高低能见度天气下的运行水平，提高航班正点率。作为国内第一家运行HUD设备的航空公司，山航已具备RVR150米起飞能力，着陆标准降至RVR300米，让大雾天气下出行的山航旅客更加准点、安全。此外，山航各保障环节环环相扣，积极联动保正点。

山航一直致力于履行社会责任，在抗震救灾、奥运保障中，多次圆满完成急难险重的航空运输保障任务。另外，山航近年来一直积极投身扶贫开发工作和社会公益活动。根据山东省委组织部的安排，从2012年3月开始至今，山航党委共选派5批10名优秀党员干部驻枣庄市山亭区山城街道和水泉镇担任第一书记，还有一名驻村工作队队员。6年以来，山航投入帮扶资金和电脑等物品折合人民币880万元，协调行业资金及社会资金超过5800万元，总计6680余万元。通过山航的大力支持与驻村第一书记的不懈努力，已有6个村实现了脱贫，3个帮包村的生产生活条件也都有了较大改善。

四、推动新旧动能转换，多维度协同发展

跨越式发展的背后离不开山航对航空安全、厚道服务、正点运行和社会责任的不懈追求，也离不开山航集团党委对党建工作的常抓不懈，为企业发展奠定了强大的软实力基础。作为国有企业，抓党建不仅是政治责任，更是推动山航发展的独特优势。通过发挥党委领导核心作用，实现国有企业党的建设与推动新旧动能转换实现高质量发展战略规划全面接轨，统一思想认识，加强战略引领，立足山东经济社会发展，谋划山航发展蓝图。

在航空运输主业方面，山航以济南、青岛、烟台为重点，增加在济南、青岛、烟台的运力投放，持续巩固扩大山东主基地市场份额，夯实山东市场主导地位；加快在济南机场、青岛新机场等机场的基础设施建设，提升山航服务区域经济发展的能力。在公司发展战略上，围绕京津冀、长三角、珠三角机场群建设及重要门户枢纽建设，积极争取时刻资源，统筹优化运力布局和航线网络布局，增强全国竞争力，加快融入京津冀协同发展。在航线网络方面，响应国家"一带一路"倡议，推进乌鲁木齐等基地建设；优化基地布局，完善山东省联通国内各省市的航线网络；拓展国际航线，面向周边国际化发展、扩大国际航线网络覆盖范围、提升国际影响力。

山航集团旗下的山东太古飞机工程有限公司(以下简称山东太古)以飞机大修为基础，多元化、多基地运营，努力发展成亚太一流的飞机工程综合服务供应商。2018年7月21日，山东太古成功向波音公司交付全球首架波音737-800 BCF飞机，标志着山东太古与波音公司合作的顺利开始，双方将进一步加深在客改货方面的全面合作。另外，山东太古与中国商飞早在2008年就开启了合作，如今两者联合成立了国产飞机维修工程中心，山东太古成为中国商

飞国产民用飞机的重要战略合作伙伴，并致力于将自身打造成"国产民机维修基地"。山东翔宇航空技术服务有限公司(以下简称山东翔宇)以飞机部附件维修为主体，兼顾研发、零部件加工制造及深度修理，致力提升自主研发能力，优化产业结构，重点研发高价值航空零部件，建设国内有竞争力的专业化高技术企业。

近几年，山航集团始终把"区域占主导"作为公司的发展重点，持续将新增运力重点投放在济南、青岛等省内机场，提升山东主基地的市场份额，夯实山东市场主导地位。

九万里风鹏正举。在习近平新时代中国特色社会主义思想指引下，山航不忘初心，牢记使命，为满足人民对美好生活的向往而不懈奋斗，将在新时代的蓝天上绘出更加绚丽的航迹，为开创中国民航高质量发展新局面，实现民航强国梦贡献力量。

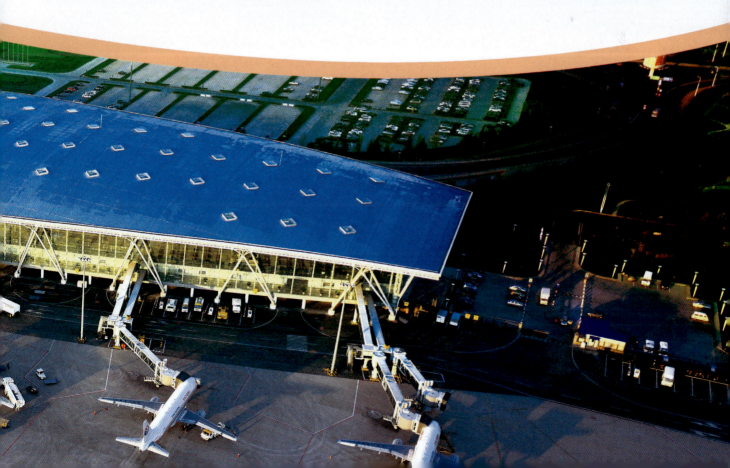

初心始终·腾飞长龙

长龙航空客运开航5年来，不断扩大机队规模，深耕航空市场，提高"品质长龙"核心竞争力，始终不忘作为浙江唯一本土航空公司服务浙江经济社会发展的初心，不断提高长龙航空的影响力和创新力。截至目前，长龙航空机队规模已达42架，累计开通覆盖国内外的客货运航线200多条。2018年初，在民航局公布的运行数据中，长龙航空各项指标均名列前茅。

牢筑安全基石 打造"品质长龙"

2013年12月29日，长龙航空的两架飞机分别从杭州飞往重庆和深圳，标志着长龙航空从货运转为客货综合运输航空公司，也结束了浙江没有

长龙航空董事长刘启宏

本土航空公司的历史。经过5年客运发展的长龙航空在同期成立的航空公司中已稳居发展速度首位。

在长龙航空的品牌战略中，速度不是第一位的要求，"品质长龙"才是企业发展的核心要义。长龙航空视安全为企业的生命线，坚持"安全第一，预防为主，综合治理，持续改进"理念，从"抓安全作风建设，抓人员资质能力建设，抓安全措施落实，抓安全培训到

长龙航空总部大楼运行中心AOC

位"等方面着手，开展安全管理工作，率先将SMS（安全管理系统）在全公司范围内推广应用，不断完善安全运行体系，持续加大安全投入力度，全面提高应急处理能力。

在2016年安全绩效考核中，长龙航空在华东地区70家航空公司中居第一位。同年，其以"零发现项"的优异成绩完成国际航协运行安全审计认证。2018年5月，长龙航空再次以"零发现项"顺利通过IOSA复审，充分展现了长龙航空过硬的安全实力。长龙航空航班计划执行率处于民航业的先进水平，而公司原因飞行事故征候万时率年年为零，大大低于行业的平均水平，从而保持了较为平稳的安全态势和优良的运行品质。

坚守真情服务底线 兑现优质服务承诺

"服务永远在路上"是长龙航空董事长刘启宏常挂在嘴边的一句话。为持续完善服务体系，全力保障航班准时准点安全运行，长龙航空专门成立了服务质量管理部，着力打造"美丽客舱、微笑客舱、温馨客舱、心动客舱"的客舱文化。从空中到地面，从客运服务到货运服务，长龙航空秉承以旅客满意为目标的服务和质量管理理念，把旅客和货主满意作为不断提升服务质量的不懈追求。

对航空公司而言，航班正常事关服务、品牌形象、公司发展，是一项重要的工作。公司以最严要求抓航班正常，不断用行动践行真情服务理念。为进一步提高航班正常水平，长龙航空还建立了航班正常预警机制，加强航班正常监管工作，这些举措都让长龙航空航班正点率始终处于民航业的先进水平。

"诗画浙江号"探索"航空+旅游"深度融合新模式

2017年，两架"诗画浙江"号全机身彩绘飞机飞抵杭州。长龙航空以"诗画浙江号"全机身彩绘飞机为载体，积极宣传浙江、宣传杭州。截至目

机组人员　　　　　　　　　　　　机务

　　前，"诗画浙江号"彩绘飞机已飞抵国内外80多个城市，年飞行4500架次，飞行时间7600小时，使更多国内外旅客发现浙江独特的魅力，领略如诗如画的山水风光，全面提高了"诗画浙江"美誉度和浙江旅游市场影响力，逐渐成为"航空+旅游+城市品牌"的浙江范例。

　　"诗画浙江号"还逐步走出国门，与全球最大的旅游服务提供商——德国途易集团签署战略合作协议，全面促进双方在航空与旅游领域的交流合作，打造航空业与旅游业国际化合作的浙江样本，努力开启航空旅游新时代。

打造"智慧长龙" 引领未来发展

　　2018年，长龙航空与GE航空集团签署数字化领域合作协议，开展航空大数据分析系统

真情服务旅客　　　　　　　　　　　值机柜台

合作。目前，长龙航空在聚集主业谋发展的同时，大力推进"数字长龙"建设。为满足公司的生产经营需要，董事长刘启宏提出了"信息数字化、生产自动化、过程可视化、结果可量化、决策智能化"的"五化"目标。

长龙航空又提出打造"智慧长龙"，包括商业服务、空中互联网、空地交通三个部分，通过人工智能技术由数字化向智慧化转型。"智慧长龙"将通过O2O模式，在值机、登机、客舱等线下接触点向旅客提供精准服务和二次营销。同时，结合大数据与人工智能技术，通过机上WiFi实现千人千面的精准推荐，建设新一代航空互联网。在2022年之前，长龙航空还将应用人工智能和大数据、云计算等技术打造自己的"航空大脑"，推进飞机流和旅客流两大业务领域发展。

投身公益活动　用行动承担社会责任

作为有担当的企业，长龙航空坚决肩负起服务社会的责任，不断探索企业参加公益活动、回馈社会的模式，开展多项公益活动，公益脚步远至贵州、云南、新疆、西藏等地，帮扶对象覆盖贫困儿童、福利院儿童、特殊儿童、贫困群众、边防战士等，体现了长龙人回报社会的决心和担当。

截至目前，长龙航空网络覆盖率在杭州驻场航空公司中位居第一；在对杭州机场的贡献方面，通达点、航班增量、旅客增量贡献率在驻场航空公司中继续保持前列。这些独飞航线多为至西南、东北、西北地区二、三线城市的支线航线，涉及不少需要航空支持的老少边穷地区，为这些地区的经济发展架起了空中"金桥"。

未来，长龙航空将以更加奋发有为的精神和更加求真务实的工作作风，为民航强国战略和浙江民航强省建设目标的实现贡献力量，用一系列更加亮眼的成绩绘就更为广阔的国际化蓝图。

龙腾九天筑大梦
——中国飞龙通用航空有限公司侧记

"四十载惊涛拍岸，九万里风鹏正举"中国特色社会主义进入了新时代，改革开放也进了新时代。正在举国欢庆改革开放四十周年之际，在千里戈壁、万里海疆，在巍峨雪域、莽莽林海，一架架印有中国飞龙通用航空有限公司的航空器，以飞行的方式表达着航空报国的赤子之情。

1980年一支运十一农业航空服务队，乘着改革发展的东风一飞冲天。40年栉风沐雨、40年春华秋实，这家以"中国"冠名的通航公司，伴随不同时期的民航改革，完成了从单一机型向多机种、多梯队建设的转变，从单一业务转向多元化发展的转换，从单一基地运营向全国战略布局的转移，从专注自身发展向寻求合作、协同发展的转型，秉承"恪守使命、自信自强、攻坚克难、敢为人先"的企业精神，破茧成蝶、一飞冲天，成为国内通航中具备通航全部运营资质的"领头雁"。

使命在肩　终日乾乾

保护"绿水青山"、筑牢"中国饭碗"、建设美丽中国、维护平安中国，中国飞龙始终把国家利益放在首位，用大写的忠诚践行国有企业的责任和担当。

从成立至今，每年由中国飞龙执行的航空护林面积超过我国国土面积的10%；航空物探累计总飞行长度达到302万公里，相当于绕地球赤道98圈；降雨消雹、抗击干旱，从事人工影响天气任务超过20年的中国飞龙在保障民生福祉的同时，圆满完成了北京奥运会、南京青奥会、APEC会议、杭州G20峰会、国庆和"9.3"阅兵等国家重大活动气象保障任务。

作为应急救援的国家队和示范军，2008年"5.12"汶川地震灾后救援中，中国飞龙Mi-26直升机第一时间飞赴灾区，峡马口空投、清平大营救、解救唐家山堰塞

运 11 飞机开始农林市场作业

国王飞机在青藏高原执行
航空物探作业任务

米 26 直升机执行航空护林任务

湖危机，历时 10 天，飞行约 48 小时，吊运推土机、挖掘机 29 台、油罐 7 个、集装箱 6 个，各类装备设备共计 60 余吨。三十年间，中国飞龙先后执行包括各类应急抢险救援任务十余次、各类森火救灾任务百余次。

警用直升机反恐演练、中俄博览会、哈尔滨马拉松等重大活动，"零点行动"春节空中巡航、延寿抓逃、珍珠山乡抗洪抢险，执行城市治安巡逻，为各地警用航空队伍培养、训练飞行员 700 余人次。在一次次重要节假日和重大警航任务面前，中国飞龙用敬业为党和人民的"安全卫士"做好了保障。

2012 年 12 月，由中国飞龙执飞的运 -12 B-3837 海监飞机与海监船密切配合，顺利完成我国首次钓鱼岛海域海空立体巡航，宣示中国领土主权。自 1987 年以来，中国飞龙通过托管、执行海监、海警飞机参与海洋监测、海洋执法，年平均飞行近 2000 小时，在祖国的东海、黄海、渤海、南海等近海海域，中国飞龙用正义和勇敢捍卫国家的尊严。

建立飞行学院，开展飞行驾驶员培训。十几年来，中国飞龙为国内各大民航、通航企业输送了大量的飞行人才，为公安部、交通运输部救助打捞局培养了一批批优秀的飞行中坚力量，中国飞龙用专业为来自五湖四海怀揣飞行梦想的人们，插上了飞行的"翅膀"。

披荆探路　敢为人先

39 年砥砺奋进，40 年改革不息，70 年长歌未央。在改革开放的大潮中，飞龙人坚持秉承"安全运营，稳中求进"的运营方针，在众多领域先行先试，将作业版图覆盖了中国大陆全境，为通航运营摸索、积累了大量的成功经验，推动行业向前发展。

1986 年直 9 直升机首次执行林业部春季航空护林机降灭火试验任务，国内

中国飞龙是国内少数可同时进行飞行和直升机飞行培训的机构之一

通航服务首次向护林防火拓展；1987 年成功进入塔里木盆地和"死亡之海"罗布泊地区执行物探任务，打破国外专家"中国人不可能完成任务"的断言；1987 年开辟"大连 – 长海"短途支线运输航线，成为国内首家 CCAR–135 运营企业；自 1999 年起，三赴北极、六赴南极，是国内首家进入极地作业的通航企业；2007 年首次试水航空医疗救援市场，开通了东北首条空中急救通道；2007 年为西堠门大桥架设引导索，开创国内外直升机跨海架桥先河；2010 年首飞黄岩岛，进行海洋维权；自 2013 年起，在国内通航率先推行 SOP 飞行标准化程序；2015 年在拉萨贡嘎高高原机场起降执行物探作业，成为首家在高高原机场起降的通航企业；2016 年开发了哈尔滨首个直升机低空游览项目；2017 年配合保障"我们的侣行"主创张昕宇、梁红夫妇完成中国制造的运 12 飞机首次环球飞行；2018 年响应"军民融合"战略，与科研院所共同研发"航空林火探测预警指挥机"……一个个首次，一个个第一，中国飞龙在国内通航发展的不同时期，积极扮演着重要角色，在不同阶段的通航变革与发展中，都代表通航发出了改革者的强音。

中国海监运 12 飞机 B3807、B3837 首次巡航钓鱼岛海

作为推动民航发展的两翼之一，通用航空的繁荣将促使国家航空产业得到协同发展。站在新的历史起点，中国飞龙将在习近平新时代中国特色社会主义思想指引下，继续做新时期通航发展的探路者、试金石，继续继承老一辈航空人的开拓创新精神，不忘初心，继往开来，为行业发展、为民航事业持续贡献力量。

中国飞龙参与极地科考项目

XA 西华航空

四川西华通用航空股份有限公司

1993年，在四川省政府的要求下，由成都飞机公司投资组建华西通用航空公司

公司简介

四川西华通用航空股份有限公司，前身是中国航空工业集团成都飞机公司在1993年应四川省政府要求，从军机试飞生产线上抽调的一批优秀的飞行、机务、航务等专业技术人员和管理干部组建的华西通用航空公司，是四川省第一家通用航空公司。

2009年2月，为顺应国家改革开放和民航行业的发展趋势，公司通过资产重组、体制机制创新的方式进一步发挥产能和效能。重组当年就实现扭亏为盈并持续盈利，飞行小时和生产作业能力逐年提高，安全运行记录持续保持。

公司在2017年正式进驻四川省军民融合产业基地并完成股份制改造，更名为四川西华通用航空股份有限公司，目前作为中国航空工业集团混合所有制改革样板和通航运营示范平台，接受航空工业四川航空局管理。

西华航空是典型的军民融合示范企业和四川省通用航空应急抢险队成员；同时运行固定翼和直升机；具备CCAR-61部培训资质，CCAR-91部、CCAR-135部运行资质，CCAR-145部维修资质；是四川省唯一挂牌上市的通用航空公司；是西南地区唯一具备高、中、低空作业能力的航空公司，首个在高高原机场成功运行的通用航空公司，持续盈利的通用航空公司。

公司现有飞行、机务等专业技术人员60余人，执管着包括空中国王系列、塞斯纳208B等飞机在内的7种机型近20架航空器。

先后承担了西南地区近40%的航空测绘飞行任务，为部队及国家测绘地理信息局提供了大量基础地理航摄数据，为西南地区的农村土地确权工程提供了航空测绘数据；执行了"5·12汶川地震""4·20芦山

发展历程

1993年	由成都飞机公司筹建，四川省第一家通用航空公司。
1995年	取得民航总局筹建许可证。
1997年	引进2架运5-B型飞机。
1998年	公司正式投入运行，执行广西航空护林飞行任务。
2002年	引进1架运12IV机型、1架运12E机型。
2009年	完成资产重组，更名为西华通用航空有限公司。
2010年	再次通过运行合格审定，投入"5·12"灾后重建。
2012年	引进第1架赛斯纳208B型飞机。
2014年	引进第1架AC311型直升机，同时运行固定翼和直升机。协助自贡市政府组建自贡警航支队。
2015年	引进4架R44II型直升机，开展私、商照培训业务。
2016年	引进1架国王C90并投入运行，提升高空作业能力。
2017年	引进第1架国王350ER飞机，用于人工影响天气、航空摄影、应急救援。公司完成股份制改造，更名为西华通用航空股份有限公司。启动通江通用机场建设。
2018年	引进第2架国王350ER飞机，启动短途运输业务。引进1架赛斯纳208B试验型飞机，用于设备测试、它机试验飞行。成功挂牌"新三板"，登陆资本市场。

地震""6·24茂县山体滑坡""8·8九寨沟地震"的抢险救灾和灾后重建任务；引进了配备先进医疗救护设备的国王飞机，用于从川西高原、云贵高原、青藏高原等高海拔地区转运急重症患者至新加坡、日本、中国香港等地；协助自贡市建立了四川省第一支警航支队，执行巡逻、救护、救援、执法、反恐等警务飞行任务，并多次参加由公安部、四川省公安厅组织的反恐防暴演习和应急抢险演练；按照四川省低空旅游规划，在蜀南竹海、兴文石海、自贡灯会、广元剑门关等地修建直升机起降场开展低空旅游。

公司在持续优化业务结构的同时，不断加强与各地政府、企业的沟通交流，通过合作建设通用机场，构建以机场带动旅游、物流、产业园发展的商业模式；同时致力于打造以通勤和短途运输为主营业务的运输体系，满足大众消费航空市场的需要，推动企业的转型升级。

西华航空以落实国家通用航空的战略发展要求为己任，以成为西南地区通用航空行业领先者为目标，结合四川省通用航空产业发展规划，抓住产业高速发展的战略机遇，吸取国内外通航发展的先进经验，洞悉区域内通航市场变化，顺应市场规律，遵循"安全第一、服务至上、效益优先、稳定发展"的方针。公司按照全国中小企业股份转让系统规则的管理要求，保持精简透明的结构体系，整合优势资源，提高公司的核心竞争力和市场占有率，走内涵发展和跨越发展相结合的企业高速可持续成长之路。最终把西华航空打造成为国内通用航空领域具有核心竞争力、专业化、集团化发展的通用航空企业。

主营业务

1. 航空摄影

　　航空摄影是西华航空的主营业务之一，公司常年在西南、西北等地作业，客户遍布西南、华东等地区。近年来，西华航空不断提高作业能力和服务质量，任务量逐年递增，仅在2017年就圆满完成了141架次567.9小时的航空摄影任务，作业范围涵盖四川、贵州、重庆、甘肃等省市。公司执管的国王350ER、国王C90、赛斯纳208、运五B等飞机都进行了航空摄影的改装，能够在高、中、低空执行测制各种比例尺的地形图、资源调查、电力选线等航空摄影作业任务。

2. 人工增雨及大气物理探测

　　西华航空具备跨区域执行人影作业的能力，是国内率先使用运12E开展人工增雨的通航企业。公司使用的国王350、C90飞机，加装了云物理微观探测系统、云宏观影像系统、催化剂播撒系统、卫星通信系统，通过高度集成的一体化任务操控平台，构建了人影高效作业和云物理科学探测的综合飞机平台。目前公司正在为云南、山西等省市提供人工增雨和气象探测等服务。

小时

时间节点：每年7月1日至次年6月30日

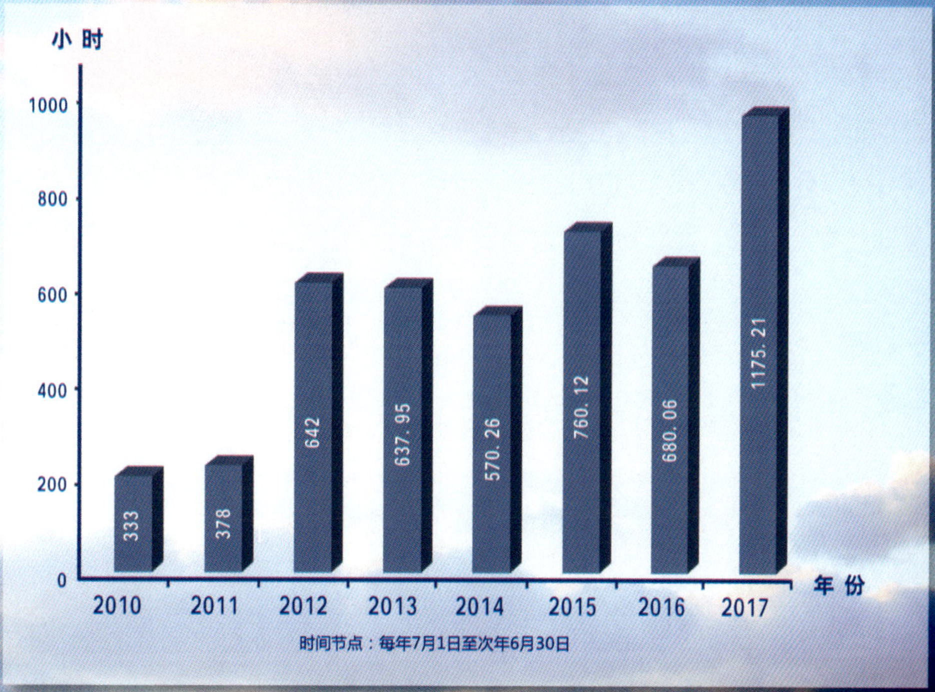

3. 科学实验

依托国王及大篷车等系列飞机的载荷能力和供电能力，通过支架、外挂等改装，西华航空建立了能够支撑科学设施直接搭载试验、小量改装类飞行试验、冗余飞机功能系统等的飞行试验系统，为航空航天、中科院、国防科工局等军工企事业单位提供武器搭载试验的飞行服务。

4. 医疗救护

西华航空运行着全国首批配备了先进医疗救护设备的国王350ER飞机。能够胜任从甘孜、阿坝、西藏等高海拔地区，或者从巴厘岛、尼泊尔等东南亚景点，将急重症患者安全转运到日本、中国香港、新加坡乃至更远的医疗救护任务。通过组合使用直升机和飞机，西华航空可以无缝隙的完成中、长距离的医疗转运飞行。

5. 飞行培训

西华航空可以为广大飞行爱好者或有志于从事飞行的个人提供运动型飞机驾驶执照、飞机私用驾驶执照、飞机商用驾驶执照、直升机私用驾驶执照、直升机商用驾驶执照等培训。

青岛直升机航空有限公司

青岛直升机航空有限公司（简称"青直公司"）1993年成立，1996年获得民航颁发的甲类通航企业经营许可证，是国内成立较早的直升机通航公司之一。公司总部位于青岛，并在北京、莫斯科、迪拜设有代表处。2009年公司进行股份制改革，目前公司为自然人控股的纯民营通航企业。

公司遵循"**专一机型、专业管理、专业服务**"的经营发展理念，在激烈的通航业务竞争中稳步发展，目前我公司运营米26TC型直升机1架，米171型直升机14架，是国家森林消防和民用航空应急救援的重要力量。

专一机型：米171直升机采购和维护成本相对欧美重型直升机低，能满足国内航空护林各项飞行

2018年9月公司新引进的米171直升机进行吊桶灭火演练

2014年5月公司米26直升机在云南大理灭火

2016年8月公司米171直升机执行索降任务

任务的需要，提供的飞行服务性价比高。公司机队机型专一，有利于降低维护、培训成本，提高备件利用率，有利于提高人员专业技术水平，确保飞行安全。

专业管理： 公司飞行、机务维修运行、商务高层管理人员，均有丰富的专业培训经历和多年从事通航运营的管理经验；公司的关键技术人员—空勤人员和机务维修人员，大部分来自部队航空兵，并有20年以上的米−171直升机运行经历，其中有15位飞行时间超过5000小时的特级飞行员。

专业服务： 公司自1996年开始为国家林业局提供航空护林飞行服务，至今已有22年。公司在航空护林任务中积累了丰富的经验，已成为国内航空护林的重要力量之一。

目前航空护林收入占公司业务收入95%以上。2018年，公司运行的机队直升机数量占全国航空护林市场大型直升机数量的36.5%，为全球第三大米171直升机机队。未来我们仍将以专业航空护林服务为主业，同时作为国家应急部的主要航空储备力量，积极开拓航空应急救援业务。

2018年3月公司新购的4架米171直升机由安124专机运输交付

2013年我公司米26直升机执行应急救护任务

2009年公司引进3架飞机在内蒙古海拉尔的接机仪式

龙浩集团有限公司

——夯实"三全优势" 龙浩集团助推我国航空产业发展——

　　龙浩集团有限公司总部位于广州珠江新城，是一家聚焦重大基础设施建设和航空产业发展的大型国际化企业。

　　2014年，为响应国家"一带一路"倡议、践行"民航强国"战略，龙浩集团设立全资子集团龙浩航空集团和龙浩机场集团，布局航空全产业链模式，致力打造"全国"机场货运网络，已拥有机场规划设计/建设运营、121部货运航空、91部/135部通用航空、141部飞行培训、低空飞行服务保障等能力，并在军民融合等领域做出探索和努力。

　　龙浩集团始终如一地坚持"诚信、担当、开拓、共赢"的经营理念，以"践行国家战略、共享发展成果，与地方经济共同成长"为发展策略，紧跟国家经济与社会发展动向，科学制定企业发展战略规划，积极推动项目落地实施，为国家和民族做有意义的事业，为实现中华民族腾飞的伟大事业的中国梦不懈奋斗。

全产业链能力

　　进入航空产业之初，龙浩集团就确立了打造全产业链的宏伟蓝图，经过4年的发展，集团旗下的龙浩机场集团已取得工程设计民航行业乙级资质，成为拥有机场前期咨询、规划设计、投资建设和运营管理等全产业链资质、具备全过程服务能力的大型企业集团。

　　在机场规划设计、建设运营之外，龙浩集团苦练内功。目前，龙浩集团及旗下各子集团已陆续取得CCAR-91部商业非运输运营人运行合格证、CCAR-121部公共航空运输承运人运行合格证、CCAR-135部小型航空器商业运输运营人运行合格证、CCAR-141部民用航空器驾驶员学校合格证、CCAR-145部民用航空器维修单位合格证等资质。

龙浩通航运12飞机

　　龙浩集团积极参与国家低空飞行信息服务系统的建设，筹建龙浩空中飞行信息服务集团，在提供龙浩空管塔台服务及运输体系的运行控制（FOC）服务的同时，逐步建设以ADS-B为主、低空主动监视为辅的通航飞行服务保障体系，实现机场、航路、航线及主要区域的低空监管，提供低空通航飞行信息服务。

龙浩航校钻石DA42NG教练机

　　作为具备机场精准定位与交通多式联运，且考虑长远系统城乡规划能力的企业，龙浩集团根据旗下各子集团、公司对飞机、零部件和设施设备的需求，开展航空港经济区的招商板块，通过与国内各级支干线机场、通用机场合作建设，先期导入相关规划和咨询，跟进相关开发工作，为当地经济塑造新的增长极。

北京龙浩低空飞行信息服务数据中心

全国布局

龙浩集团正致力打造"全国"机场货运网络，围绕1个中心枢纽机场和8个区域枢纽机场，规划运营管理约1000个运输、通用和军民合用机场。其中，龙浩机场集团参与运营的河南信阳明港机场已于2018年10月正式开航，安徽蚌埠机场、新疆温泉机场、云南玉溪机场等多个项目正由集团推进建设。

广东龙浩航空有限公司以白云机场为主运营基地，已有6架波音737货机投入运营，开通了12条国内货运航线，2条国际货运航线，通达天津、泉州、西安、南通及越南河内等地，将来可望形成"以航空为龙头、多式联运的全球大物流格局"，建成辐射全国及东南亚、欧美地区的航空货运网络体系。

龙浩通用航空有限公司致力于发展"通航+旅游"业务，实现枢纽机场与通用机场之间的客货集散。通过深耕新疆市场，已开通克拉玛依—博乐短途客货运航线，克拉玛依—魔鬼城、博乐—赛里木湖等低空旅游航线，该模式将拓展推广至其他省份。

作为民用飞行员的摇篮，龙浩航校集团规划在全国范围内完成10所航校及1个航空理论培训中心、1个通用航空飞机修理厂、1家通用航空航材支援中心布局。目前，四川、新疆航校已取得CCAR—141部运行许可证，湖北航校已开始飞行训练，合计在校学员160余名。同时，河南等其他基地业已启动筹建工作。

北京龙浩空中飞行信息服务有限公司是国内首家从事全国低空飞行服务系统布局、建设和运营的企业，龙浩集团正在其基础上筹建龙浩空中飞行信息服务集团，目前已建成山东全资子公司、青海合资公司，正筹建福建、江苏、江西、四川等独（合）资子公司，致力打造适合我国国情，覆盖全国低空空域，规范化网络化的低空飞行服务体系。

军民融合

军民合用机场，是深入贯彻落实习近平总书记关于推进军民融合深度发展重大战略思想的具体体现，不仅极大地节约了机场建设的成本，提升军用机场对军方的保障能力，也增大了民航的运输能力，从而缓解民用机场的不足。

作为一家新兴的航空企业，龙浩集团积极响应国家号召，投身军民融合工作，通过与各地方政府合作等形式，在选址、规划设计等方面提供专业建议，协助一批军用机场转为军民合用机场。

截至2018年9月，龙浩集团已与曲靖沾益、诸城、贵港、荆门、新泰等近20家地方政府签订协议，助推当地军用机场转为军民联航合用的运输、通用机场；2018年10月，龙浩集团与河南省信阳市政府共同运营的信阳明港机场（军民合用运输机场）正式开航，圆了信阳人民的航空梦。

龙浩集团运营管理的信阳明港机场已于2018年10月正式通航

信阳明港机场

全开放平台

为响应国家"一带一路"倡议及新兴产业规划，2016年起，龙浩集团已连续三届在钓鱼台国宾馆独家承办了"空中丝绸之路国际论坛"。国家领导人、国家相关部委、军方、国内外航空和金融领域的专家学者、政商界精英汇聚一堂，为政府决策"空中丝绸之路"规划与发展提供合理、可行的参考与指导支撑，为企业参与"空中丝绸之路"建设提供极具价值的参考建议。

"践行国家战略、共享发展成果，与地方经济共同成长"是龙浩集团的发展策略，目前，集团已与信阳、蚌埠、瑞金、玉溪、邢台、台山、株洲、巴里坤、遵义、泸州、庆云等150余家地方政府签署了机场建设运营合作协议，并在项目落地过程中为地方通盘考虑，通过项目建设推动当地经济更好更快发展。

龙浩集团所搭建的航空全产业链平台积极与各企业伙伴合作，共同推动进步。集团现与顺丰合作运营737货机、与联邦快递共同运营"广州—西安"货机航线等，并与中国航空油料集团公司探讨合资成立服务于全国各通用机场的航油公司。

科技是第一生产力，龙浩集团正与中国民航大学、西北民航学院等知名高等院校探讨联合办学事宜。同时，集团下属的龙浩交通研究院既为集团下属各公司提供咨询指导，也是政府和行业开展政策与发展研究的民间智库。

向天空领海发展　做国家通航栋梁

——中信海直改革发展纪实

中信海洋直升机股份有限公司

　　中信海洋直升机股份有限公司（以下简称中信海直）的前身是中国海洋直升机专业公司，是经1981年10月6日国务院常务会议决定，国家计委、经委批准，于1983年3月设立的全国性甲类通用航空公司。改革开放吹劲风，碧海蓝天春潮涌。特别是党的十八大以来，从国家到民航的政策改革春风吹不停，大大提振了通航企业的发展信心。中信海直屹立在改革开放最前沿的深圳，始终不忘初心，与时代同行，用实干铸就辉煌，在民航改革的历程中留下光辉的印记。

一、筚路蓝缕，燃烧激情创建企业

　　中国海洋直升机专业公司是由海军航空兵组建。1983年，200多名海军航空兵官兵听从祖国的召唤，汇聚在深圳南头一片荒地，开始了艰难的创业过程。他们怀着建设祖国的美好梦想，在物资匮乏、条件简陋的情况下，发挥军队艰苦奋斗的优良传统，燃烧创业激情，用智慧和汗水将荒草地浇灌成一座现代化的全天候直升机场。他们还在湛江、上海、天津等沿海地区的荒野和滩涂上，修建了一座座功能齐全的现代化通航机场。1984年2月8日，中信海直执行勘探石油服务合同顺利完成首航，开启了碧海蓝天的征程。自此，一架架直升机带着为国家勘探开发海洋油气资源的殷切期望，如鲲鹏展翅般飞翔于祖国的碧海蓝天。中信海直亦成功开辟了海上直升机服务新领域，成为我国最早进入海上直升机服务的通航企业。

中信海直办公楼外景

二、开放思维，铸造安全与专业口碑

自成立以来，中信海直秉承开放合作、互利共赢的理念，与世界著名直升机专业公司布列斯托、欧洲直升机公司等直升机运营或制造公司开展合作，引入国际管理体系和运作模式，直接与国际接轨。中信海直在吸收消化的基础上不断创新，构造了高效、安全的运行管理机制，并凭借良好的安全业绩在社会各界和中外客户中赢得了极高的声誉，三度获得中国民航局颁发的通航领域最高荣誉奖项"金鸥杯"。2018年，中信海直实现了安全飞行超36万小时的目标，被中国民航局授予"通用飞行安全三星奖"。

同时，中信海直采用"送出去"和"请进来"的方式，选送飞行员、机务人员赴英、法、美等国家培训学习，邀请外国专家到企业传授知识和经验，打造出全国最优秀的通航飞行、机务专业人才队伍。中信海直现有飞行、机务、保障等专业技术人员占比约85%。拥有飞行员200多名，其中机长约占45%；机长平均飞行时间超过6000小时，其中飞行时间超过10000小时的有22人，最长飞行已达19000小时，且有25名获功勋奖章、37名获金质奖章、41名获银质奖章、58名获铜质奖章，多名获中国民航安全飞行奖章。维修人员近400名，其中持有CAAC颁发的机务维修执照的有269名，同时持有EASA颁发的机务维修执照的有24名。

三、资本运作，创新拓宽融资渠道

在企业改制的浪潮下，中国海洋直升机专业公司将海洋直升机飞行作业这一优良资产剥离出来，成立中信海洋直升机股份有限公司并在深圳证券交易所成功挂牌上市。中信海直利用在证券市场上募集的资金累计购置了15架直升机，为扩大机群和经营规模，实现高速、稳

中信海直在A股上市

健的发展提供了强有力的支持，极大地提升了企业综合实力，开启了企业发展新篇章，迈入了发展快车道。中信海直作为中国通航企业中第一家上市公司，为通航企业开辟了一条市场融资的渠道，对通航企业和通航市场的培育和发展将起到良好的示范和导向作用，而且具有积极和深远的意义。自2014—2017年，中信海直连续获得深市主板上市公司年度信息披露考核结果最高等级A级的考评殊荣。

2016年，中信海直紧抓机遇，以在行业内的领先优势为基础，探索"通航+金融"模式，布局融资租赁业务。2017年3月，中信海直成立子公司中信海直融资租赁有限公司（以下简称海直租赁），不断完善通航产业链。海直租赁以融资租赁与经营租赁并举，产融结合，打造金融全覆盖的通航金融企业。同时，依托中信海直培训、保养及维修处置飞机的能力，为通航客户提供融资租赁服务，助力转型升级。

四、牢记使命，服务海洋能源开发

中信海直形成了以深圳南头直升机场为飞行主基地和维修基地，以湛江坡头机场、天津塘沽机场、海南东方机场为支撑，覆盖渤海、东海、南海三大海域的海洋油气开发飞行服务网络。同时，在天津、上海、湛江、浙江、海南设立5个分公司，进一步加强服务与管理。2000年后，中信海直还分别在海南东方、上海高东、浙江舟山、福建厦门等地设立作业基地。中信海直凭借强大的飞行保障实力保持海洋石油直升机服务60%以上市场占有率，年作业量占全国通航工业作业量的25%。此外，中信海直是国内港口直升机引航唯一提供商，目前在天津港、青岛港、湛江港、连云港、黄骅港等港口开展直升机港口引航业务。2018年12月21日，与世界货物吞吐量第一大港口宁波—舟山港签署战略合作框架协议，这对公司引航业务的开展具有标志性意义。

海上石油飞行服务

五、持续发力，陆上通航建树颇丰

中信海直稳固海上石油服务市场，积极拓展陆上通航业务，成立子公司海直通用航空有限责任公司（以下简称海直通航），为公司铺开了更广阔的发展道路。海直通航为中央电视台、海监、交通部救捞局、南方电网等提供托管直升机服务，开展海上巡查、航空护林、电力巡线、极地科考、设备吊挂、医疗救护、航空拍摄等业务。此外，海直通航作为国家极地科考直升机保障的唯一提供商，是国内首家且唯一一家飞抵北极点和南极最南点的通航企业。

中信海直培育"通航+"新业态开拓新蓝海

六、走出国门，奋力开拓国际市场

中信海直依托"一带一路"，将直升机飞行服务发展通航产业的战略眼光放到全球，主动融入世界经济发展大潮。早在2007年，中信海直开拓国际新市场业务就取得重大进展，一架SA365N直升机飞赴缅甸仰光，开始为中国海洋石油缅甸有限公司提供海上、陆上石油服务业务。更令人振奋的是在2015年12月18日，中信海直与（株）大宇国际签署了为期5年的直升机飞行服务合同，向大宇国际在缅甸的油气项目提供直升机飞行服务。这是中信海直在国际市场获得的首家外方客户，是践行"一带一路"倡议"走出去"取得的重要成果，为进军国际市场积累了宝贵经验。中信海直成为国内第一家且唯一一家在海外作业的通航企业，缅甸皎漂基地也成为我国通航企业首个被批准具有维修能力的海外维修基地，在中国通航产业发展历史上留下浓墨重彩的一笔。

中信海直开辟国际市场

七、整合资源，建立全机种维修集群

机务维修是民航生产运行链条的关键基础环节。中信海直拥有亚洲最大民用直升机机队，与之相匹配的机务维修能力也成为中信海直的核心竞争力之一。中信海直进一步完善在通航维修产业链中的布局，提高市场细分占有率，发挥维修集群效应，有力推动业务结构优化升级。

2001年，由中信海直、欧洲直升机公司、香港迅泽航空器材有限公司三方合资成立了中国第一家中外合资通用航空维修工程公司——中信海直通用航空维修工程有限公司。该公司通过了中国民用航空局CAAC和欧洲航空安全局EASA适航体系认证，获得CCAR-145维修许可证和EASA-145维修许可证，是欧洲直升机公司授权的国内唯一维修中心和法国透博梅卡公司授权的发动机服务中心。

为响应民航供给侧结构性改革号召，进一步推进业务结构调整，中信海直整合优化股份和通航机务维修板块，成立中信海直航空科技有限责任公司（2018年11月成立）。整合对外通航器维修力量，搭建起以海直航科公司为主体，以空客、俄直等为支撑的框架体系，构建面向市场化运作的多机种通航维修平台，打造公司发展新引擎。中信海直将"军民融合"作为新时期深化改革的重要发展战略，以军用直升机维修为切入口，发力军品维修市场，为保障国防建设贡献力量。

中信海直联合中航工业下属企业组建俄制直升机维修合资公司——中联(天津)航空技术有限公司（2018年3月成立），成为第一个经合法授权的维修企业，在品牌、技术和渠道等各方面都获得了领先优势，抢占市场先机。

中信海直为国家极地科考提供飞行保障

八、专业专注，立足培训服务行业

中信海直致力于打造国内飞行、机务维修技术及航空安全交流的平台。2008年4月18日，中信海直获得民航CCAR147培训资质，成为民航中南地区六省的第六家培训机构，可开展AS332、AS365N、AS350、EC155、EC225、A109、S92、Ka32等机型ME/AV专业维修改装培训。中信海直还自主开发了海上平台接机员培训课程并对外实施培训，同时开展安全教育、海上平台直升机加油系统检查培训，以及驾驶员机型改装检查和仪表等级检查的飞行类培训，不断拓展飞行执照及航务类培训课程。

近年来，随着低空领域的开放，通航产业作为战略新兴产业呈现加速发展态势，通航培训成为职业教育新热点。中信海直携手中国民航管理干部学院，成立子公司海直（北京）通航技术培训有限公司，开展通航市场专业技术培训业务，服务通航产业发展大局。

九、彰显大爱，履行责任回报社会

"国家有难，匹夫有责"。中信海直积极参与抗震救灾、抢险救护等社会公益事业，将之视为践行社会责任、彰显救危扶难、体现忠诚担当的宝贵精神财富。

1991年8月，中信海直B-7951号直升机机组曾因创造单机一次海上救起17人的记录，被国务院授予"海上救灾英雄机组"的光荣称号，被国际直升机协会命名为"最佳机组"。

2005年2月，中信海直直升机跨出国门赴泰国参与印度洋海啸灾区救援工作。

中信海直开展海上飞行救助

2008年，"5·12汶川地震"期间，中信海直在最短的时间迅速组织装备精良的12架直升机、经验最丰富的飞行员和机务保障人员，组成中信海直抗震救灾飞行队火速飞赴救灾第一线，参加抗震救灾飞行任务。从5月15日到7月8日共计53天的抢险救灾中，中信海直抗震救灾飞行队承担民航直升机抗震救灾飞行30%以上的任务，为抗震救灾作出了积极的贡献，担当了企业的社会责任。

2014年1月2日，中信海直为中国极地研究中心代管的"雪鹰12"直升机从"雪龙"号极地科考船上起飞，成功救出被困在俄罗斯船只"绍卡利斯基院士"号上的52名人员。

2015年，"8·12天津港大爆炸"发生后，8月13日8时30分，中信海直天津分公司根据滨海新区政府要求，出动B-7772直升机进行巡视航拍任务，并及时报告航拍情况，为抢险救援提供了火灾状况。

经过多年的推动发展，中信海直与国家交通部救捞局携手建立了覆盖渤海、东海、南海的立体式综合救援体系，已经成为运作成熟的海上飞行救援平台，成为国家海上飞行救援的主要补充力量，多次获得了国家交通部和政府部门的嘉奖。

中信海直沿着改革开放的轨迹击水中流、奋楫而发，走过了35年的历程，成为国内规模最大、实力最强的通用航空企业。发展无止境，改革无穷期。现在，中信海直坚持以习近平新时代中国特色社会主义思想为指导，以新气象、新作为迈进新时代谱写改革新篇章，向"国内领先、国际知名的通用航空综合服务商"的发展愿景迈步前进。

中信海直参加汶川大地震抗震救灾

感恩改革开放 服务国家战略

——杭州圆通货运航空有限公司

40年前，改革开放的春风吹拂中国大地，大江南北释放出无限的潜力，呈现了盎然的生机。

40年前，当中国人民只知道"邮政"而不知"快递"为何物的时候，美国的FedEx已经拥有一个超过50架飞机的运输机队。而40年后的今天，中国的快递包裹量已经超过507亿件／年，占全球超过一半，这种情况，即使以十年前的眼光来看，也都是难以置信的情景。从20年前民营快递的萌芽，到今天的业务量全球第一，中国快递行业这20年来的高速发展见证了改革开放的伟大成就。回首过去，中国快递实现了从自行车到飞机高铁的巨大飞跃；展望未来，5G、AI、云计算和新能源等新科技将给快递行业带来更大的发展机遇。

杭州圆通货运航空有限公司(以下简称"圆通航空")作为民营快递公司组建的第二家航空公司，虽然开航至今不足四年，却见证了中国快递和民航货运两个行业的高速发展、深度融合及转型升级的历史时期，实现了自身从无到有、从小到大的发展之路，并在安全管理、营运效率及市场拓展方面已经积累了宝贵的经验。

没有航空公司的快递公司，不是真正的中国快递公司

2007年，圆通速递有限公司（以下称"圆通速递"）董事长喻渭蛟跟随国家邮政局及相关领导到美国孟菲斯考察。午夜时分，在联邦快递全球转运中心的孟菲斯机场，他亲眼见到密密麻麻的货运飞机每隔几分钟不停地降落起飞，货物从飞机货舱卸载后，直接进入流水线，进行自动分拣与封装。相比之下，当时国内快递公司远远落后的规模、自动化技术、管理能力和国际化程度深深刺痛了他。不仅如此，作为一名敏锐的企业家，喻渭蛟当时就有一个强烈而直观的判断，他将这个判断直白地向率团的国家邮政局领导报告：中国快递行业的发展潜力和发展空间实在是太大了，这个行业可以作为终身事业来做，并且这个行业未来必将关系到国家的信息安全、经济安全和国防安全。

美国孟菲斯之行让喻渭蛟深刻认识到了中美快递的巨大差距，也使得他决心痛下血本，迎头赶上。回国后，喻渭蛟在

喻渭蛟 圆通速递股份有限公司 董事局主席

多次公开场合都宣称"没有航空公司的快递公司，不是真正的中国快递公司"，并开始积极谋划属于自己的"航空梦"。

对喻渭蛟而言，他的航空梦从一开始就在圆通速递内部备受争议。成立航空公司当然可以实现"快起来"，但航空公司的筹建和营运成本显然不是一笔小数目。但喻渭蛟显然并不仅仅是着眼于每一票的快件利润，而是着眼于圆通发展的整个产业链及未来的国际化布局。喻渭蛟说："风险我当然也考虑到。但为什么UPS、Fedex能有自己的飞机，成为世界500强，我们中国为什么没有？如果没有航空公司，圆通如何去做差异化竞争？不要说做全球，就在国内也做不到行业的领先。只有成立航空公司，不断去投入、去完善，让国家与国家、城市与城市之间快速流通起来，才能真正的做到行业领先。"

排除万难，坚定信心。2014年8月，圆通航空获得中国民航局筹建批准，成为继邮政、顺丰之后中国第三家快递航空公司。圆通航空是圆通速递的全资子公司，也是浙江省唯一的CCAR-121部大型飞机公共全货运航空运输承运人企业。

2015年，在国家主席习近平访美首站西雅图考察波音公司期间，圆通航空与美国波音正式签订B737-800BCF全球启动用户协议，一口气签下20架波音B737-800飞机改装合同，成为当时快递圈最轰动的年度大事件。

截至目前，圆通航空已成功搭建国内覆盖华东、华南、西南、西北以及华北等区域之间，以及通达东亚、东南亚、南亚、中亚的亚洲区域内自有货机航线网络，同时加快建设国内货运枢纽航点，扩大与跨境电商及供应链企业的第三方合作，提升国内国际快递及物流产品的品类和范围。

2015年8月10日，圆通航空首架B737-300F（B-2505）淘宝号抵达杭州萧山国际机场

专业的事交给专业的人去做

对于目前占据中国快递市场超过60%份额的"三通一达"这四家龙头快递企业，大家可能首先想到的是"桐庐"这个"中国快递之乡"，其次映入大家脑海的另一个概念就是"家族企业"，这是"三通一达"的共同标签。但对于圆通航空来讲，是个特例。在圆通集团的体系内，圆通航空从筹建到开航到营运至今，依靠的是完全职业化的管理团队和体系。在2014年8月圆通航空公司获准筹建时，喻渭蛟对采访媒体讲到："专业的事交给专业的人去做，我们已经聘请了具有丰富专业知识和管理能力的人士组建圆通航空的运营班子。航空运输在国内是高度管制的行业，我们将严格执行民航法规的相关规定，按照'安全第一、预防为主'的安全管理理念，稳健推进圆通航空的持续安全发展。"

"专业的事交给专业的人去做"，喻渭蛟这种用人格局是吸引苏秀锋加盟圆通集团主导筹建航空公司的核心原因。

说苏秀锋是民航货运的"老人"一点不为过。从1995年参加工作起，至今24年里，苏秀锋就一步没有离开过货运领域。他从南航货运市场部经理的管理岗位起步，历任邮政航空市场发展部部长、翡翠航空执行副总裁、长龙航空总裁和圆通航空总裁，直至2015年底升任圆通航空董事长，至今一直深耕于民航货运。近年以来，他的研究范围更加拓展至电子商务+快递物流+民航货运的全产业链，并且担任全球航空货运权威杂志*Cargo Facts*的Elevate董事会董事。

苏秀锋于2013年5月加入圆通集团。彼时，其担任总裁的长龙航空已经完成"货转客"的转型。而此时圆通速递已经积累了包租扬子江货运公司2架飞机的大量实践经验，开始谋划成立自己的航空公司。就这样，有着共同目标的两个人走到了一起，在喻渭蛟的力邀下苏秀锋加入上海圆通蛟龙投资（集团）有限公司，担任圆通航空总裁并负责公司的筹建工作。从单枪匹马加入圆通集团到2015年9月圆通航空首航，圆通用了两年四个月的时间，实现了喻渭蛟心中酝酿多时的"航空梦"。

圆通航空背靠着圆通速递这个年营收额几百亿量级的巨无霸母公司，并没有过上"等、靠、要"的舒服小日子。针对当前快递市场和航空运输业的发展趋势，苏秀锋认为：首先，移动互联网带来了电商交易的极大便利性和普及性，传统的批发/零售贸易模式实现碎片化，将使得寡头快递公司所支撑的"专业货运航空公司"将成为我国货运航空公司的新主体，并具备高增长性和高集中度的特点；其次，跨境电子商务作为电商的新"蓝海"，必将伴随"一带一路"国家战略而开启高速发展的新时期，带来我国民航货运国际业务的新增长点；其三，与物流相伴相生的信息流，因涉及庞大的个人、企业及国家机关/事业单位的信息，运输安全和信息安全（含高科技领域和军民融合领域等）将对国家安全具有重大意义。因此，国家层面未来将大力支持民族速递企业的全球发展。基于以上的三点基本判断，圆通航空从2018年第二季度开始，快速调整了公司的业务发展方向，把重点的精力投入到国际业务和合同客户方向上来，以现有机型为基础，大力拓展"一带一路"国际航线，基本完成了日韩、东南亚、南亚及中亚的区域国际网络布局。同时，拓展了与华为、中航天等战略客户的合作项目，在此基础上，圆通航空也已完成了757货机机队加入中央军委后勤保障部战略后备机队的技术评审。

苏秀锋 圆通航空 董事长

"中国服务"协同"中国制造"走向全球

快递是现代服务业的核心行业，关系到国计民生。从习总书记在2019年的新年贺词中点赞快递小哥是美好生活的创造者、守护者，到李克强总理多次强调快递业关系经济民生，是中国经济的"黑马"；从2009年《中华人民共和国邮政法》修订实施，到2018年《快递暂行条例》实施，快递行业在国家经济建设中的重要性日益显现，并且已经列入国家基础设施建设的规划。在"一带一路"经贸活动及中国企业的全球市场拓展中，物流、信息流和资金流"三流合一"是核心，而物流则是"三流"的归属和依托。

在喻渭蛟看来，快递物流行业在"一带一路"国家战略及中国企业全球化进程中所承担的历史责任，就是一句话："让中国服务与中国制造协同走向全球"。为了这句话，圆通近年来付出巨大的努力：

2017年10月31日，首架B757-200F（B-2859）客改货切门仪式在厦门太古顺利完成

2017年12月下旬，圆通航空引进的首架B757-200F（B-2859）全货机完成客改货并投入航线营运，年轻的圆通航空迎来了以商载30吨级的B757开启国际业务的时代。

2018年，圆通航空连续开通了香港、阿斯塔纳、阿拉木图、达卡、东京、马尼拉、胡志明市、首尔、曼谷和比什凯克等多条国际和地区航线，并谋划进一步拓展亚洲区域内的多个新航点。

2018年7月，圆通集团与嘉兴市人民政府签署战略投资协议：投资122亿元，在嘉兴机场建设全球航空物流枢纽，该枢纽项目直接服务于国家"长三角一体化"和"一带一路"两大战略，未来也将为中国进口博览会提供高品质的物流保障。

此外，圆通速递在2018年战略投资"义新欧"班列、收购香港"先达国际"、与阿里巴巴联合建设香港机场二级货站项目，并且与浙江省人民政府联合启动国际物流"捷克站"的建设及"迪拜站"规划。

喻渭蛟表示，航空物流枢纽和网络建设已经成为全球经济贸易尤其是跨境电商的关键支撑和基础设施，也是国家各类核心产业更好融入全球产业链、打造全新竞争优势的重要平台，物流业已经成为国家对外经济合作的"先遣队"和"粮草官"。

在改革开放方针政策的引领下，圆通航空将始终以"安全第一"为前提，加快发展步伐，助力实现集团速递业务的战略转型，支撑中国跨境电商的高速发展，为更多的"中国制造"走出国门、为"一带一路"的经贸发展保驾护航。

喻渭蛟 圆通速递股份有限公司 董事局主席

镜头·民航 中国民航改革开放

行业专题

40年来取得的成就不是天上掉下来的，更不是别人恩赐施舍的，而是全党全国各族人民用勤劳、智慧、勇气干出来的！

——习近平

根植九州沃土 翱翔四海之外
奋力建设世界一流航空运输产业集团

中国航空集团有限公司

改革开放40年是我国民航业解放思想、实事求是、改革创新、发展壮大、服务国家战略与人民大众的历史，也是我国民航运输企业逐步走向市场、与国际接轨和创造发展奇迹的历史。2002年10月11日，以中国国际航空公司为主体，联合中国航空总公司和中国西南航空公司组建的中国航空集团公司宣告成立。16年来，中航集团依靠我国经济持续快速发展的有利条件，坚决贯彻落实党中央的决策部署和工作要求，在国资委、民航局等上级机关的直接领导和指导下，各方面工作取得了长足进步，保持了科学稳健和谐的良好发展态势。尤其是党的十八大以来，我国经济社会发展取得了瞩目的历史性成就、发生了历史性变革，中航集团也在这一进程中不断增强发展能力，资产总额达到成立时的4.1倍，年均复合增长率9.8%；营业收入达到成立时的4.6倍，年均复合增长率10.8%；资产负债率58.8%，较成立时下降25.3个百分点；机队规模达到673架，跻身世界航空运输企业的第一阵营，年均增速达到7.2%，平均机龄6.74年，是世界上最年轻的机队之一。在改革开放的时代春风中，一架架喷印着改革开放总设计师邓小平命笔题名的"中国国际航空公司"的飞机腾空而起，中航集团正朝着建设具有全球竞争力的世界一流航空运输产业集团的目标加速前进。

一、坚持战略引领，敢为管理创新的探路者

中航集团成立时拥有不同规模和层次的企业130多家，管理好这些企业、整合好这些资源，使其发挥出协同效应、创造出最大价值，始终是中航集团最重要、最核心的功能之一。中航集团主动适应环境变化，始终保持战略定力，统筹企业战略发展，科学制定战略目标和实施路径，不断强化战略导向和战略运营能力，构筑了指导实践的战略管理体系，形成了向更高目标迈进的理论基础。

清晰战略定位，沿着正确方向稳步前行。承载着国旗飞行，中航集团深知重任在肩。建设社会主义现代化强国，需要具有全球竞争力的世界一流企业；建设"民航强国"，需要国际竞争力较强的大型网络航空公司。作为中国民航企业的排头兵，中航集团围绕建设具有全球竞争力的世界一流航空运输产业集团的核心目标，坚持精干主业、突出主业、做优做强主业，协调发展了航空相关产业，形成了上下游互动的航空产业链条和价值链条。目前，中航集团旗下控股和参股的航空公司包括国航、国货航、深圳航空、山东航空、澳门航空、北京航空、大连航空、国航内蒙古公司、西藏航空以及国泰航空等。

除了航空客运、航空货运及物流两大核心产业，中航集团目前的产业布局还涉及飞机维修、航空配餐、航空货站、地面服务、机场服务、航空传媒等高相关产业，以及金融服务、

工程建设等延伸服务产业，形成了产业布局合理、各业务板块统筹协调发展的专业化经营格局。其中，具有一定代表性的北京航空食品有限公司，是改革开放后我国第一家合资企业，如今已从每天只生产配餐600多份发展至日均配餐量突破10万份，为30多家外国航空公司及多家国内航空公司提供机上配餐服务，引领了我国航空配餐业的发展。集团内物流板块则在整合内部"四网一站"——空中运输网络、地面干线运输网络、派送服务网络、营销网络和货站——的资源与业务的基础上，加速向综合物流服务商转型。

这其中，国航作为集团主业公司的代表，坚持"大型网络型航空公司"的定位，朝着竞争实力世界前列、发展能力持续增强、客户体验美好独特、相关利益稳步提升的战略目标，稳步推进枢纽网络战略、资源聚合战略、成本优势战略、产品创新战略、品牌战略、专业化战略、人才战略等7项战略重点，经过多年努力，国航的盈利水平和客运规模跻身全球航空运输前十大航空公司阵营，形成了完善、均衡的国内国际航线网络布局。作为国航主基地的北京首都国际机场，从通航点及班次规模等关键指标上看，已成为亚洲最具有竞争力的航空枢纽。同时，围绕京津冀城市群、长三角城市群、珠三角城市群以及未来的成渝城市群、长江沿岸城市群、环渤海城市群，国航逐步形成了有力的战略支撑点和坚实的经营基础。

保持战略定力，构建了科学的管控机制。中航集团成立之初，就明确了最基本的经营理念和发展思路：企业要发展得好，就要善于做最熟悉、最擅长和最有把握做的事情。在基本完成联合重组之后，中航集团全力以赴抓好主业一体化和改制上市，集中优势资源培育航空运输主业核心竞争力。以机队和市场整合作为主业一体化突破口，实现了安全管理、航线、市场销售、财务管理、运行标准、业务规范等方面的一体化，国航率先成为民航企业联合重组后完成实质性一体化的航空公司。2004年9月，国航完成了股份制改造，于12月15日在香港和伦敦证券交易所挂牌上市；2006年8月18日，国航A股在上海证券交易所挂牌上市。资本市场的成功登陆，是中航集团发展史上一个重要的里程碑，企业内部的经营发展格局随之发生了深刻变化。

明者因时而变，智者随事而制。党的十八大以来，随着中航集团的不断发展壮大，所面临的内外部发展环境发生了深刻变化。中航集团以强化核心竞争力为根本，从满足深化企业内部改革的需要出发，围绕提高发展质量、提高资产效率和以效益为中心的三大要求，确立了集团化管控、专业化管理、集约化运行的管理体制改革方向。通过将分散的专业业务运营转型升级为专业平台化运营，组建了包括集中采购、信息化建设、金融服务、租赁业务、航食供应管理、传媒业务、综合保障、物流服务、人力资源共享服务等多个专业化运营平台，以资源边际收益最大化、协同效应最大化为原则，实现了资源共享和整体运营价值提升。2017年，中航集团与国航平稳实现一体化运行、完成了公司制改制工作，这是中航集团的一项重大体制机制创新，同时也为企业集团化管理提供了组织保证。

推进管理创新，不断增强发展内生动力。苟日新，日日新，又日新。为了适应上市以后公司治理、规模扩张、枢纽网络建设和国际化要求，提升竞争能力和盈利能力，中航集团启动了全面组织转型，对组织机构和运营模式进行全方位优化。从2005年3月开始的国航组织转型，以解放和发展生产力为目标，以战略资源整合为中心，以组织流程梳理和再造为载体，以盘活人力资源、调整管控模式、提高核心竞争力为落脚点，涉及公司战略、组织架构、管理流程、业务流程、人岗匹配、薪酬激励、绩效考核及企业文化等各个方面，对现有运营管理模式、员工观念行为、选人用人机制进行重大变革。历时一年半的组织转型，使中航集团的战略规划得到了很好的贯彻实施，员工理念发生了明显转变，资源配置得到优化整合，运营品质得到了较大提升，为再次实现跨越式发展、保持竞争优势奠定了坚实的基础，对培育核心竞争力、推动业绩增长，实现国有资产保值增值起到正向驱动作用。

二、坚持精忠报国，永做攻坚克难的主力军

讲政治、听党话、跟党走是中航集团和国航的传统与基因；面对国家急难险重任务，勇挑重担、不计得失是中航集团和国航长期以来的工作遵循。五星红旗的照耀下，在紧急飞行中彰显载旗航的风采，是渗透每个国航人血液的无上荣耀。从海地地震到日本海啸，从汶川地震到埃及撤侨，祖国和人民需要之时，就是国航人的所在之处。2011年初，利比亚政局动荡，大量中国同胞滞留。国航包机第一时间赶到了利比亚机场，成为第一个也是唯一一个直接从利比亚撤回中国公民的航班。之后，国航航班穿梭于吉尔巴岛、克里特岛和突尼斯之间，28架次穿梭飞行，11天的日夜奋战，264个小时的争分夺秒，接回滞留中国同胞近9000人。时至今日，那机舱里经久不息的热烈掌声和"感谢祖国，感谢国航"的由衷呼喊，仍回荡在国航人耳畔。

2011年3月4日—5日，国航执行利比亚撤侨包机任务

牢树安全发展理念，保持平稳安全生产态势。走进中航集团大楼，首先映入眼帘的是镶嵌于墙上的1957年10月5日周恩来总理在《关于中缅通航一周年的总结报告》上作出亲笔批示"保证安全第一，改善服务工作，争取飞行正常"的原貌字样。从创建伊始，"保证安全第一"一直是中航集团安全工作的基调。在长期的历史发展中，安全第一、预防为主、严字当头、责任为先、遵章守纪是深入血脉的优良安全传统，得到了长期坚持与广泛认同。迈进新时代，中航集团坚决贯彻落实党中央对安全生产的指示批示精神，始终保持以高度的政治责任感和使命感对待安全生产工作，把保证航空安全放在一切工作的首位。始终坚持系统安全的总体思路，在安全与发展、安全与效益、安全与正常、安全与服务的关系的处理上保持清醒的头脑和理智的判断。安全发展理念落实到了战略谋划以及生产运行的各方面和全过程，安全责任体系不断健全，安全管理基础持续夯实，安全管控能力稳步提升，公司全员的安全责任意识、遵章守纪意识和风险防范意识不断增强，确保了飞行安全和空防安全。

保持稳健发展步伐，持续强化保障能力建设。过硬的作风是保证航空安全的关键。中航

2014年8月，国航西南分公司开通成都—红原高原航线

集团坚持"严"字当头，提高专业队伍的职业化素养，打造了一支业务技术精湛、作风严谨、服务良好的安全运行主体队伍，创造了在生产快速发展的同时，安全品质同步提升的优秀业绩，事故征候万时率低于行业标准，安全飞行超过1300万小时，在行业内和国际上享有良好声誉。经过多年实践，国航飞行总队保证飞行安全的"三坚持、四严、一保证"理念，在国内行业得到广泛认可，尤其在重要专包机保障中坚持的"厉行百般谨慎、成就万无一失"原则，高度体现出了严谨扎实的优良作风；同时，国航的飞行队伍以精湛的技术能力成功进行了极地飞行，在飞行难度举世公认、曾经被国际民航界视为"空中禁区"的成都—拉萨航线上创造了安全飞行53年的奇迹，中国11座高高原机场的试飞、校飞和首航任务全部由国航完成。国航机务系统的主体是国航与汉莎合资的北京飞机维修工程有限公司（Ameco），这是中国民航合资最早、规模最大的民用飞机综合维修企业。多年以来，国航机务"第一次就把事情做对"的要求，深刻、生动地反映了手册意识、工卡意识，体现了严谨务实的机务工作特点。同时，国航机务系统积极吸收优秀管理经验、借鉴先进技术、推进技术研发与革新，通过发动机全寿命管理系统、飞机健康管理系统（AHM）、飞机维修分析软件系统（AIRMAN）和航材管理系统（SAP）等系统的深化应用，实现飞机实时故障的统一监控、分析和决策，确保国航机队的安全运营。从20世纪80年代末至今，国航机务系统共取得了20多项国内维修项目的突破，获得了国家及省部委授予的50多项科技进步奖项。

民航的安全运行是一个复杂的系统工程，坚持系统安全是中航集团新时期安全建设的总体思路。为此，国航建立了以运行控制系统（SOC）为核心的生产组织模式，集成了卫星电话系统、空地数据通信系统和短波无线电系统等，航班、飞机、机组等重要资源的统一计划和调配，运行控制、机组派遣、航班配载等由分散式管理向集中管控转变，实现了远程航班的实时监控，国航成为国内第一家具有超远程监控能力的航空公司。同时，建立了以数据为驱动、以风险管理为核心、以安全绩效为标准的安全管理体系（SMS），使安全工作进入了以风险管理为核心的航空安全管理体系化时期。SMS的深入应用，将国航的安全管理工作融入生产运行过程中，关注系统中人与人、人与环境、人与软硬件之间的因素，通过分析识别系统与组织缺陷、确定和消除风险点、持续监督评估，达到系统的平衡与稳定，实现安全生产过程的平稳顺畅。

强化风险防范意识，保证企业健康稳定发展。作为以国际化经营为特点和重要战略发展方向的航空运输企业，中航集团始终将稳健经营、防范风险放在重要位置。中航集团坚持稳中求进的总基调，设立了风险管理委员会，实行统一领导、分工负责的管理体制，建立了常态化的风险监控与运行管控机制，形成了以定期风险报告制度为主、突发事项专项报告为补充的风险报告体系，将风险管理工作融入管理和业务流程中，风险防控能力得到持续提升。在境外重大风险防范上，中航集团保持高度警惕，持续推进境外资产管控体系和监管制度建设，针对海外资金开展实时监管，目前已监控的海外资金流量约占海外资金总流量的99%。持续推进境外合规经营，将反垄断作为合规工作的重点，加强合规培训，开展反垄断合规审查，完善法律政策指引。同时将境外党建工作作为境外风险防范的重要抓手，确保境外事业发展始终保持正确政治方向。近年来，中航集团通过抓主要矛盾、化解主要风险，不断加强航空安全、航空安保、财务、舆情、廉洁等重点领域的风险管理工作，重点领域风险得到了有效防控，为行稳致远提供了坚实的保障。

三、坚持枢纽网络，争当"走出去"的先锋队

枢纽网络是全球性航空公司的重要战略内容和核心竞争能力。中航集团从建立理念、实践探索到调整完善，坚定不移拓展航线网络，持续增强航线网络宽度和厚度，为旅客提供更多通航地点和中转便利，为企业拓展更多走向国际市场的空间，为国家改革开放和对外发展搭建更宽阔的空中桥梁。

力推枢纽网络，服务"一带一路"建设。依据"国内国际均衡发展，以国内支撑国际"的市场布局原则，经过多年的经营，国航形成了以北京超级枢纽、成都国际枢纽、上海和深圳门户为一级重要节点的四角菱形结构和广泛均衡的国内、国际航线网络，菱形网络系统覆盖了中国经济最发达、人口最稠密的区域。从2004年起，国航陆续从各分公司抽调飞机支援北京枢纽建设，同时不断加大北京枢纽运力投入，北京枢纽的航班规模不断扩大，航线网络持续拓展，枢纽商业价值稳步提升。大力开发中转联程旅客市场，重点解决国际与国际、国际与国内网络的航班衔接问题，开辟了国内重点城市经北京中转的"通程登机"虚拟国际航班。同时，国航以"走出去"战略为指引，不断加快全球网络布局，强化枢纽国际远程航线的领先优势，并力求在国际中、近程市场取得较大突破，国际竞争能力持续提升。近两年，相继开通至白俄罗斯、匈牙利、南非、波兰、哈萨克斯坦等航线。目前，国航运营的客运航线条数达到434条，通航国家（地区）42个，航线网络覆盖六大洲。

推进"一带一路"建设是党中央、国务院根据全球经济深刻调整变化、统筹国际国内两个大局，构建全方位对外开放新格局作出的重大战略决策。民航业独特的行业属性与建设"一带一路"完全契合，可谓是国家实施"一带一路"倡议的开路先锋。对此，中航集团作为载旗航空公司，始终深刻领会、准确把握。坚持把枢纽网络建设与服务国家战略相统一，精准对接"一带一路"，发挥国际国内并举传统优势，加快国际市场拓展步伐，在"一带一路"沿线19个国家开通32条国际航线，覆盖24座通航目的地城市，每周航班数量达到382班次，为我国企业和产品"走出去"的大战略做好航空运输服务，为建设民航强国积极贡献力量。近10年来，国航的航线总数增长了62%，国际航线增长了44%，通航国家增加了10个，

国际通航城市增加了25个。

牢树宗旨意识，持续改善旅客出行体验。作为中央企业，中航集团不忘初心、牢记使命，始终秉承"全心全意为人民服务"的宗旨，践行"人民航空为人民"的理念，坚守"真情服务"原则，着力建设以内外部客户价值和客户满意为目标的服务型企业。中航集团从旅客的核心需求出发，全面落实"全球化、全流程、全链条"的提升方略，以全球化视野对标先进，持续加大服务投入，不断为旅客提供更为贴心、便捷的服务产品。着眼于旅客的地面服务感受，投入大量资金建设自营休息室34个，面积超过2.16万平方米；着眼于旅客的通达便利需求，开拓中转联程、联盟联营、代码共享等服务能力，旅客中转成功率、行李中转成功率超过90%；着眼于旅客的便捷出行需求，推出自助值机、自助行李托运、无纸化通关等旅客自助服务，自助值机率达64%；着眼于旅客的空中旅行感受，升级机上座椅、娱乐系统等设施设备，建设空中无线互联网，持续优化客舱环境，持续升级空中餐饮、娱乐品质；着眼于旅客关于航班正常的核心诉求，建立了航班预处理机制、全球联动机制、现场应急机制，切实提高服务运行效率，保障航班正常。

为旅客提供优质服务的关键在人。几十年的运行发展中，中航集团培养了专业的服务保障队伍。国航客舱服务部由1955年新中国最早的空乘"十八姐妹"发展而来，经历了60余年的风雨历程，壮大成如今近7000人、经验丰富的空乘服务队伍。国航的优秀服务品牌——金凤乘务组自1996年正式命名以来，20多年坚持立足岗位学雷锋、见行动，把"爱国、敬业、诚信、友善"融入服务理念之中，用服务向社会传递正能量，被誉为"蓝天上的雷锋班

2015年10月，国航北京—约翰内斯堡航线首航成功

组"。金凤组曾三次获得"全国五一劳动奖状",获得国家级荣誉9次、省部级以上荣誉10余次,2014年被中共中央宣传部授予"时代楷模"荣誉称号。

坚定文化自信,努力打造国际化品牌形象。全球商业竞争进入到品牌竞争的全新时代,中国经济也进入从中国制造向中国品牌转型的新时期。面对时代提出的命题,中航集团坚定文化自信,以国航为核心品牌,致力于建设代表国家的航空运输民族品牌。国航的企业文化理念体系中明确了"专业信

赖、国际品质、中国风范"的品牌定位,在参与国际竞争的过程中,坚持国航航线开通到哪里,中国文化就传播到哪里,中国故事就讲述到哪里,中国形象就树立到哪里。中航集团的机队规模、航线网络、安全运营实力背后蕴含的是国家和平崛起形象;国航驻外机构和当地雇员的故事潜藏的是国家"一带一路"倡议为沿线国家带来的机遇;国航父子飞行员与波音747的传奇设计师乔·萨特的对话展示的是传承经典、续写传奇的不懈追求;奥运圣火传递、利比亚撤侨、尼泊尔地震运输及世博会、G20峰会等历次重大运输保障任务中彰显的是信守承诺、承担责任的中国企业形象。2007年至2017年,国航品牌连续11年入选世界品牌500强,国航品牌已成为国内外具有相当影响力的航空公司品牌。

四、坚持责任担当,勇当深化改革的践行者

国企改革是贯穿中国改革开放的主线,也是中国经济体制改革的缩影。党的十八大以来,在习近平新时代中国特色社会主义思想的科学指引下,中航集团深入贯彻落实党中央、国务院对国有企业改革作出的重大战略部署,坚持以加快供给侧结构性改革,推动高质量发展为主线,以建设新时代民航强国战略任务为着力点,着力解决制约企业发展的体制机制弊端,破除影响效率提升的各种障碍,按照发展出题目、改革做文章的总体思路,从勾勒蓝图到层层落实,推进集团内跨企业、跨领域、跨制度、跨体制的全方位深入改革,逐步实现优化布局、激发活力、提质增效的改革目标。

着力破解发展难题,发展后劲显著增强。破解发展难题、增强发展内生动力,必须全面深化改革,加快构建充满活力、富有效率、有利于企业发展的体制机制。十八届三中全会以来,中航集团以"创新、协调、绿色、开放、共享"发展理念为引领,围绕集团战略目标以

2008年奥运火炬传递——飞行保障誓师

及需要着力破解的矛盾和问题，全面推动深化改革工作。发展混合所有制经济是深化国有企业改革的重要举措，为落实党中央、国务院决策部署，中航集团于2017年5月全面启动航空货运物流混合所有制改革，意图通过引资本与转机制相结合，加快形成有效制衡的公司法人治理结构、灵活高效的市场化经营机制，提高企业核心竞争力和资源配置效率。

中央企业要具备国际市场的竞争力，就要解决冗员多、效率低的问题，尤其是管理和法人层级

金凤组空乘为旅客提供细致服务

多、子企业数量庞大等问题。党的十八大以来，中航集团在剥离国有企业办社会职能和解决历史遗留问题的相关工作上取得较大成效，逐项梳理了老国航剥离资产清单，加快有关资产的处置工作。为合理充分调动各类员工的积极性，三项制度改革稳步推进，差异化劳动合同管理体系和员工正常退出机制基本建立，干部能上能下、轮岗交流等制度初步完善。通过提质增效、瘦身健体、管理压缩等举措减轻了发展阻力，增强了企业员工的主观能动性，进而达到动力活力双增强的目标。

着力提升核心能力，快步挺进国际舞台。改革开放40年，民航运输业开放力度越来越大，中航集团所面临的国内外竞争也越来越激烈。中航集团迎难而上、知难而进，不断探索适应市场发展、旅客需要和竞争态势以及集团战略的商业模式。1994年，国航成为国内首家推出常旅客忠诚度计划的航空公司，开启了客户关系管理与客户营销创新的新阶段。2013年，"凤凰知音"成为国航系公司常旅客计划统一平台，目前常旅客已超过5400万。而国航的电子商务经历了从初创、到发展、到强大的过程，从仅支持电子客票销售到成为便捷、快速、开放、先进的销售、服务和营销的一体化综合平台，功能不断拓展、体验不断提升、服务不断加强。进入移动互联时代后，国航为了适应新的消费模式，建立和发展了移动客户端App，成为国资委"互联网+"便捷交通的重点示范项目，每月的活跃用户数升至170万、高价值用户中90%以上为国航App的忠诚用户。国航意识到，传统的位移提供商的定位已经不能适应快速变革升级的旅客需求，于是在2016年启动了转向综合服务集成商的商业模式转型项目，以忠诚度计划和常旅客群体为切入点，以电子商务平台整合为重点，建立以旅客为导向、全流程打通的销售、产品和服务体系，重构集团的盈利模式。同时，通过互联网、大数

据、云计算等数字化手段，围绕改善客户体验、提升运行效率、优化资源利用等方面进行数字化转型，着力打造旅行生态圈，极大提升了旅客全旅程个性化出行体验。

进入21世纪后，联盟合作成为航空业发展竞争主导态势，形成了以全球三大联盟为主的新竞争格局。2007年，国航正式加入星空联盟，为国航的发展翻开了新的一页，开启了国航国际化进程的新纪元，也是中国民航业走向国际航空强国迈出的重要一步。入盟十年来，国航充分利用联盟，拓展航线网络、增加联盟收入、提升服务品质、提高品牌价值，与19家星盟成员实现代码共享合作，联盟贡献收入比2007年入盟之初翻了4倍。

着力加强党的建设，为发展提供坚强保证。坚持党对一切工作的领导，既要政治过硬，也要本领高强。长期以来，中航集团各级领导班子始终牢牢把握正确的政治方向，不断提高把方向、谋大局、定政策、促改革的能力和定力，把党总揽全局、协调各方落到实处。坚持把政治建设摆在首位，忠诚于党、忠诚于党的事业。党和国家需要我们飞到哪里，我们就飞到哪里；广大人民需求和期盼在哪里，我们的出发点和落脚点就在哪里；急难险重任务出现在哪里，我们的干部职工就战斗在哪里。同时全面推动"三基"工程建设，提升基层党建质量，坚持党的组织及工作机构同步设置，强化"小、散、远"基层组织建设，确保党的组织全覆盖。境外（地区）117个分支机构的党员全部在当地使领馆参加组织生活；飞行队伍、客舱队伍中，以航班为单位，成立临时党小组；在涉及飞行安全、生产保障的核心队伍中，设置专职党委书记、支部书记，构建严密党建网络，充分发挥党组织服务生产经营、凝聚党员职工的作用，做到关键岗位有党员守，关键环节有党员盯，关键时刻有党员冲锋在前。

站在全面深化改革新起点上，中航集团党组深入学习贯彻习近平总书记在国有企业党的建设工作会议上的重要讲话精神，坚决贯彻两个"一以贯之"的重大要求。坚持抓生产经营从抓党建入手、抓党建从抓生产经营出发，把坚持党的领导、加强党的建设纳入集团改革总体方案，在深化改革中坚持"四同步、四对接"，以"双进入"的方式，实现了集团党组、集团直属党委、国航党委统筹运行，推动中国特色现代国有企业制度建设取得突破。

一切的奋斗与探索，挫折与辉煌，都会印记在历史的书页中。改革开放40年，积淀着中航集团和国航的历史，也折射出企业的未来。在留下扎实而坚定足印的同时，中航集团人也将肩负着建设民航强国的使命，向着锻造具有全球竞争力的世界一流航空运输产业集团迈进。

国航驻欧洲地区机构举行党建工作研讨

改革创新锻造非凡成就
锐意进取创建世界一流

中国东方航空集团有限公司

40年风雨兼程，一路风尘一路歌；40年展翅翱翔，一望碧空一望阔。

迎着共和国改革开放的东风，东航先后由政企合一转变为市场化体制，由民航局直属划归国资委管理。40年来，东航坚定不移贯彻党的路线方针政策，紧紧把握经济发展规律、行业发展规律与企业发展规律，正确处理顺境与逆境、地位与作为的关系，由国内迈向国际、由亚太迈向全球，踏上了规模化、国际化发展道路，核心竞争力、品牌影响力、市场领导力明显提升，迈上了全球竞争与发展的新舞台。在2008 年底陷入生存、信心、信任"三大危机"的关键时刻，通过打赢起死回生的生存之战、东上重组的发展之战、世博保障的扬名之战，实现了从活过来到站起来、再到跑起来的发展转变。特别是党的十八大以来，面对中国特色社会主义蓬勃发展、我国经济发展进入新常态、中国民航加快建设民航强国的新形势，东航以习近平新时代中国特色社会主义思想为指导，贯彻落实创新、协调、绿色、开放、共

东航年轻化、现代化的机队

享发展理念，增强适应、把握、引领新常态的能力，贯彻执行国家"一带一路"、京津冀协同发展、长江经济带建设"三大战略"，提出并践行打造现代航空服务集成商、构建航空产业生态圈的思路，着力当好深化改革先行者、创新发展推动者、商业新模式实践者、国际合作开拓者，形成"以全面深化改革为主线，以国际化、互联网化为引领，以打赢转型发展、品牌建设、能力提升新三场战役为保障，以实现'世界一流、幸福东航'为发展愿景"的"1232"发展新思路，"东航梦"的战略框架、理论逻辑、实现路径日渐清晰，正进入发展增量最大、经济效益最佳、发展后劲最足的时期。

规模跨入全球前列。截至2018年10月底，东航运输机队规模达到677架，位列全球第8，在全球大型航空公司中拥有最年轻的机队；2017年旅客运输量1.11亿人次，名列全球第7；经营航线1123条，其中国内844条、国际279条。东航集团着力推进适度多元化发展，形成了以航空客运为主，以航空物流、航空地产、航空金融、航空食品、航空传媒、贸易物流、实业发展、航空租赁、产业投资为主的"1+9"现代航空服务集成体系。

竞争实力大幅提升。以"航空+互联网"模式把传统航空运营嫁接到现代互联网技术之上，推进商业模式转型、竞争力提升。2018年10月底，东航集团总资产达到2900亿元，净资产721亿元，资产负债率75.14%；2013—2017年共盈利233亿元，是上一个5年的9.6倍，处历史最好水平。服务品质和客户体验显著提高，直销比例超过50%，国内自助值机率达71.17%。拥有国内规模最大的空中WiFi机队，"空中开机"掀开了乘机体验的新篇章。

安全管理稳步提升。坚决贯彻习近平总书记关于安全工作特别是民航安全工作作出的一系列重要指示批示精神，从"国家战略和国家安全"的高度谋划安全工作，以政治责任管安全，以主动姿态谋安全，以高压态势抓安全，以体系建设强安全，安全管理水平和飞行技术能力显著提高，较好地保证了飞行安全和空防安全。已经连续安全飞行167个月，超过1824万小时，荣获中国民航安全钻石奖，实现连续十年滚动事故率为零。

品牌形象广受好评。作为诞生并成长于上海这座以"海派"文化见长的城市，东航历来把优质服务、精品服务作为企业价值的重要标准。坚持"世界品位、东方魅力"的品牌价值定位，推出"四精四化、线上线下"，即"精细、精准、精致、精彩""集成化、个性化、自助化、便捷化"，注重线下服务线上化，线上服务集成化，线上线下联动，真正构建"一站式"的集成服务体系。品牌形象进一步彰显，连续6年入选全球最大品牌传播集团WPP最具价值中国品牌前30强，连续2年入选英国著名品牌评级机构Brand Finance全球品牌价值500强。

党的建设持续加强。坚决贯彻中央指示，发挥党组"把方向、管大局、保落实"的领导作用，将党建工作要求纳入公司章程，确立党组织的法定地位，确保党组织在改革发展中真正实现把得了关、掌得了舵、说得上话、使得上劲。深入贯彻中央八项规定精神，深入开展党的群众路线教育实践活动，深入开展"三严三实"专题教育，深入推进"两学一做"学习教育常态化制度化，坚持纠正"四风"、加强作风建设，全体党员领导干部"四个意识""四个自信"进一步增强，坚决做到"两个维护"。内部巡视实现全覆盖，管党治党责任向基层有效延伸，风清气正的政治生态初步形成。坚持党管干部、党管人才原则，建立健全符合中央要求、契合东航实际、科学管用的选人用人制度体系。根据中组部民主评议结果，近3年来员工对东航集团选人用人工作"满意和基本满意"率均在93%以上。

幸福东航呈现新貌。坚持"以人民为中心"的发展思想，把增进员工福祉、促进人的全面发展作为幸福东航建设的出发点和落脚点，努力让改革发展成果惠及广大员工，设立了企业年金，员工薪酬福利待遇水平持续改善，各种服务保障措施持续提升。坚持面对面、心

2017年12月，东航紧急转运多米尼加飓风受灾中国公民

连心、实打实，构建系统的员工关爱体系，职工特种重病互助保障计划保障额度提高一倍。幸福东航建设让东航强管理、增实力，让员工享便利、得实惠，员工获得感幸福感认同感进一步增强。大力弘扬社会主义核心价值观，弘扬劳模精神和工匠精神，建设东航各类劳模工作室17个、技能大师工作室2个。

责任企业彰显力量。坚持践行民航企业的使命，服务国家政治经济社会发展、国防建设和民生改善。在2014年云南昭通地震、四川康定地震，2015年尼泊尔地震等多次重大抗震救灾中，第一时间紧急驰援。在2014年全球抗击埃博拉病毒的行动中，将我国1168人次的医疗专家和246吨紧急人道救援物资安全运抵非洲。在2017年圆满完成紧急转运多米尼加、巴厘岛中国公民任务，展现了我国繁荣昌盛的大国形象。坚持绿色发展理念，开展节能减排活动，倡导绿色飞行，全面实现驾驶舱无纸化，二氧化碳排放量年均减少40万吨以上，荣获世界环保大会"国际碳金奖——社会公民奖"。做好扶贫帮扶工作，产业扶贫和人力财力扶贫相结合，扶贫同扶志、扶智相结合，努力做到精准扶贫、精准脱贫，整个东航定点扶贫共投入资金超过6200万元，被评为"中央企业扶贫开发工作先进单位"，被世界公益慈善论坛评为"精准扶贫典范企业"。"爱在东航"共组织各类活动项目超过4200个，参与员工超过20万人次，关爱人数超过28万人次，持续向社会传递正能量。

党的十八大以来东航发生的巨大变化，是东航紧密团结在以习近平同志为核心的党中央周围，始终做到与党在政治上同向、在思想上同心、在行动上同步，坚持党的全面领导、全面加强党的建设，党领导下的政治体制优势充分发挥的结果；是东航牢牢把握稳中求进工作总基调，面对错综复杂的国内外形势，从容应对挑战、奋力攻坚克难的结果；是东航始终坚持创新驱动发展，全面深化改革，理直气壮做强做优做大，不断激发活力、增强实力、积蓄潜力的结果。

一、坚持战略引领，推进由外延式发展向内涵式发展转变

战略决定成功，细节决定不败。东航以内涵式发展为目标，始终保持清晰战略，强化执行，确保战略不漂移、不摇摆。每年都开展战略解码，建立完整的战略执行链条；把战略行

动从抽象到具体，从行动到计划，从项目到责任，把文字描述转化为看得见、摸得着、够得到的指标体系和行动指南。在追求规模与速度的同时，更加注重内涵式发展、内生型增长、内聚力协同，更加体现数量与质量、效益与效能、潜力和活力的均衡可持续增长。2017年东航集团增长速度保持8.5%，实现收入1148亿元，同比增长12.8%；利润总额91亿元，同比增长20.3%。

坚持枢纽网络战略，打造硬实力。推进以上海、北京为核心枢纽，西安、昆明为区域枢纽的网络布局。截至2018年6月底，东航在上海、北京、昆明、西安的市场份额分别达到41.59%、17.77%、40.50%、30.59%。在长三角实施市场、产品、服务一体化，在浦东机场运用通程联运、建设中转大厅、推行枢纽保障体系等手段，使浦东机场航线通达性和中转便捷度在国内和亚洲处于领先地位，国际旅客的中转人次和占比达到国内第一。抓住北京大兴国际机场和雄安新区的历史机遇，提出"双龙出海"思路，把北京大兴国际机场建设成为东航的核心枢纽。发挥东航在昆明、西安的区域网络优势，分别打造昆明面向"三亚"（东南亚、南亚、西亚）、西安面向"两亚"（西亚、中亚），连接欧美澳的国际航线网络。

坚持成本控制战略，增强内生力。树立"一切成本皆可降"的理念，强化全面预算管理，严格控制各项成本支出，重点抓好"紧、盯、算、挖、要"五字经，始终艰苦奋斗过"紧"日子、抓住关键紧"盯"大项、树立效益意识"算"清账、想方设法"挖"潜力、努力争取"要"政策。对成本项目逐项分类，制定标准定额成本，将费用成本与实际业务量挂钩，细化成本管控颗粒度。通过层层落实责任，对标分析，挖潜节支，降本增效。

坚持品牌经营战略，铸造软实力。品牌，就是品质加牌子，只有品质好，才能树起牌子，树好牌子。为了配合国际化东航建设，经过全球征集VIS（视觉识别系统）方案，东航推出了全新的LOGO，体现更加时尚灵动、开放自信、简约优雅的企业形象；按照"客户至尊，精细致远"的企业核心价值观，培育"严谨高效，激情超越"的企业文化。

坚持精细管理战略，提高生产力。东航走好精细化管理路子，推进安全管理精细化，航班运营精细化，运力投放精细化，运行管理精细化，服务工作精细化，后勤管理精细化等。调整管理架构，重视流程管理，使精细管理的颗粒度愈加细微、衔接顺畅。

坚持"两化"战略，新增巧实力。由东航国际化向国际化东航转变，推进发展、管理、人才、保障、资源配置国际化，推进国际化营销、国际化服务、国际化布局。由东航互联网化向互联网化东航转变，推进信息建设由"唱山歌"逐步迈入到"大合唱""交响乐"阶段。按照"纵向做深，横向做宽"的原则，通过推进安全、营销、服务、运行、机务、管控等九大业务和管理领域信息化建设，实现业务自动化覆盖率突破97%，成为国家首批"两化"（工业化、信息化）融合标杆试点企业。目前东航整体信息化已迈入国内领先水平，部分领域已达到国际先进水平。

二、发力结构调整，推进由规模优势向竞争优势转变

结构调整是战略落地的基本方向，也是创造经营效益的基本因素。东航围绕供给侧结构性改革和"三去一降一补"主要任务，持续推进"四大结构调整"，有效增强了内生动力，真正使东航规模型航空公司的优势聚焦转化为竞争优势。

机队结构调整。过去东航机型多且杂，最多时有20多种，造成成本高企。东航投入极大的精力和资金，先后退出A300、A340、CRJ、ERJ、波音767等十多种机型飞机200多架，大力引进新一代高效节能环保的成熟机型，形成了短程以波音737、A320系列飞机，中

东航第20架波音777飞机抵达上海浦东国际机场

远程以波音777和空客330系列为主、以A350和波音787为补充的高效机队。引进的波音777、A350和波音787机队具有全球领先的客舱设施设备和顶级配置，使东航国际远程航线的产品结构和国际形象发生了脱胎换骨的转变。东航以实际行动大力支持民族航空产业，是C919国产大飞机的全球首家启动用户。

航线结构调整。推进从占地盘向占市场的思路转变，从到处占市场到占重点市场、核心市场、关键市场转变，从重视航线的宽度广度向重视航线的深度厚度转变，从重视点对点向注重枢纽网络营销转变。推进航线布局由"三角形"向"菱形"布局转变，成立北京分公司、推进中联航转型，着力打造北京枢纽。坚持"向西飞、向高飞、向远飞"，增加国际航点、拓展国际航线，打造空中丝绸之路。全面推进"太平洋计划"和"欧洲盈利计划"，积极开展代码共享、联营等合作，截至目前，在中国航空公司中东航的国际航点最多，国际旅客运输量最多。

债务结构调整。增强对金融、外汇、资本的市场分析与趋势判断，根据汇率、利率波动，通过调整内外币债、长短期债，使债务结构趋于合理水平，有效应对汇率、利率变动的风险。充分认识靠资源消耗、靠债务扩张扩大规模、推进发展的不可持续性，推进从债务推动发展向利润和资本推动发展、从被动消耗资源向主动配置资源、从粗放经营向集约经营转变。

人才结构调整。针对人员整体性富余而关键技术人才紧缺的矛盾，东航实施增加运力控制人员计划，新增一架飞机新增人员限额，有效控制人员增长，解决人员的整体富余与结构性缺员的矛盾，人机比显著降低，从2008年底的189人/架降至目前的118人/架，劳动生产率明显提升。把人才兴业作为最重要的战略，着力造就各类人才，促进优秀人才脱颖而出，建设思想、作风、技术全面过硬的高素质队伍。

三、全面深化改革，推进改革由倒逼型向进取型转变

过去东航的很多改革，主要是基于问题导向的针对性改革，"不改革，企业没活路，员工没出路"。2012年以来随着新的发展目标的确立、市场竞争格局的深刻变化和消费方式消费生态的变化，东航实施的是坚持目标导向、把握宏观大势、顺应市场规律、紧跟时代变化

的"进取式"改革。

改革重组增实力。东航发展到今天，最为关键的一招是合并重组。自东航成立以来，先后重组通用航、长城航、武汉航、江苏航、西北航、云南航、上航、中联航，不仅扩大了机队规模实力，而且更重要的是东航注重资源协同、文化融合，使合并重组取得成功，实现了"1+1>2"的效果。特别是东航与上航的重组，不仅是一次中央企业与地方国企的重组，也是两家上市公司之间的重组，还是同一地区两家基地航空公司之间的重组，曾被媒体认为"两个烂苹果，做不出一盘好沙拉"。面对高度的敏感性和异常的艰巨性，东航坚持"不立不破""先立后破"的原则，以文化融合为灵魂、价值创造为目标、员工利益为关键、组织保障为基础，最终圆满完成重组目标，并且重组实现了"四个没有"：没有一个下岗的、没有一个减薪的、没有一个上访的、没有一个告状的。2012年以来，相继推进中联航与河北分公司重组、上航国旅与东航旅业重组、物流公司与中货航重组、东方航食与上航航食重组，与中航材推进了东方通航战略重组。

机构改革强能力。机构改革是应对市场变化、推进治理变革、优化管控机制的深刻变革。东航坚持以客户为中心的价值导向，把服务客户、保障客户、客户便捷作为出发点和落脚点，持续优化机构、重塑机构。2012年成立客户服务中心，打造服务转型支撑平台；推进区域营销中心建设，组建日本、韩国、欧洲、澳洲、北美五大海外营销中心和华南、华北、东北、西北、西南五大国内营销中心，强化属地化管理，优化总部和营销中心机构权责关系。持续推进机务、营销、运控、空保、财务等业务条线的一体化管理，有力促进资源统一、调配统一、标准统一。推进海外呼叫中心建设，成立韩国、中国台湾、日本、北美四个呼叫中心，顺利投入营运。成立公司级数据中心，全面开展数据运用顶层设计和实施，打造统一的企业级数据管理体系。持续完善分（子）公司安全管理、飞行技术管理、运行管理、规划管理、服务管理、质量管理的机构设置。推进人力、财务重要职能部门向业务合作伙伴转型，积极开展共享服务建设，先后完成11个公共财务中心建设，推进北京人力资源公共服务中心试点。2017年底，推进东航集团、东航股份两级领导班子、两级机关高度融合；对营销服务系统进行改革重组，成立了新的商务委员会、销售委员会、客户委员会，从管理机制、业务流程、资源配置上对传统模式进行了战略性重组、结构性优化、前瞻性部署，这是东航营销服务领域实施的最大范围、最深层次、影响面最大的一次机构改革。

机制改革激活力。航空公司面临的外部环境，是一个白热化、全面化、产业链化的市场竞争环境，竞争策略和竞争手段全面开花，客户体验、分销渠道更加多元。要把外部的市场化竞争和由此产生的压力，有效传递到公司的内部。为此，东航把握市场经济的价值规律，大力引入市场化机制，在考核机制、身份转换、用工形式等方面进行改革。全面落实"以业绩论英雄"理念，将改革的重点放在选人用人、管理人员队伍建设、管理人员多纬度考评及市场化人才引入机制等方面。采用根据绩效可进可出、可升可降的年薪制招聘IT人才，实施部分紧缺型、骨干型人才市场化薪酬，最大限度地为人才施展才干创造空间。2013年以来，建立实施了以"燕翼翔鹰"计划为主的后备人才培养体系，形成了富有航空特点、时代特色、较为完整的后备人才培养体系。启动地面服务部市场化机制改革，按照模拟独立核算，出台成本管控、收入管控等多方位的市场化导向约束激励机制，激励一人多岗、一人多能，所有员工工时利用率最大化的制度，最终激活按劳付酬、多劳多得、优劳优得的机制活力。与改革前相比，东航地服部人均保障旅客数量提升11.23%，人均业务收入提升10.62%，人均保障航班架次提升5.63%，第三方收入提升12.18%。

四、聚焦模式转型，推进客运从航空承运人向服务集成商转型

随着我国经济的快速增长、居民收入的提高和消费环境的改善，居民对高档消费品和高品质服务消费的需求逐步上升，进入到消费结构转型升级，强调个性化、强调客户体验的新型消费时代。在经济"慢步"常态化、市场竞争白热化、国内竞争国际化、航空公司边缘化、航空业态数字化的竞争格局下，东航是我国民航首家提出向服务集成商转型的航空公司，按照把产业链做长、把价值链做厚的思路，积极探索建立"互联网+航空""机票+旅游"等新商业模式。做长产业链，主要是立足改变传统航空运输仅仅覆盖旅客乘坐飞机的机场—机场（Airport to Airport）模式，集成食住行游购娱，形成门—门（Door to Door）模式，构建以客户为中心的航空生态体系。做厚价值链，主要是充分应用互联网技术，努力拓宽营销渠道，构建面向客户的营销体系，改变传统航空公司依靠代理人销售的模式，由背靠背模式转变为端到端（End to End）模式。

电商公司发力。深入研究市场变化规律，把握市场主流方向，确定了航空增值服务、出行集成服务、平台价值变现三条业务发展路径，集合优势资源，加快产品、业务、技术等各方面的创新投入。特别是按照"搭平台、找伙伴、搞集成、活积分"思路成立的电商公司，大力发展移动直销、空中商城、常旅客积分、产品网输网送等业务，成为东航商业模式转型的生力军。

互联平台助力。空中互联网服务曾经长期都是项空白，被认为是"信息的孤岛"，同时

东航航空互联平台展示

也因为其独特的空间、独特的资源而被看作是待开发的"新金矿"。基于技术进步的支撑、巨大的市场需求，根据商业模式转型需要，东航以波音777飞机的引进为契机，于2013年11月开启对商业互联的探索实践，推进版本持续升级，推动了我国民航对航空互联的商业测试许可，成为我国民航航空互联业务的奠基者、先行者和推动者。截至2018年10月底，东航具备航空互联服务能力的机队规模达到81架，位居亚太地区第一。

打造低成本模式。传统观点认为，国有企业受制于体制机制，管控严格，很难在低成本航空领域有所作为。在民航大众化发展、我国低成本航空潜力巨大的情况下，为探索航空公司转型实践经验，东航于2014年7月正式推进中联航向低成本航空转型。4年多来，中联航在建立新商业模式、新管理体制、新运行机制等方面大胆探索，取得了显著成效。2017年实现的利润总额同比增长97.11%；直销收入占比74.7%，同比增长7.9个百分点，达到国际先进水平；单架飞机年贡献利润远高于行业平均水平，探索形成了一整套可复制、可推广的国有低成本发展模式，为国有航空公司转变商业模式、拓宽发展方向、进行体制机制改革探索了新路。

五、立足天地合一，推进货运由航空货运向综合物流商转型

东航旗下的中货航是我国首家专营航空货邮的企业。作为我国航空货运企业的一面旗帜，中货航曾经取得过辉煌的发展成就和经营业绩。在经济增长速度放缓、产业转移与制造业升级、航空货运市场增长疲软等多重因素影响下，中货航经营连续亏损，市场份额、经营水平、市场影响力普遍下滑。面对困难局面，东航于2012年提出了推进中货航商业模式转型，走天地合一模式，从传统航空运输企业向现代物流服务集成商转型的发展思路。

转型探索新路径。在深入进行市场考察和原因剖析后，东航推进货运从拥有飞机向拥有客户、从货运向物流转变。第一，组织架构之变，把物流公司由中货航的下属企业改组成为中货航的上级企业，以物流公司为主体，分别搭建货运航空、机场货站、物流解决方案、地面运输业务、产地直达的运输贸易五大板块。第二，商业模式之变，向现代物流商转型，向价值链上下游延伸，做大物流体量、做强集成物流服务。第三，市场布局之变，紧随产业转移西移跟进，明确"立足长三、做强上海、西移跟进"的策略，在成都、郑州、武汉、重庆、西安等市场进行战略布局。第四，市场观念之变，以产定销转向以销定产（生产

混合所有制改革后的东方航空物流公司焕发生机

者—商人），卖航班舱位转向卖物流解决方案（航线制—客户制）；拆墙填沟，卖给代理人转向卖给终端客户。第五，角色定位之变，通过做物流服务集成商，促进销售增量；通过做"快递+网店+贸易"的快递公司，巧入快递电商市场，探索航空运输未来刚性需求，为传统业务带来增量；做快递公司代理商，以代理人身份与快递、邮政客户直接合作。经过持续创新和深化改革，物流公司的综合实力得到加强，经营业绩大幅扭转，经营理念脱胎换骨，已经初步探索出了一条航空货运转型发展之路，形成了向现代航空物流发展的业务布局，在国内传统航空货运行业奠定了一定的战略优势。

混改焕发新活力。在我国发展混合所有制经济的政策指引下，东航物流推行混合所有制改革，中央关怀、社会关切、资本关注、员工关心，是我国中央企业首批混合所有制改革中民航领域唯一一家试点单位。按照国家政策，东航确定了东航物流股权转让、增资扩股、改制上市的"三步走"思路。历经多轮谈判与协商，于2017年6月顺利完成物流混改协议签订，以新体制新模式投入运营。当年实现营业收入75.81亿元，同比增加28.85%；利润总额9.37亿元，同比增长65.12%。通过混改，主要实现了四个方面成效。一是放大国有资本。混改过程中，实际投入的18.45亿元国有资本，有效带动了22.55亿元的非国有资本投入，切实放大了国有资本的带动力和影响力。二是降低财务杠杆。混改前2016年12月底，东航物流资产负债率为87.86%。混改后降至62.66%，低于世界一流航空物流企业平均70%的资产负债率水平。三是探索改革路径。东航借国家混改试点的东风，本着先行先试原则，探索改革难题的解决路径，既为东航深化国企改革奠定基础，也为其他企业开展混改工作积累可复制、可推广的改革经验。四是促进产业发展。东航物流通过混改，有效提升了自身产业整合能力、经营能力和可持续发展能力，未来将逐步完善和构建成领先的航空物流产业生态圈。

六、注重战略合作，推进由"引进来"向"走出去"转变

在分析航空运输竞争从独立企业竞争模式发展到联盟竞争模式、进而寻求深度股权合作的发展趋势后，东航在推进国际化和服务集成商转型的道路上，树立开放心态，抓住发展机

混合所有制改革后的东方航空物流公司焕发生机

遇，依托市场力量，推进与达美、法荷航、携程、吉祥等企业的战略合作，掀起股权投资新高潮，开创了我国航空企业合作的新模式、新范例、新途径。

连续引进战略投资者。2015年9月，达美航空以4.5亿美元获得东航3.55%的股权，成为东航最大的境外单一股东，这也是中国航空公司以自身实力吸引境外战略投资者最大的"一笔订单"。2016年6月，引进国内在线旅游（OTA）行业巨头携程以30亿元投资入股东航，进行了在业务、股权、资本等领域的全方位合作，大大加快了东航向服务集成商转型的步伐，推动由传统生产要素驱动向创新驱动转变。2018年公布的东航与吉祥的交叉持股，将大大有利于资本协同、资源协同、市场协同、发展协同，有利于支撑上海航运中心建设。

入股法荷航开创新模式。2017年10月，东航以3.75亿欧元入股国际航空界著名的法荷航集团，这不仅是迄今为止东航最大的单笔对外投资，而且也使东航成为首家选择直接入股世界先进企业集团并委派董事的国内航空公司，探索了国际资本合作的新模式，打开了"走出去"到"走进去"的新空间，拓展了挖掘欧美核心市场的新途径。东航通过引进达美和投资法荷航两大项目，开创了"资本+业务"战略合作的新模式，构建了横跨亚美欧三大洲、连接全球的航空网络。

七、完善产业链条，推进从产业布局向产业升级转变

作为总部设在上海的东航集团，始终把充分利用上海经济中心地位和工商业高度发展作为战略实施与进步的契机。在持续做强航空客货主业的基础上，着力于构建航空生态圈，聚焦航空产业链，在持续优化产业布局上做加法，推进产业转型升级、专业化发展、国际化经营与商业模式创新，同时非航产业的发展，也有利于平抑航空主业"四高一低"即"高投入、高技术、高风险、高敏感度、低盈利"带来的经营风险。

新产业耳目一新。作为深化我国经济结构改革的实质性举措之一，中国（上海）自由贸易实验区的设立成为我国开放新高度、改革新标杆，广受关注。时机于天降，相合则增益。东航集团抓住机会，迅速开展对接，旗下的东航物流率先在自贸区内申请成为上海市跨境电子商务的挂牌试点单位，牵头组建上海跨境电子商务行业协会并担任理事长会员单位，创新打造"快递+电商+贸易"商业模式，搭建"东航产地直达"电商平台。在上海自贸区成立东航国际融资租赁有限公司，成为自贸区首家拥有航空产业背景的融资租赁公司。由东航集团与上海自贸区股权投资基金共同投资成立上海畅联国际物流股份有限公司，是全国第一支专注投资自贸试验区基金的首单项目。成立东方航空产业投资有限公司，围绕航空产业、相关涉航产业和战略新兴产业开展投资。这些新成立的公司，分处跨境电商、融资租赁、基金领域，是名副其实的朝阳产业，与东航集团原有航空物流、航空地产、航空食品、航空金融、航空传媒、贸易物流、实业发展产业一道，构建了具有广阔市场拓展空间的产业集群。

新机制焕发青春。得益于商业优势、区域优势、政策优势和产业优势，东航集团形成了一定的航空相关产业布局优势。但是，这些产业或多或少与主业相关，完全成为市场化企业的能力和活力不足。为此，东航集团鼓励各投资公司走出"东航的圈子"，蹚出市场的路子，按照"规范治理结构、激发产业活力、加强重组整合、严格有效监管"的改革思路，建立以董事会制度为核心、以激发企业活力为中心的法人治理结构，推进对投资公司"整体统一、适度差异、市场对标、力度可控"的薪酬规范管理、绩效考核评定和工资总额分类管理，赋予收入浮动、干部管理、机构设置和岗位编制等管理权限，逐步形成市场化导

向为主、管控与赋能相结合的模式，全面激发企业内生动力与竞争活力。各投资公司也勇挑重担，不负众望，2017年除股份公司外其他投资公司营业收入合计占集团12.8%，实现利润却占到集团利润总额的24.7%；占集团资产总额的36.2%，净资产总额却占到集团总体的46.5%。这些航空相关产业，不仅有效降低了运输主业波动带来的经营风险，而且初步实现了规模化和集群化目标。

纪念改革开放40年最好的方式是重整行装磨砺志、改革开放再出发。在前瞻设计中把握航向，在运筹推进中彰显担当，是东航历经40年而成绩卓著的密码，也是东航在新时代高质量发展的力量源泉。特别是2008年以来创造了"黄金十年"的东航，体现了东航人不断解放思想、敢想敢干的精神品质，谱写了东航人与时俱进、创新突破的奋斗历程，增强了战略自信、发展自信、能力自信和文化自信。按照党的十九大作出的"中国特色社会主义进入新时代"的重大判断和全面建设社会主义现代化国家的宏伟蓝图，东航正确把握国有航空企业的新使命新责任，科学谋划新时代的战略进程：从现在到2020年，打造领先型企业；从2020年到2035年，打造领军型企业；从2035到21世纪中叶，打造领袖型企业。东航将进一步提升民航强国建设重大作用、重要责任的认识，以打造世界一流航空公司为目标，努力实现一流的安全品质、一流的客户体验、一流的企业品牌、一流的业绩表现"四大标志"，突出一流的公司治理、整体运营、风险管控、人才队伍、企业文化"五大支撑"，保安全强运行，提服务创效益，推转型谋发展，在新时代民航事业发展的新征程上继续奋勇前进，在蓝天碧空画出靓丽的新航程。

乘改革开放东风打造国际化民族品牌

——海航集团25年发展纪实

海航集团有限公司

海航集团的浩瀚征程是从首条海口—北京航线开始的，乘着改革开放的时代东风，发展壮大到现在广布全球的逾2300条航线网络；旗下海南航空从朝气蓬勃的第一家股份航企，到"一带一路"空中通道建设的主力军，再至连续7次摘得"SKYTRAX五星航空"称号并跻身"SKYTRAX全球航空公司TOP10"，成为民族企业的一张"东方名片"。在改革开放的发展浪潮中，海航集团可以说是25年来中国民航业从小到大、从弱到强的发展缩影，是中国民航强国建设的先行者和实践者。今日，潮起海之南，党和国家又赋予海南经济特区新的历史使命，海航集团又将交出怎样的历史答卷呢？

2018年4月13日，海南建省办经济特区30周年庆典在海口市举行，三十而立的海南又收到了党和国家的一份生日大礼包——支持海南全岛建设自由贸易试验区，支持海南逐步探索、稳步推进中国特色自由贸易港建设，分步骤、分阶段建立自由贸易港政策和制度体系。

新时代，探索建设中国特色自由贸易港是国家赋予海南新的历史使命之一。作为海南出生的民族优秀企业，海航集团以实际行动积极助推海南探索中国特色自由贸易港建设。近期海航集团宣布：到2022年末，计划新增海南始发国际航线40余条，力争在未来3～5年内，实现海南开通国际航线100条以及入境游客量达到200万人次的发展目标。

1993年4月13日，海南航空首架客机B－2578顺利从美国西雅图飞抵海口

自1993年成立以来，伴随着我国改革开放的时代大潮和海南办经济特区的发展机遇，海航集团不断发展壮大，从一家地方航空运输企业发展成为大型跨国企业集团，致力于"人流、物流、资金流、信息流"经济四流融合发展。旗下海南航空也飞跃成为航线网络覆盖

亚洲，辐射欧洲、北美洲和大洋洲的国际化航空企业。2017年，海南航空实现营收599.04亿元人民币，同比增长47.26%，累计开通近1800条航线。其中，国际航线逾200条，"一带一路"相关国际航线102条。

为什么一家民营航空公司可以发展到如此规模？25年来，海航集团的发展顺应了时代的发展潮流，其发展历程可以说是中国民用航空业从小到大、从弱到强的历史缩影。此外，海航集团在航空服务、航空品牌建设等方面也引领了中国民航业的发展。

建省办特区
开启海南航空创业序幕

时光回溯到30年前。1988年4月13日，第七届全国人民代表大会第一次会议决定设立海南省，建立经济特区。4月26日，中共海南省委、海南省人民政府正式挂牌，我国最年轻的省份和最大的经济特区诞生。乘着改革开放和建省办经济特区的东风，海南的众多企业迎来了蓬勃发展的春天。1991年5月27日，海南省在全国率先推行全民所有制企业股份制试点，全面推进企业股份制改革，进一步解放了社会生产力。

1992年，88岁的邓小平同志在南方视察讲话时提出要建立社会主义市场经济体制，留下了"胆子要再大一些，步子要再快一些"的改革名言。同年，中共十四大正式确立"我国经济体制改革的目标是建立社会主义市场经济体制"。

同样也是在具有重大转折机遇的1992年，海航顺利完成了创业的筹备工作。1992年10月15日，海南省航空公司创立大会在海口泰华宾馆召开。经营机制灵活、管理体制全新的中国民航第一家经过规范化改造的股份制企业——海南省航空公司——宣告成立。

1993年4月13日，海南航空首架客机B2578顺利地从美国西雅图飞抵海南海口。5月2日，海南航空开通了第一条航线——海口—北京航线，绘有海南特色"鹿回头"标志的波音737-300客机满载着海南人民和海航人的蓝天梦想展翅腾飞。

1993年5月2日，海南航空举行首条航线——海口—北京航线——的首次营运飞行典礼

从1993年5月2日开航至1993年底，在8个月的时间里，海南航空累计开通了从海口飞往北京、上海、广州、深圳、南京、武汉、重庆、长沙等15条全国各主要大中城市的航线，累计执飞1652个班次，总周转量达1744万吨公里，主营销售收入1.173亿元人民币，利润总额为6876万元人民币，在中国民航史上写下了营运当年即盈利的新篇章。

迈入新世纪，随着2001年12月11日中国正式加入世界贸易组织（WTO），改革开放的步伐进一步加快，改革开放的成果也更加丰硕。加入WTO虽然有诸多便利，但是也给中国民航业带来了严峻的挑战。一方面，受亚洲金融危机余波的影响，民航业元气尚未恢复；另一方面，国企改革重组的力度进一步加大，原中国民用航空总局提出了大公司、大集团的航空公司重组思路，民航业发生了翻天覆地的变化。此时，海航集团主动出击，先后将山西航空、长安航空等一批骨干航空公司纳入自己旗下。海南航空由此成为中国民航业第四大航空公司，正式由地方航企升级为全国航企。

2003年9月28日，海航集团确定了要建设成现代服务业综合运营商，实现世界级企业和世界级品牌的"两个世界级"战略目标。2004年，海南航空开通第一条洲际航线北京—布达佩斯航线，为海南航空国际化发展奠定了基础。在国际化发展进程中，海南航空也走出了一条不同寻常的道路。海南航空采取"国内一线城市对欧美二线城市，欧美一线城市对国内二线城市"的差异化竞争策略，构建自己的精品网络，闯出了一片天地。

2017年，海南航空实现总周转量121.66亿吨公里，实现旅客运输量7169万人次，运营飞机超过400架，航线覆盖亚洲、欧洲、北美洲和大洋洲。

2004年，海南航空第一条洲际航线，即北京—布达佩斯航线首航航班机组成员合影

产品服务持续升级
塑造中国民航国际化品牌

海南航空从开航的第一天起，就把自己摆在了"店小二"的位置。1993年5月2日，开航的第一个航班，公司领导亲自担任值机员、乘务员，为旅客办理值机手续，送每一位旅客上机，热情地为旅客端茶递水，为员工们树立了榜样。

这样别具一格的首航服务让人们耳目一新，成为广为传颂的佳话和海南航空精品服务最原始的缩影。随后，海南航空推出了电话订票、送票上门等一系列服务。海南航空的服务从一开始就获得了广大旅客的认可，从1999年获得"旅客话民航"活动"用户满意优质奖"以来，到2008年海南航空凭借该奖项的十连冠蜚声国内。

对卓越服务品质的一贯追求，已经融入海航人的血脉。一路走来收获了一份又一份沉甸甸的荣耀。2017年，海南航空第7次获得"SKYTRAX五星航空公司"称号，并跻身"SKYTRAX全球最佳航空公司TOP10"行列，为中华民族打造了世界级的卓越航空品牌。

25年来，因改革开放而兴的海南航空始终怀着"满足人民美好生活需要"的目标。一方面，海南航空不断创新升级服务，提升旅客地面出行体验。在购票、接送机、值机、中转等旅客出行痛点环节不断创新，并持续完善不正常航班服务和特殊旅客服务，优化旅客出行流程。另一方面，海南航空通过持续引进的高素质机组人员、营造宽敞舒适的客舱环境和不断丰富的高品质客舱服务，让旅客的云端旅程更加美好。从第一家在国内航班经济舱推出现烤面包服务，到国内第一家提供商务舱铺床服务，再到国内第一家推出机上香氛服务，海南航空始终致力于让旅客出行的每一个环节、每一个细节都更加舒心、温暖。

不仅如此，在海南航空的服务队伍里也涌现出第一代功勋空乘吴曼玉、跪地为老年旅客喂饭的最美空乘樊雪松等一批服务榜样。伴随着产品与服务的全方位提升，"飞机新，准点，吃得好，服务好"已经成为广大旅客对海南航空的第一印象。国际权威独立评选机构SKYTRAX主席Edward Plaisted曾表示："海南航空以对待亲人般的情怀面对每一位旅客，给世界各国旅客留下了深刻的印象。"

海南航空北京首都国际机场"海翼堂"国际贵宾室

近年来，海南航空与米其林餐厅合作升级餐饮服务，推出了云端空厨，增加了胶囊咖啡机、电饭锅、煎锅等设备。同时还引进了高质量的娱乐视听系统，再加上2018年开放的机上便携式电子设备（PED），以及丰富的节假日活动和Care More等服务，能让旅客的云端旅程更加舒适、美好。

此外，2016年海南航空斥资近亿元新建并升级了部分贵宾室，2017年位于首都机场和西安咸阳机场的国际贵宾室"海翼堂"开业，这让旅客从到达机场的那一刻起就能享受到海南航空的五星级服务。

通过持续不断的产品升级、服务创新，海南航空的优质服务赢得了海内外广大旅客的普遍赞誉。2017年6月，法国巴黎航展期间，海南航空第7次获得"SKYTRAX五星航空公司"称号，并成功跻身"SKYTRAX全球最佳航空公司TOP10"行列，同时被授予"中国最佳航空公司"与"中国最佳员工服务"两项殊荣。

互联互通积极铺设〝空中丝路〞

2013年，国家提出共建"丝绸之路经济带"和"21世纪海上丝绸之路"倡议，极大地加强了国际交流，为中国企业推动与沿线国家和地区的产能合作、输出产品和服务、提升国际化水平创造了机遇和条件，不仅为沿线国家和地区带来了重大利好，也为航空业开拓了新的发展空间。

近年来，海航集团积极响应国家"一带一路"倡议，大力开辟国际航线，打造"一带一路"空中走廊，助力区域经济发展。几年间，其先后开通了北京—布拉格—贝尔格莱德、上海—特拉维夫、深圳—布鲁塞尔、长沙—伦敦、北京—蒂华纳—墨西哥城的航线……国际航线网络日趋完善。截至2017年底，海航集团运营的国际和地区航线已超过200条，其中"一带一路"沿线国家和地区的航线102条。

目前，海航集团已经构建了完善的航线网络，成为中国与"一带一路"沿线国家和地区航空互联互通的主力军，促进了"一带一路"沿线国家和地区在能源、交通、旅游、文化、经贸等领域的深入合作，为"一带一路"沿线国家和地区经济发展提供了强大助力。

当2015年北京—布拉格航线开航时，时任捷克总理博胡斯拉夫·索博特卡在首航当天利用政府会议不到一个小时的间隙，特意前往首航仪式现场并发表讲话。他指出："北京—布拉格航线是中捷建交66周年来首次开通的直航航线，不仅满足了两国关系发展和'一带一路'建设的需要，也为日益密切的中捷政商、民间交往乃至中国与中东欧国家合作提供了更多便利。这不仅是一条商业航线，更是中捷两国人民友谊的桥梁。海航创造了历史。"

当2017年北京—贝尔格莱德航线首航时，塞尔维亚总理阿娜·布尔纳比奇出席仪式，并在仪式上感谢海航以及海航人为中塞两国交往作出的积极贡献。

2018年博鳌亚洲论坛期间，奥地利总统亚历山大·范德贝伦、总理巴斯蒂安·库尔茨专程出席了海南航空深圳—维也纳新航线发布会。亚历山大·范德贝伦表示："奥地利和中国自1971年建交以来，在旅游、经贸和文化等多个领域开展了合作，取得了长足的进步。深圳—维也纳航线的开通，将吸引奥中两国游客互访，使奥中两国的联系更加紧密。"

2017年，海南航空获得"SKYTRAX五星航空公司"称号和"中国最佳航空公司""中国最佳员工服务"两项殊荣

结语

2018年不仅是改革开放40周年,同样是海南建省和海南经济特区成立30周年,也是海航集团创业25周年。2018年,对于海南、海航集团来讲,都是意义非凡的一年。

党的十九大明确提出,要建设交通强国。民航业是国家重要的战略产业,民航强国是交通强国的重要组成部分和有力支撑。同时,民航强国的建设也将逐步满足人民群众对民航日益增长的需求。随着中国特色社会主义进入新时代,我国社会主要矛盾已经转化为人民日益增长的美好生活需要和不平衡不充分的发展之间的矛盾。以航空起家的海航集团始终履行"发展为了人民"的使命,不断开拓创新,致力于满足人民美好生活的需要。

刚刚过去的4月,党和国家又赋予了而立之年的海南改革开放新的历史使命,包括探索建立中国特色自由贸易港、建设21世纪海上丝绸之路的重要战略支点等重大历史使命。

正是在这样的背景下,海航集团积极筹划,将在未来5年新增数十条海南始发的国际航线。海航集团将通过国际航线的互联互通,助力将海口打造成为面向日韩和东南亚的国际门户枢纽,成为欧洲、美洲、大洋洲等主要入境旅游客源通道和海上丝路南海门户枢纽。

25年来,海航集团取得的跨越式发展成就离不开中国改革开放40年带来的历史性机遇。改革开放40年来,中国经济社会实现了高速发展,国内生产总值年均增长率约9.5%。受益于中国经济的快速增长,在短短25年间,海航集团从单一的地方航空运输企业发展成为大型跨国企业集团。

海航承载光荣与承诺飞向未来,为全球旅客提供超越预期的飞行体验。25载不忘初心,海航向共和国改革开放40周年献礼;25载砥砺前行,海航向党和人民致敬。

2017年6月26日,海南航空第7次获得"SKYTRAX五星航空公司"称号,并成功跻身"SKYTRAX全球最佳航空公司TOP10"行列

改革先锋再出发 且看白鹭振翅飞

——记厦门航空改革发展历程

厦门航空有限公司

2018年12月18日，一个向波澜壮阔的伟大历程致敬的日子。《春天的故事》乐曲声流淌过40年的风雨岁月和960万平方公里的神州大地，回响在举办庆祝改革开放40周年大会的万人大礼堂中。伴着深情的乐曲声，100名时代开拓者被授予"改革先锋"称号。

而在1700多公里外祖国东南那个花园般的鹭岛上，一位76岁的老人正静静地坐在自家的电视机前，看着自己的名字出现在表彰人员名单上。

他便是厦门航空事业的开拓者吴荣南。那一刻，他的双眼有些湿润。巨大荣誉属于这位为了厦航的发展而奉献一切的老人，也属于作为"中国航空业发展的缩影"的厦航。

厦门航空有限公司董事长车尚轮表示："厦航正是始终坚定不移地用好用活改革开放这'关键一招'，使改革和开放相互促进，始终做民航和国有企业改革开放的坚定探索者、积极践行者、勇于创新者，才成为'中国航空业发展的缩影'。"

从依靠2架租来的飞机实现首飞的地方航空公司，到拥有210架飞机的国际知名航空集团，厦航的成长历程是一段敢闯敢试、玉汝于成的发展传奇；从32年连续盈利到34年安全飞行，"厦航经验、厦航模式、厦航蓝本"是一本改革创新、精益求精的经营秘诀；从架起两岸间空中桥梁到打造"一带一路"空中门户，再到积极响应"构建人类命运共同体"的号召，厦航绘就了一张立足乡土、放眼全球的奋进蓝图。

改革开放是一幅气势恢宏的历史画卷、一曲气壮山河的奋斗赞歌，厦航的故事正是画卷上绚烂的一方景致、赞歌中动人的一串音符。

厦航机队

一段敢闯敢试、玉汝于成的发展传奇

  2018年11月30日，美国西雅图。一架崭新的波音737 MAX8飞机揭开了面纱，只见那蓝白相间的机身上喷着"2000th BOEING AIRCRAFT for CHINA"这一纪念标识，与尾翼上的白鹭交相辉映。它是波音交付中国民航的第2000架飞机，也是厦门航空的第210架飞机。210、209、208……当这个数字跳到1的时候，时间来到了32年前的1986年11月16日。厦航的第一架飞机自广州转场到厦门，开始以厦门为主基地，由厦航机组执行航班任务，厦航走上了正式的独立运营道路。

2018年3月，全球唯一经过官方确认的联合国特殊涂装飞机在福州亮相

从0到1，厦航人经历的是一段筚路蓝缕、以启山林的艰辛过程

  1984年7月25日，厦航董事会第一次会议在北京召开，标志着厦航正式成立。在改革的号角声中诞生于开放的前沿阵地，作为全国第一家综合性地方航空企业的厦航，起步就带着创新的基因和"敢为天下先，爱拼才会赢"的闯劲儿，成为中国民航体制改革创新的先行先试者。厦航突破了当时民航"政企合一、四体合一、航港合一"的体制框架，由民航局与福建省政府合作创办，各占50%股份，并按现代企业制度运营。

创业初期，厦航从一穷二白起步

  "厦航的创办是从零开始的。当时

地无一寸、房无一间，3家股东的2000万元投资暂未到位，用借来的5000元人民币在银行开户，唯一的交通工具是旧自行车。"吴荣南曾在回忆录里写道，"'一定要飞起来'的坚定信念像火一样在创业者的胸中燃烧。"

1986年初，时任中国民用航空广州管理局航行处处长的吴荣南走马上任，担任厦门航空有限公司法定代表人、总经理，而他要面对的是巨大的经营难题。

没有资金，就到处借钱；没有飞行员，就到空军请求支援。在尚不具备独立运营条件之时，厦航通过湿租民航上海管理局和民航广州管理局的2架波音737-200飞机，经营自厦门始发的5个航班。

困境没有吓倒厦航的创业者们。他们不等不靠，边组建，边培训，边经营，边发展，开始培训飞行、机务、商务、航材等专业技术及行政管理人员，等待着独立运营的到来。

1986年底，那架编号为B-2516的波音737飞机载着厦航人的希望起飞了。从那时起，厦航员工每天谈论最多的是，我们的飞机回来没有？今天运送了多少旅客？

在创业初期，"竹林深处的指挥部""乞丐房餐厅""屋檐下的维修站"这些名词成为厦航第一代创业者的特殊记忆，而他们艰苦奋斗的精神、坚韧不拔的性格、攻坚克难的勇气成为一代代厦航人的传家之宝。

1987年，厦航运送旅客32万人次，实现了首次盈利317万元，这成为连续31年盈利的起点。

1986年底，B-2516飞机从广州转场到厦门运行，厦航真正开始独立营运

从1开始，厦航继续"摸着石头过河"，走上了一条敢闯敢试的发展道路

1988年，厦航迎来第3架波音飞机；1989年，建起了2万平方米的停机坪和基地办公楼，

有了自己的"地盘";1992年,引进波音757-200,运力大大增加,为进一步完善航线网络奠定基础。与此同时,为破解飞行员招聘难题,厦航开始尝试招收优秀理工科大学生,送到国外培训,俗称"大改驾"。

到了1994年,厦航已拥有近10架波音飞机并经营境内外航线50多条,年运送旅客达200万人次,在中国民航算是站稳了脚跟。这一年,厦航再一次做了第一个吃螃蟹者,进行了中国民航历史上第一次改革重组有偿兼并——有偿兼并福建航空公司,使其成为厦航的全资子公司。

1996年,厦航获批准经营福建始发的至邻近国家和地区的航空客货运输航线,迈出了国际化的重要一步;1999年,厦航成为国际航空运输协会正式会员;2001年,厦航注销其全资子公司福建航空,成立厦航福州分公司。

进入新世纪,2003年的非典和2008年的金融危机对民航业造成重创。虽然在全行业普遍亏损的情况下,厦航凭借稳健的经营管理依旧实现了盈利,但是两次危机让厦航人意识到,在民航市场发展的全新阶段,企业必须主动转型升级,谋求更大的发展空间。

2009年,在新任总经理车尚轮的带领下,厦航提出"独具特色,顾客首选,亚太一流"的发展愿景,进入了实施大战略、谋求大发展、打造大集团、实现大跨越的全新历史时期。

航线不多,市场有限,就主动出击。厦航在国内市场上新设湖南、北京两家分公司,并增加郑州、大连、南宁、昆明、深圳、西宁等过夜基地,完善航线网络;国际市场方面,通过加入世界三大航空联盟之一的天合联盟,将航线网络扩大到全球范围。

2013年,厦航机队规模增至100架,步入大中型航空公司的行列。自2014年起,厦航陆续引进波音787梦想客机,陆续开通多条洲际航线。而在收购河北航空、参与组建江西航空后,厦航产业集团的版图呼之欲出。

自党的十八大以来,厦航实现了跨越式发展。2018年,厦航年运送旅客预计将超过3600万人次,营业收入超过300亿元,总资产近500亿元。大胆地试、勇敢地闯,始终与时代同行的厦航就如同它的航徽一般,展翅翱翔在蓝天之上。

2018年1月25日,厦航正式开通杭州—卡利博(长滩)航线

一本改革创新、精益求精的经营秘诀

2000年4月，时任福建省省长的习近平到厦航视察时指出："厦航之所以有口皆碑，一是依靠改革，二是舍得投入，三是服务规范，四是以人为本。因此，企业路子对，员工素质高，经营效益好，为省市的发展作出了积极的贡献。"

彼时的厦航虽然规模不算大，但长期以来着力打基础、整制度、建规范，为企业健康发展奠定了良好的管理基础，不仅赢得了旅客的认同，而且已经连续盈利13年。

"依靠改革、舍得投入、服务规范、以人为本"，这简明扼要的16个字总结了厦航前期发展的成功经验，更成为厦航一步步腾飞，创造31年连续盈利纪录、34年安全飞行纪录，荣获 "中国质量奖"的经营秘诀。

诞生在经济特区的厦航，始终把"特"字作为经营发展的要诀。其以董事会领导下的现代公司治理结构，通过清晰的产权关系、明确的责权利边界和完善的监督约束机制，建成了精简的管理体制并形成了务实的经营风格。

在机制上，厦航敢于突破。通过建立"三高模式"（高效率、高压力、高工资）和"业绩升薪酬升、业绩降薪酬降"的动态量化绩效考核体系，充分激发公司上下的积极性和创造性。在机构上，厦航精简高效。始终将公司层级控制在两级以内，一线部门的管理层级控制在三级以内，成为中国民航业内管理最扁平、机构设置最精简、管理职数最精干、岗位配备最精细的航空公司。在创新上，厦航持续发力。发展创新文化，建立创新机制，培育创新人才，为企业发展带来红利。

得益于管理上的改革创新，2017年厦航全员人座比仅为0.62，管理人员占全员总数的5.5%，人均产值为160万元，劳动生产率处于行业前列。自2009年以来，厦航座公里成本为0.436元，比行业平均低6.5分钱；成本费用占收入的比重为93%，比行业平均低4个百分点。同时，厦航拥有50余项领先的技术成果，拥有国家发明专利16项，参与制定国际标准1项、国家标准2项。

凡是有利于提升安全水平，有利于加快企业发展，有利于提升效益或造福社会的，厦航都愿意投入、舍得投入、坚决投入。

在安全投入上，厦航不惜血本。自2009年以来，厦航投入500亿元巨资引进了160架新一代波音飞机，其中包括12架波音787宽体客机。厦航机队平均机龄仅为5年左右，是世界上最年轻的机队；投入80亿元用于购置安全生产设备和开展安全技术创新。在飞行上，提出"在航路上遇到颠簸区域时，可以不计燃油成本进行绕飞"。

在发展投入上，厦航累计投入近百亿元在杭州、长沙、南昌、福州、天津等地建立生产基地；累计投入超过10亿元购置了8台全动型模拟机、乘务训练动舱等专业训练设备；坚持选用高标准食材，让旅客吃得好。先后实施多次较大规模的薪酬改革，将公司发展成果与员工共享。

在社会责任投入上，厦航将航线网络与省市发展紧密结合，近9年新开了30余个三、四线城市航点，还通过开展扶贫助学、志愿服务、节能减排、环境保护等活动，积极参加公益，被评为"中国航空服务业最具社会责任感杰出企业"。

坚持投入但绝不盲目投入，这是厦航秉持的一项原则。"我们始终聚焦航空运输主业，不盲目涉足其他行业或市场。"车尚轮介绍道。

厦航一直秉持"四不"原则：不对外提供担保，不对外拆借资金，不参与大风险和不可控的投资，不做与主业无关、低回报率的投资，自成立以来从未发生大额的投资损失。

在市场定位方面，厦航坚持"国内客运为主，兼顾国际和货运"的策略，不介入货机、支线飞机市场，将有限资源集中投放在盈利能力最强的特定市场上，因此收获了良好效益。在机队建设上，厦航坚持以波音737为主的简单机队结构，有效地降低了人员培训、运营维护、航材储备等成本，达到了最优性价比。

早在1997年，厦航就编写了《厦航营运总册》，这部企业"小宪法"让一切工作都有章可循、有"法"可依。现在厦航拥有各类手册共94种，约1350万字，实现了所有运行管理职能全覆盖，并以6个月为期限定期对手册进行更新。通过这些手册，厦航人养成了将规章视为"安全生命线"的职业习惯和"严、实、细、稳、精"的良好作风，实现了企业的运行规范化。

"3米之内有微笑，1米之内送问候，与旅客交流超过3句采用蹲式服务"。在旅客眼中，"厦航服务"本身便是一个响当当的品牌，代表着"精、尊、细、美"的服务品质。在这背后，是厦航坚持服务规范化的努力——编制了中国民航首本《服务标准汇编》，涵盖空地工作标准760余项。就连水果切配都编制了专项手册，要求形状、尺寸、摆放达标。

厦航式服务已经成为中国民航业的标杆

坚持以人为本，是厦航凝聚发展合力的原因所在

早在1997年，厦航便率先在全民航实行全员劳动合同制，成为当时行业内唯一无临时工、实现同工同酬的企业。为了构建"家的文化"，厦航下大力气织就了一张涵盖员工衣、食、住、行的幸福网络，为员工排忧解难，让员工感受到家的温暖，自发地把公司当家、把工作当家事、把旅客当家人。

企业的真诚关怀换来了厦航人的同心同德。当1998年亚洲金融危机使全行业亏损时，厦航全体员工主动减薪，支持公司获得了7000万元的利润。而厦航90%以上的员工从工作开始就一直选择留在厦航。无论一线员工还是企业高管，身为厦航人都让他们感到由衷骄傲。

一张立足乡土、放眼全球的奋进蓝图

厦航的飞机在五湖四海与八闽大地间穿梭往返。每一次降落，当"人生路漫漫，白鹭常相伴"这句耳熟能详的乡音响起时，乡土性与国际化实现了完美交融。

"一只白鹭鸶，一飞五千里，讲伊唐山过台湾"，这是宝岛台湾一首闽南语歌谣里的歌词。2005年，厦航首次执飞两岸春节包机。自此一架架"蓝天白鹭"跨越千山万水，架起了两岸间一座延续真情、传递佳音的桥梁。

福建与台湾唇齿相依、山水相连、地缘相近、语言相通，有着地缘、血缘、文缘、商缘、法缘这"五缘"层面的亲密联系。诞生在福建的厦航，在两岸直航的历史进程中发挥了主力军和先行者的作用。

1990年，中国台湾民航访问团首次来访，厦航是访问团的第一站。此后，厦航率先同台湾的航空公司进行进一步的交流合作，在香港、澳门进行航班对接，中转至台北、高雄，实现"一票到底"。2005年，厦航执飞两岸春节包机后，又在2008年设立台湾办事处，成为第一家在台湾设立办事处的大陆航空公司。2009年，台湾办事处升格为台湾分公司，为服务两岸旅客打下了更为坚实的基础。如今，厦航每周有近40个航班往返于两岸，厦航在这些航班上精心选派的闽南籍乘务员用闽南语进行客舱广播。

近年来，厦航还积极开展与台湾青年的交流互访活动，邀请宝岛青年学生到厦航访问学习。2017年，厦航引进了首批台湾籍乘务员，为两岸人才交流提供了全新的范本和运营模式。行走在扩大两岸经济文化交流合作的道路上，厦航将承担起越来越重要的历史使命。

2006年两岸春节包机厦门航点首航仪式现场

　　"'一带一路'的宏伟构想跨越时空、融通古今、连接中外，顺应了当今和平、发展、合作、共赢的时代潮流，也为厦航实现国际化梦想指明了道路、增添了动力。"车尚轮表示，"福建作为中国古代海上丝绸之路的起点，在推动'一带一路'建设中拥有得天独厚的历史传承和地理优势。民航业则是响应'一带一路'倡议的重要先导性产业。"

　　自2013年以来，在福建省积极建设"海上丝绸之路"国际航空枢纽的过程中，作为主要机场的主基地航空公司，厦航发挥骨干和先导作用，累计新开超过100条通达国内外的新航线，其中包括10多条洲际航线，构建了福建飞往各省市、港澳台地区，辐射东南亚、东北亚，连接欧洲、北美洲、大洋洲的航线网络。福建成为国内中转至大洋洲的第三大枢纽和中转至东南亚、北美的第四大枢纽，成为"一带一路"倡议中重要的空中门户。

　　对福建人而言，厦航是家乡企业的代表，是"八闽之光"，也是拉近世界与家乡距离的强大纽带。

立足乡土，放眼全球，厦航还有更为远大的愿景

　　2018年3月22日，全球唯一联合国特殊涂装飞机——厦门航空"联合梦想号"——正式对外亮相。这架飞机的机身主体用蓝色覆盖，象征着美好、希望以及无限的未来；机腹的白色波浪象征着孕育地球生命的海洋；机身上印有"in support of the UN"（支持联合国）的标语；尾翼点缀有17项联合国可持续发展目标的标志……

　　厦航总经理赵东表示，这架飞机成为联合国可持续发展目标的"空中形象大使"，展现了厦航积极响应"构建人类命运共同体"号召，坚持绿色发展的决心。

　　历史的航程波澜壮阔，时代的大潮奔腾不息。对历史和时代的最好纪念，就是书写新的辉煌。

　　站在新的历史关口，厦航将以习近平新时代中国特色社会主义思想为指引，肩负民航强国使命，传承"爱拼会赢铸就创新精进"的厦航精神，以中华气质提供超越期待的旅行体验，以国际视野构建通达全球的枢纽网络，以科技创新和资源协同为主要手段，打造安全一流的平安厦航、品牌一流的百年厦航、管理一流的创新厦航、绩效一流的卓越厦航、生态一流的幸福厦航，向绩效卓越的世界一流航空集团这一目标不断奋进。

春华秋实二十载 不忘初心枢纽梦

上海机场（集团）有限公司

2018年5月28日，上海机场集团喜迎20岁华诞。春华秋实二十载，不忘初心枢纽梦。在上海市委市政府、中国民航局的科学决策和正确领导下，在上海空港社区成员单位的大力支持和协同努力下，在几代上海机场人的开拓创新和奋力拼搏下，上海机场集团作为上海航空枢纽建设的重要承担者，以服务国家民航强国战略、服务上海航运中心建设为己任，在努力实现上海航空枢纽建设的进程中，以上海航空枢纽战略规划和企业发展战略规划为引领，逐步成长为一家管理两大国际机场、年旅客吞吐量超1亿人次、年货邮吞吐量超400万吨的世界级机场体系的运营管理者。

浦东机场全景

一、逐梦领航，战略规划引领发展

20世纪90年代，为加快浦东开发开放、带动上海"四个中心"建设、发挥上海在长三角的龙头作用，代表国家竞争亚太航空枢纽港地位，党中央、国务院和上海市委市政府作出兴建浦东国际机场的战略决策。1997年10月15日，浦东国际机场一期工程全面开工，上海成为拥有两个民用国际机场的城市。从此，浦东、虹桥两大机场就像航空枢纽港的两翼，在城市的东西两端振翅高飞。

为了适应"一市两场"的上海空港运行新格局，上海市委市政府对上海空港管理体制进行重大调整和改革。1998年5月22日，经上海市委、市政府批准，上海机场控股（集团）公司更名为上海机场（集团）有限公司，统一经营管理浦东和虹桥两大机场，5月28日，上海机场集团正式挂牌成立。

在航空枢纽战略和企业发展战略的引领下，上海机场集团的运营与发展之中伴随着国家经济、区域经济和城市经济的高速发展，高度凝聚着民航行业与上海城市对于担当民航强国战略、建设国际航运中心的全力以赴，逐步构建起了世界级枢纽机场基础设施和运营规模，逐步形成了"精细化、区域化、专业化"的"一市两场"运营管理模式，走出了边建设、边运营、边发展的企业成长之路。

2002年，民航总局提出在21世纪头20年中国要实现从民航大国向民航强国历史性跨越的战略性目标，重点建设北京首都、上海浦东、广州新白云三大枢纽机场参与国际竞争。2003年，民航总局和上海市政府联合组建成立推进上海航空枢纽建设联合领导小组，时任国家民航总局局长杨元元，上海市委副书记、市长韩正共同担任领导小组组长，上海航空枢纽建设全面启动。2004年，上海机场集团会同枢纽建设主体单位共同研究编制完成了《上海航空枢纽战略规划》。《规划》站在服务国家战略的全局高度，以"超越航空，超越上海"的科学发展理念，空地联动统筹规划了上海航空枢纽战略的总体目标、功能定位、分阶段目标以及近远期战略实施重点。

根据《规划》，上海航空枢纽建设总体战略目标：经过若干年努力，构建完善的国内国际航线网络，成为连接世界各地与中国的空中门户，建成亚太地区的核心枢纽，最终成为世界航空网络的重要节点。上海航空枢纽功能定位：建成集本地运量集散枢纽功能、门户枢纽功能、国内和国际中转枢纽功能为一体的大型复合枢纽，并创造条件，优先确立国际货运枢纽地位。两大机场作为一个整体来构建上海航空枢纽，浦东机场要建设成为复合型国际航空枢纽，虹桥机场要建设成为大型国内精品机场。

根据上海航空枢纽建设总体目标和功能定位，2004年、2005年相继完成了对两场的总体规划修编，在两场的规划与建设中，始终坚持以旅客体验和用户需求为导向，满足枢纽运营的需要。为实现上海建设卓越全球城市的目标，2016年再次启动了对浦东机场总体规划的修编。

伴随着枢纽规划的不断推进，企业改革也日益深入，集团相继出台了与之相适应的企业发展规划，不断在发展中深化改革，在改革中谋划新发展。2014年，为适应内外部环境、机遇、挑战的变化和集团公司新的发展起点，集团公司在总结2005版企业发展战略的基础上，研究编制了《新时期发展战略纲要（2014—2030）》，明确提出，在新时期上海机场集团要从"扩大规模"向"打造品质"转型，为集团公司可持续发展指明了方向。《新战略》提出了"成就上海国际航运中心的理想，提供上海乃至中国经济发展的最佳航空保障"的企业使命，以及"品质领先的世界级航空枢纽、超大型机场卓越运营的典范、价值创造能力最强的机场产业集团"的企业愿景，并提炼形成了适应新时期发展战略要求的"严实、精细、协作、担当"的企业新核心价值观体系。

虹桥机场T1航站楼

二、逐梦翱翔，枢纽建设两翼齐飞

硬件是基础。20年间，在航空枢纽战略和企业发展战略的引领下，累计投资近700亿元，持续不断地推进枢纽基础设施建设，构建了服务于特大型城市的"一市两场"世界级机场体系，走出了符合上海及长三角地区航空市场特点的规划建设之路，服务和支撑了上海及长三角地区的经济社会发展。目前，上海两大机场拥有4座共132.7万平方米的航站楼、6条跑道、3.4平方公里的货运区、56个全货机位，年客货设计保障能力达到1亿人次和520万吨。2019年，正在建设中的浦东机场三期扩建工程将建成启用。随着两大机场基础设施的不断完善，与其配套的综合交通设施也日趋发达，2010年3月集航空、铁路、轨道交通为一体的虹桥综合交通枢纽建成启用，目前浦东综合交通枢纽也正在规划建设中，上海机场与城市、与长三角地区的连接更为紧密、更加便捷，将更好地融入长三角一体化发展、更好地服务长三角地区经济发展。

上海浦东国际机场建设世界级航空货运枢纽

适度超前的基础设施的规划与建设，为上海航空客货吞吐量的持续增长提供了保障。2017年，浦东和虹桥机场全年实现飞机起降76.04万架次、旅客吞吐量1.12亿人次、货邮吞吐量423.18万吨，20年间年均增幅分别达9.8%、11.7%、12.5%，上海年航空客货吞吐量位列全球第4和第3；有110家航空公司开通了上海的定期航班，联通全球47个国家、297个通航点，其中国际航点133个。上海机场年客货吞吐量分别占全国机场的9.7%和26.2%，其中国际客货吞吐量分别占全国机场的26.6%和48.2%；浦东机场旅客中转率达12.02%，虹桥机场快线及准快线航班比例达到73.64%。

根据上海航空枢纽战略规划目标，为了将浦东机场率先建设成为国际航空货运枢纽，在2004版浦东机场总体规划修编中，对货运设施规划作了调整，在第3跑道西侧集中兴建浦东机场西货运区，规划建设了公共货站、基地货站和转运中心3个地块功能，并与周边地区连成一体，2008年浦东机场西货运区建成启用。2009年，国务院正式批准设立浦东机场综合保税区，浦东机场西货运区纳入其中，2010年正式运作；2013年，中国（上海）自由贸易试验区正式成立，浦东机场综合保税区纳入其中，同年浦东机场成为我国首个实施航空货物中转集拼业务的试点机场。一系列利好政策为提升浦东机场国际航空货运枢纽服务能级创造了有利条件，也为货运航空公司、物流集成商在此运营带来了新的发展机遇。2007年起浦东机场"筑巢引凤"工程取得了实质性成效，UPS、DHL、FedEx全球三大货运巨头相继与上海机场集团签署协议，在浦东机场建设地区级转运中心，中货航、国货航、南航等主要国内航空公司也把80%以上的全货机运力集中在浦东机场。

抢先布局，积极推动上海自贸港区新政下跨境、冷链、地面物流等产业链延伸，引进新型承运人及战略合作客户。2016年4月，PACTL冷鲜处理中心投入运营，2017年7月，顺丰国内快件分拨中心在浦东机场投入运营，2017年9月，与俄罗斯空桥航空签署战略合作备忘录，共同助力中俄空中大通道建设，服务"一带一路"国家战略。

三、逐梦精进，安全服务彰显品质

安全是前提。面对持续高位运行、不停航施工的严峻考验，上海机场集团始终坚守安全底线，把"安全隐患零容忍"的理念贯彻到安全管理全过程、落实到安全运行各岗位，建立完善安全管理体系，加大安全管理科技投入，持续提升安全裕度，确保上海机场运行安全。截至2017年，浦东和虹桥机场分别持续实现了第18个和第30个安全年，圆满完成了2001年APEC峰会、2006年上海合作组织峰会、2008年北京奥运会、2010年上海世博会、2014年亚信峰会、2016年G20峰会等一系列重大保障任务。2008年，上海机场集团启动了安全管理体系（SMS）的建设工作，通过引进与国际接轨并适合机场保障实际的安全管理长效机制，实现从被动到主动、从事后到事前、从经验到科学的安全管理，提升机场的整体安全保障能力，并将SMS管理要素融入机场使用手册、融入员工的日常生产作业，建立了较为完善的安全风险管控体系，从严从实从细管控机场安全。加大安全管理新技术投入，在浦东机场研制部署了国内首家应用物

从严从实从细管控机场安全

联网感知技术的机场围界防入侵系统；建设国内首条智能跑道，在建设浦东机场第4跑道的过程中，在跑道、联络道的各个断面、不同深度预埋了传感器，为飞行区场道设施安全评价、预测预警、维护维修提供数据支撑；积极推动国内首家A-CDM机场协同决策系统建设，提升航班运行数据的集成、监控和分析能力，为上海民航跨部门一体化运行管理提供支撑。2018年1月，研究出台《安全管理提升计划》，从安全管理理念、模式及标准入手，以针对性措施提升安全管理弱项、补齐安全管理短板，致力打造更安全的机场。

软件是根本。在两场大规模扩建的同时，对标国际一流机场，以用户需求为导向，传承和创新上海机场精致服务，为旅客提供最佳服务体验。浦东和虹桥机场分别于2007年和2009年加入国际机场协会（ACI）全球旅客满意度测评体系，联手驻场单位携手提升枢纽服务品质。2017年，浦东机场ACI排名从加入之时的67位提升到第5位，连续8年位列全球前十，在年均旅客超4000万人次的机场中获全球最佳机场第2名；虹桥机场ACI排名从加入之时的53位提升到第17位，获SKYTRAX全球最佳国内机场，两大机场先后被国际航空运输协会（IATA）授予便捷出行项目"白金机场"认证。浦东机场每年推出"十大服务举措"，打造了爱心通道、行李大使、旅客服务中心等创新服务项目；虹桥机场打造精品机场，推出了温馨通道、"七星"手推车服务、精品卫生间、升级版母婴室等人性化服务项目，让旅客真切感受到真情服务。浦东机场现场问讯"翔音组"、安检"赵云通道"、交通保障"畅行组"，虹桥机场现场问讯"蓝馨组"、安检"吴娜通道"、交通中心"翔路组"等服务品牌、服务明星不断涌现，成为传承和创新上海机场

精致服务的突出代表。2018年2月，研究出台《持续提升旅客体验专项工作计划》，以强化信息服务、改善旅客体验为导向，实现航站楼内无线上网、全流程无缝导航、停车离场无感支付、商业消费无障支付，致力打造更智慧的机场。

服务品质是关键。为了扭转2017年年初航班正常率偏低的被动局面，上海机场集团紧紧抓住长三角地区空域精细化改革试点的契机，于当年9月研究出台《提升航班正常性专项计划》，致力打造更高效的机场。《计划》明确，

上海虹桥国际机场实现停车离场无感支付

到2019年，浦东和虹桥机场放行正常率分别达到75%、80%，地面滑行时间分别缩短到20分钟、15分钟。构建了三个层面协同工作机制推进航班正常性工作，一是市政府层面建立空域精细化管理改革联席会议机制，各方协同推进改革试点工作；二是民航华东管理局牵头建立航班正常管理协同机制，充分发挥行业主管部门的指导和监管职能，着力提升华东地区航班协同放行能力；三是空港社区党建联建文明共治委员会牵头建立航班正常性工作协同指挥平台，充分发挥空港社区机制优势，实现航班运行保障单位间的信息共享和协同决策。在市政府、部队、行业主管部门、空港社区单位的共同努力下，空中临时航线、等待空域的使用效率显著提升，两场放行正常率明显上升。2017年第四季度，浦东机场放行正常率85.65%，虹桥机场放行正常率92.17%；当年12月份，在全国21个协调机场中，浦东机场放行正常率89.60%、排名升至第14位，虹桥机场放行正常率94.60%、排名攀升至前所未有的第1位，均创下了全年最高纪录。

四、逐梦共建，空港社区创新治理

随着枢纽规模的日益壮大，空港社区治理也同步升级。2014年7月，在机场集团党委的提议推动下，一个以党建联建为纽带、以航空枢纽为核心，跨地域、跨部门、跨所有制、跨行业、跨层级的上海空港社区党建联建文明共治委员会应运而生。上海市文明办、民航华东管理局、市城乡建设交通工作党委、市交通委、上海机场集团、东方航空公司6家发起单位担任轮值主任，45家空港社区成员单位围绕上海航空枢纽建设和区域经济、社会协调发展的共同目标，坚持"有事共协商、难题共探讨、信息共交流、风险共承担、成果共享受"原则，坚持"需求导向、问题导向、项目导向"，以协商形成共识，以协调建立机制，以协作凝聚合力，努力推进无缝衔接、互惠互利、相互依存、协作共赢的"利益、责任、命运"三体融合的共同体建设。

4年来，空港社区坚定政治导向，发挥党组织的政治核心作用创新空港社区治理基础，发挥党组织的政治优势形成公共利益最大公约数，发挥党组织的组织优势凝聚各方合力，发挥党组织服务功能把握社区治理正确方向，在空港社区联建共治委员会的统一协调下，通过同创共建、交通枢纽、机场运行和货运枢纽4个专业委员会，密切顶层、强化中层、做实基

层，加速社区政府部门间、政府与企业间、政企与社区间不同类型成员间的互动交流，在大联建平台基础上注重通过以"小项目"为纽带搭建共建"小平台"，沟通行业党建、单位党建、区域党建以及党团支部、工会班组在内的系列党建联建社区共治"小堡垒"，播下了空港社区大党建格局的"星星之火"，2017年社区成员单位共结对数91对。

空港社区联建共治委员会和专业委员会及时、有效收集社区各成员需求，以项目为导向攻坚克难，2014年至2017年共设项目107项，每个项目均有明确任务，有责任主体，有完成节点和计划，有持续跟踪和评估，持续推进了社区结合部难点解决。聚焦社会关注的航班正常问题，于2017年4月建立了空港社区航班正常性工作协同指挥平台，两场分别建立航班运行协同指挥平台，实现了空管、机场、航空公司等航班运行保障单位间的信息共享和协同决策。

2018年4月，浦东、虹桥空港社区第一届党员代表会议第一次全体会议分别在两场召开，空港社区党员代表会议制度建立。这是上海空港社区践行党的十九大"加强和创新社会治理"精神的创新举措，是空港社区党建联建在组织方式社会化和运行方式项目化系统设计和深度实践的新探索，是发挥党的政治优势、组织优势和服务功能，发挥党组织在社区治理中的主心骨作用的新抓手。这为社区成员单位基层党员提供了强化党员身份、发挥党员作用、体现党员价值的平台，从而进一步加速提升空港社区综合治理能力。

五、逐梦远航，不忘初心梦圆枢纽

二十年风雨兼程，二十年砥砺奋进。在建设上海航空枢纽的进程中，是国家以及上海这座城市的发展，给予了上海机场集团发展空间和发展机遇。

中国特色社会主义已经进入了新时代，从现在到2035年，是我国全面建成小康社会，进而基本实现社会主义现代化的关键阶段，也是上海基本建成卓越的全球城市和具有世界影响力的社会主义现代化国际大都市的关键时期。站在新的发展起点，上海机场集团正在组织开展"新时代上海航空枢纽战略"的研究，积极服务和融入国家和城市的战略部署，不断满足人民日益增长的美好生活需要。

展望未来，我们将不忘初心，牢记使命，在习近平新时代中国特色社会主义思想指引下，认真贯彻落实党的十九大精神和上海市委市政府、国家民航局工作要求，坚持稳中求进、进中提质总基调，竭力把握上海进一步深化改革扩大开放，以及长三角世界级城市群建设等重大政策机遇和发展契机，以战略、规划、技术为统筹和引领，以安全、正点、旅客体验三大提升计划为抓手，走高质量发展、精细化管理之路，致力打造更安全、更智慧、更低碳、更高效的机场，让旅客在上海机场感受到更高效率、更高品质的出行体验，打造上海机场服务品牌，开启新时代上海航空枢纽建设新征程，为上海建设卓越全球城市提供最佳航空服务保障。

虹桥机场外景

争创世界一流机场集团
推动广东民航高质量发展

广东省机场管理集团有限公司

　　40年前，改革开放之初的1978年，广州白云机场旅客吞吐量约为60万人次，2017年已突破6500万人次，2018年有望突破7000万人次，40年增涨了100多倍。白云机场的快速发展得益于改革开放、得益于广东"敢为天下先"的精神。广州白云机场40年的发展历程，是中国民航发展的缩影，也是中国民航由小变大、由弱变强的积极参与者，建设民航强国战略的实践者。

　　改革开放40年，广州白云机场发展为广东省机场管理集团，一次又一次的历史性飞跃，与中国民航重大体制改革紧紧地联系在一起，深刻地印证着改革开放带给机场企业强劲的发展动力。事实证明，机场属地化改革，将机场业与地方经济社会发展紧紧地联系在一起，在机场企业为地方经济积极作出贡献的同时，也为机场企业自身发展注入了新的活力。

　　2004年2月25日，广东省机场管理集团公司在中国民航新一轮的体制改革中正式宣告成立，广州白云、汕头、湛江、梅县等四个民航机场移交广东省政府管理，广东机场业从此迈入一个新的发展阶段。

广州白云国际机场规划效果图

广东机场集团成立以来,各项运输生产实现快速增长。以机场集团的主体企业白云机场为例,机场集团刚成立的2004年,白云机场飞机起降18.28万架次,运送旅客2035.44万人次,货邮量63.24万吨。到2017年,白云机场全年共完成飞机起降46.53万架次,运送旅客6583.69万人次,货邮量178.08万吨,分别是2004年的约2.55倍、3.23倍、2.82倍。

揭阳潮汕机场(转场前为汕头机场)2017年的飞机起降架次、旅客运输量和货邮吞吐量分别比2004年增长了259.8%、486.6%、227.1%。湛江机场2017年的飞机起降架次、旅客运输量和货邮吞吐量分别比2004年增长了273.38%、422.48%、187.55%。梅县机场2017年的飞机起降架次、旅客运输量和货邮吞吐量分别比2004年增长了476%、753.1%、1882.8%。惠州机场2017年的飞机起降架次、旅客运输量和货邮吞吐量分别比复航的2015年增长了147%、159.5%、144.5%。广东机场集团现有6家成员机场公司(韶关机场正在筹建中)和12家成员企业,员工18000人。广州白云国际机场股份有限公司为上市公司,白云机场是国内三大航空枢纽之一。揭阳潮汕、湛江、梅县机场为国家批准对外开放的航空一类口岸。

广州白云国际机场2号航站楼启用

目前,广东机场集团正处于快速发展的重要时期、高质量发展的最紧迫时期、实现历史性发展的重要机遇期和窗口期。其在发展格局、规模体量、时机时点上,都基本具备了争创世界一流机场集团的条件。提出"争创世界一流机场集团",是公司学习贯彻习近平总书记重要讲话精神和践行"四个走在全国前列"的重要落实体现。

为了实现"争创世界一流机场集团"奋斗目标,推进广东民航高质量发展,广东机场集团正全力推进全省"5+4"骨干机场布局建设,促进军民航融合发展,深化空域精细化改革;促进全省机场协同发展,形成白云机场为龙头的世界级机场群,以更好地支撑珠三角世界级城市群、粤港澳大湾区城市群发展；打造白云机场国际航空枢纽，形成空港经济创新发展态势。

面向未来，广东机场集团致力成为世界级航空枢纽的建设者和推进广东民航高质量发展的践行者。通过努力，做大做强广东省机场业，推进广东民航高质量发展，为地区经济和国家民航事业发展作出积极贡献。

广东省"5+4"骨干机场格局

一、以发展为第一要务，企业综合实力跃上新台阶

全省机场规划建设加快推进。集团成立以后，公司规模不断壮大，综合实力跃上新台阶。2004年，广州白云、汕头、湛江、梅县四机场的整合，形成枢纽和干支线综合机场体系。同年8月5日，白云机场一夜转场成功，硬件设施的提升使得白云机场旅客吞吐量在转场当年一举突破2000万人次，跨入世界最繁忙机场行列。尤其是2018年4月26日，广州白云国际机场2号航站楼和综合交通中心正式投入使用，标志着白云机场二期扩建工程全部完工。目前，白云机场拥有2座航站楼，3条跑道，预计2018年旅客吞吐量将达到7000万人次。2011年12月15日，全新的揭阳潮汕机场启用，这是广东潮汕地区首个民用机场，开启了潮汕民航的新篇章。作为广东机场集团的新成员，惠州机场于2015年2月5日通航，韶关机场也正在筹建之中。2017年，在省委省政府的大力支持与直接推动下，全省机场规划进一步提升为"5+4"骨干机场格局，即珠三角地区要立足建设世界级城市群的目标，加快建设世界级机场群作为支撑，重点打造广州白云、深圳宝安、珠海金湾、惠州、佛山高明（即珠三角新干线机场）五大机场；粤东西北地区要重点建设揭阳潮汕、湛江、韶关、梅县4个机场。 广东民航发展迎来新的历史机遇期。

珠三角空域精细化改革持续推进。改善空域资源条件是打造世界级机场群的保障。广东机场集团按照国家空域精细化管理改革目标和任务，在民航局、广东省和军方的支持下，珠三角空域精细化改革近期目标已基本完成。受益于此，2017年广深两机场年均增长率均超过10%。下一步，将继续争取民航局、空军和省市政府支持，全力推进珠三角空域中期、远期试点工作，争取对粤港澳空域资源进一步开放和优化，实现空域资源的进一步释放。持续优化珠三角空域，解决民航与民航、民航与军航机场进离场航线交叉重叠、相互影响的问题，为白云机场、深圳机场和珠海机场扩容提质，以及为白云机场实现终端1.2亿人次客流量奠定坚实基础。

业务结构进一步优化。航空主营业务由客运为主发展成为客货并举的新格局，非航空业务发展初见成效；市场拓展能力不断增强，国内业务快速发展，国际业务迅猛发展，三大业务指标节节攀升；企业持续发展势头强劲，资产总额由2004年的158亿元增加到2017年的484.98亿元；企业创收能力进一步加强，营业收入持续增长，2017年实现营业收入86.7亿元，归属于母公司净利润8.05亿元，均创历史新高；员工队伍整体素质明显提高，大专以上学历员工及中、高级专业技术人员分别占正式员工总数的64.4%和11.8%，"学习型""知识型"企业初步形成。广东机场集团在高质量发展和可持续发展的轨道上迈出了坚实的步伐。

二、新时代站上新起点，制定实施发展战略路径

交通强国，民航先行。民航强国战略落实到广东，就是推动广东民航高质量发展。广东机场集团研究认为，推动广东民航高质量发展至少有八条标准：一是广东省把推进民航高质量发展上升为全省重大战略部署；二是全省机场统一规划布局，形成国际枢纽和干支线机场、运输机场与通用机场有机协调、共同发展的民用机场体系；三是全省机场资源整合、协调发展、管理对接，全省机场一体化发展成效显著；四是广州白云国际机场世界级航空枢纽基本成型，南方航空公司世界级国际化网络型航空公司基本成型，中小机场发展的速度和质量提升较快，广东国际航空枢纽地位进一步巩固；五是珠三角地区空域精细化管理改革取得实质性进展，制约珠三角机场发展的空域瓶颈问题基本解决，军民航基本实现融合发展；六是覆盖全省的高质量机场群基本建成，成为打造珠三角世界级机场群的核心部分，成为建设珠三角世界级城市群的重要推动力量；七是机场业务、航空经济发展较快，具有较强的核心竞争力、影响力和辐射力，带动临空高端要素聚集；八是综合交通枢纽体系基本成型，多种交通工具无缝衔接，旅客抵离十分便利。总体来讲，广东民航要实现发展速度快、运输规模大、运营效率好、服务水平优、竞争能力强、辐射带动广，与其他运输方式共同构成协调有序、快速发展、通达全国、连接全球的综合交通枢纽体系，广东民航整体实力位居全国前列。

进入新时代，广东机场集团坚持追求"安全发展、真情服务""国内一流、国际先进"，坚持追求广东民航高质量发展，适时提出了"全面加强党建 争创世界一流机场集团"发展改革实施路径，至少要实现"六个一流"：一是一流的机场布局和航空产业集群；二是一流的航空枢纽和机场群；三是一流的安全服务品质和美誉度；四是一流的标准和管理成效；五是一流的创新思想和改革发展能力；六是一流的党组织和人才队伍。

广东机场集团为实现"推进广东民航高质量发展、争创世界一流机场集团"奋斗目标制定了时间表，把基本实现"世界一流机场集团"目标的时间确定为2025年，具体分两个阶段实施。第一阶段，从2018年到2020年，成为"国内一流、国际先进"机场集团，通过3年努力，全省"5+4"机场格局中的所有机场基础设施建设全面展开且处于重要建设阶段，其中白云机场国际航空枢纽基本打造成型，届时白云机场旅客吞吐量力争达到8000万人次，进入全球前10位；货邮吞吐量达到230万吨，预计进入全球前12位；国际航线达到180条，国际旅客占比达到26%以上。第二阶段，从2021年到2025年，基本成为"世界一流机场集团"。再通过5年努力，全省"5+4"机场布局中的所有新建、迁建、改扩建机场全部按规划建成且投入使用，全省机场战略规划布局成型。白云机场国际航空枢纽打造成型，届时白云机场旅客吞吐量达到1亿人次、货邮吞吐量达到350万吨，力争同步进入全球前5位；国际航线达到220条，国际旅客占比达到30%以上。

争创"世界一流机场集团"一直是广东机场集团非常明确的努力方向。2016年，广东机场集团提出努力争创"国内一流、国际先进"的机场集团；2017年，进一步提出了"推进广东民航发展八条标准"；2018年，结合深入贯彻党的十九大精神，提出争创"世界一流机场集团"，这是广东机场集团立足全国、全省大局，适应内外部环境变化做出的战略安排，是这一届领导班子的重要使命和重大责任。

三、以深化企业改革为动力，体制机制日益完善

1992年，体制改革后的白云机场以一个全新的民航企业形象展现在社会公众面前。1993年，白云机场正式独立运作。随后，为了谋求进一步发展壮大，白云机场制定了"实施集团化、加快股份化、突出专业化、推进商业化"的跨世纪发展战略。1997年8月，白云机场集团组建方案获中国民航总局批准。1998年，民航总局批准了白云机场股份制改造方案。1999年7月，"广州白云国际机场集团公司"获政府批准，正式注册。1999年，白云机场进入资产重组、机构调整和组建股份公司的实质阶段。同时，为做好白云机场迁建工程，"广州白云国际机场有限公司（广州白云国际机场迁建工程指挥部）"组建。

21世纪初，在全国民航体制机制加快推进改革的大背景下，国内航空公司完成大规模重组的同时，国内机场属地化改革也在快速推进，民航直属机场陆续转让给地方政府管理、经营。

2004年，根据国务院关于民航机场体制改革的精神，广州白云、汕头、湛江、梅县四个机场由民航总局移交给广东省政府，组建广东省机场管理集团公司，实行"省属市管"体制，完成机场属地化改革。2004年2月25日，广东省机场管理集团公司揭牌成立。

广东机场集团组建后，积极加快内部改革，理顺管理关系，不断创新

2017年，广州白云国际机场旅客吞吐量突破6500万人次

管理机制。一是明确集团公司战略中心、决策中心、资源中心和安全服务监管中心的地位，在实现集团公司由"经营型"向"管理型"职能转变方面迈出重要步伐。平稳做好注销广州白云国际机场有限公司工作，撤销广州白云国际机场迁建工程指挥部，组建广州白云国际机场扩建工程指挥部；积极推进机构和业务重组，实施板块管理模式，组建广州基地管理分公司。二是实施干部人事制度改革，引入竞争机制，先后实施了五批次领导干部竞争上岗，打破了长期以来"论资排辈"的用人方式，形成了干部选拔任用的新机制。三是加大了劳动用工制度、分配制度、培训考核等方面的改革力度，逐步形成高效运作、良性发展的局面。

广东机场集团积极建立现代企业制度，成功运用现代资本运作手段实现企业的大规模融资，增强了可持续发展能力。2003年白云机场股票成功发行上市后，广东机场集团加强了对资本运营的领导，2005年，机场集团向白云机场股份公司顺利移交60亿元资产，圆满完成白

广州白云国际机场运行图

云机场股权分置改革；成功发行10亿元企业债券，股份公司发行15亿元短期融资券，实现了国有资产的保值增值。

2010年，广东机场集团的改革发展揭开了新的篇章。9月10日，广东省召开体制改革干部大会，宣布省属省管体制改革方案。实行"省属省管"体制，是一个新的管理体制的确立，是广东机场集团在新的起点上实现新的发展机遇。实施"省属省管"体制改革有利于协调各方面关系，有利于白云机场航空枢纽的建设和辐射作用的发挥，有利于省内机场协调发展，有利于统筹省内机场建设和安全高效运行，有利于机场集团理顺内部管理关系，规范运作，提升经营管理水平。

2013年4月18日，广东省机场管理集团公司正式更名为"广东省机场管理集团有限公司"。这标志着"省属省管"体制得到贯彻落地和公司制改制的成功。随后，机场集团旨在完善法人治理结构、建立现代企业制度的公司制改革向更深层次推进。2013年5月7日，广东机场集团召开会议确立和部署了深化集团本部建设改革创新工作——加快推进落实创新集团公司管控模式、完善绩效考核机制、集团本部部门职能优化和支撑新管控模式的制度建设。

近年来，广东省国资系统全面贯彻落实民航局和广东省委、省政府关于国有企业改革的系列决策部署，加快改革步伐，2018年底基本完成省属企业重组整合。按照省委省政府、省国资委的工作部署，广东机场集团聚精会神做强做大主业，打造核心竞争力，加强组织领导，加快工作进度，切实推动机场集团增量提质增效。

四、以确保安全为前提，管理运营品质不断提升

"大安全"理念深入贯彻。良好的安全保障为集团发展打下了坚实的基础。集团成立以来，连年保持平稳的安全态势，未发生责任原因造成的安全生产事故。集团坚决贯彻习近平总书记"安全隐患零容忍"和"确保民航安全运行平稳可控"的批示指示精神，切实抓好"大安全"理念贯彻推行工作。一是"大安全"是强调主体责任。集团属于政治单位、社会单位、公共单位、经营单位，承担政治责任、法律责任、主体责任、行政责任。发生任何事情，都可能造成不良后果和社会负面影响，必须更加重视社会影响和人的生命，兢兢业业落实安全主体责任，科学、系统、综合、创新地抓安全。二是"大安全"是整体安全。全集团各个单位都要安全，不仅仅是机场安全，各个板块、各单位都要实现安全。三是"大安全"是持续安全。要站在国家战略和国家安全的高度，统筹谋划安全工作，综合施策、标本兼治，使安全链条始终处于良性状态。四是"大安全"是全面安全。安全由航空安全转向全面安全，全面抓好反恐、空防、消防、治安、机坪、交通、设备、服务、经营、文化、作风、

纪律等一系列工作，实现安全、服务、效益、发展和稳定相互促进和动态平衡。五是"大安全"是系统安全。要求"党政同责、一岗双责、失职追责"，由较单一的安全口抓安全转向齐抓共管抓安全，将安全自然融入抓职业道德、安全文化、选人用人、风清气正、三基建设、干部作为、设施条件、科技手段、激励约束机制、严格规范公平透明的作风和管理上，全面确保安全和稳定。六是"大安全"是全员安全。注重人的品质和素质，充分发挥人的作用和岗位职能，每个人都清清楚楚按制度办、按规矩办，人人都有安全责任，人人都能落实安全责任，使得抓安全、落实安全责任成为一种习惯、一种本能、一种自觉。持续强化基层、基础、基本功建设，2005年至2015年集团公司连续11年被全国总工会评为全国"安康杯"竞赛优胜企业。2017年全国民航机场安检技能竞赛中白云机场安检荣获团体优胜一等奖第一名，荣获个人全能第一名；持续推进手册管理和安全规范性建设，陆续出台《安全检查手册》《消防安全管理规定》《控制区通行证管理规定》《安全责任制度》《安全责任追究管理规定》等规章制度；持续提升风险预警和应急处突管理能力，成功处置"7·26"机上纵火等突发事件，成功抵御彩虹、妮妲、海马、山竹等超强台风；持续开展"平安民航"建设和反恐安保工作，反恐联动机制发挥成效，广州白云、揭阳潮汕（转场前为汕头机场）、湛江、梅县、惠州机场先后顺利通过局方航空安保审计；持续加强科技创安建设，全省机场一体化运控理念达成共识，"四化一期"、人面识别和车辆卡口系统建设取得重大突破并在实战中取得显著成果；持续加大安全资金投入，解决了许多影响安全运行的历史遗留问题，全面提升了集团整体安全综合保障能力；持续落实专项保障任务和专项督导工作，圆满完成重要专包机、历年"两会"和G20峰会、广州全球《财富》论坛等一系列重大活动保障任务。

"真情服务"品质持续提升。改革开放以来，白云机场、汕头（后为揭阳潮汕）、湛江、梅县等机场坚持以规范化、人性化服务为主线，全面改进服务工作，不断提升服务质量。白云机场股份公司制定了国内首套机场服务标准，并顺利通过世界卫生组织的考核验收，成功创建"国际卫生机场"。积极建设异地城市候机楼和异地货站，优化地面交通流程和线路，进一步增强白云机场的枢纽服务和辐射功能。通过严格服务标准，开展交通整治活动，降低租金等措施，积极解决旅客与社会反映强烈的航班延误、物价虚高、交通秩序混乱等热点问题。大力实施服务品牌战略，逐步形成空港快线等服务品牌。优质的服务增强了企业的发展后劲，树立了企业的良好形象。揭阳潮汕（转场前为汕头）、湛江、梅县机场也走在当地文明服务建设的前列。

党的十八大以来，广东机场集团公司狠抓服务提升工作，提出"安全发展、真情服务"核心理念。党的十九大召开之后，广东机场集团更加积极贯彻落实新时代民航高质量发展整体思路和"真情服务"要求，坚持"服务问题零容忍"，以客户需求为导向，以服务管理体系化建设为核心，以航班正常管理工作为主线，以服务品质提升为路径，以服务文化建设与服务品牌推广为依托，以员工服务能力增强为支撑，着力提高机场服务质量，逐步构建起统一、高效、完整的集团公司服务保障网络。白云机场2017年航班正常放行率居全国三大枢纽机场之首，持续位居"世界十佳服务机场"行列并获得"2016年度中国民用机场服务质量评价优秀服务机场"和"2016年国际航空运输协会（IATA）便捷旅行项目白金标奖"荣誉，各中小机场服务进步明显，揭阳潮汕机场获得"2017年度中国民用机场服务质量评价优秀服务机场"荣誉。广东机场集团各单位服务管理基础工作更加坚实，贯彻真情服务理念的自觉性和主动性明显增强，整体服务质量和水平迈上新台阶。

五、以开展市场营销为契机，运输生产持续增长

改革开放以来，广州民航迎来新的发展机遇，多项业务指标跃居全国第一，白云机场成为中国内地最繁忙的机场。1977年至1990年，全国民航开辟了从白云机场始发或通往白云机场的航线共92条，占这一时期全国新航线总数的20%。1980年至1992年，白云机场的飞机起降架次居全国机场第一位。1986年至1992年，白云机场的旅客吞吐量居全国机场第一位。

广东机场集团成立之后，由上至下树立了全新的机场营销理念，实施积极的营销策略，主动出击找市场，通过参加世界航线发展大会，举办"白云机场中枢论坛""全国机场服务大会"等举措，不断引入航空公司、开辟航线和增加航班，运输生产持续增长，国际业务迅猛增长，实现了跨越式发展。2003年，白云机场旅客吞吐量在世界机场排名70位，2017年突破6500万人次，全球排名第13位。截至2017年，白云机场的国际及地区航线有150余条，连接全球89个国际机场。白云机场的国际全货运航线由转场前的空白，发展到目前的43条（包括联邦快递航线）。目前77家航空公司在白云机场运营，其中外航和地区公司有49家。

2018年9月16日，世界的目光再次聚焦广东。广东机场集团承办了2018年世航会，这是广东机场集团深入贯彻落实习近平总书记重要讲话精神和广东省委省政府、广州市委市政府决策部署，推动广东民航高质量发展，助力广东省实现"四个走在全国前列"、广州成为"四个走在全国前列"排头兵的重要举措，是展现改革开放40年成果，宣传广东、广州城市形象的重要契机，对推进广州国际航空枢纽建设，促进广州空港航线网络发展，推动广东省和广州市国际交流合作，实现产业集聚加速、带动区域经济发展具有重要意义。9月16日至18日，来自全球112个国家的300多家航空公司、700多家机场管理机构、130多家政府及旅游机构以及全球近百家媒体记者共计约3500多名嘉宾代表集聚广州，这是世航会史上规模最大的一次。

与此同时，揭阳潮汕（原汕头）、湛江、梅县、惠州机场的营销工作也卓有成效。揭阳潮汕机场目前有24家航空公司在运营，开辟境内外航线68条，通达境内外51个航点。湛江机场目前有11家航空公司在运营，开辟境内外航线32条，通达境内外33个航点。梅县机场目前有8家航空公司在运营，开辟境内外航线14条，通达境内外19个航点。惠州机场目前有10家航空公司在运营，开辟航线24条，通达24个航点。

新时代已经开启，广东机场集团将承担更多新的作为，致力于成为世界级航空枢纽的建设者和推进广东民航高质量发展的践行者，做大做强广东省机场业，推进广东民航高质量发展，为地区经济和国家民航事业发展，为助力广东省实现"四个走在全国前列"奋斗目标，助力新时代民航强国建设作出更积极贡献！

2018年世界航线发展大会开幕暨签约仪式

乘京津冀协同发展强劲东风
绘又快又好跨越发展新画卷

天津滨海国际机场

1978年，素有"新中国民航摇篮"之称的天津机场，仅作为经停站，没有正式意义上的始发航线，年旅客吞吐量仅有5400人次。2017年，天津机场已开辟国内外航线275条，年旅客吞吐量2100万人次。

40年，天津机场旅客吞吐量增长了3870倍，实现了历史性突破。进入21世纪，天津机场在全国民用机场旅客吞吐量排名由第30位提高到第19位，全国民用机场货邮吞吐量排名由第21位提高到第13位。

40年，脱胎换骨，凤凰涅槃。

回首40年，天津机场走过了一个不断取得发展成就的历程。特别是党的十八大以来，天津机场发展取得了新的重大成就。这些成就的取得，依赖于天津机场认真贯彻落实党中央、天津市、民航局和集团公司的方针政策、决策部署及工作要求，勇于推进实践基础上的理念创新，形成和贯彻了"四创""五无"企业精神。从2012年开始，针对机场发展面临的矛盾和问题，为了提高机场整体工作水平，机场全面开展了创新、创业、创效、创优"四创"活动，弘扬创新精神，强化创业意识，提高创效能力，提升创优品质。在2013年冲击完成旅客吞吐量1000万人次目标过程中，又总结提炼了"无中生有、无孔不入、无计不施、无时无刻、无穷毅力"的"五无"精神。"五无"精神一经提出，就被广大干部职工一致认可和践行，也得到了社会的广泛认可。通过从实践到理念、再运用到实践的循环过程，"四创""五无"逐渐成为天津机场独特的企业精神，成为指导机场全部工作的精神动力。

京南燕北，渤海西畔，天津机场正乘京津冀协同发展的强劲东风，振翼再启新航程。

一、从数字看历程，提质增效促发展

（一）二十四年徘徊，艰难起步，旅客年吞吐量达到100万

从1978年到2002年，天津机场历时24年实现了旅客吞吐量100万人次的突破。1978年前，天津机场仅作为飞机经停站，没有正式意义上的始发航线，当年仅有旅客吞吐量5429人次、货邮吞吐量1427吨。1979年4月，天津机场使用4架子爵号飞机，开辟了7条始发航线，从此结束了天津只作为经停站的历史。1990年，随着改革开放的深入，天津机场进入了稳步发展阶段。从1992年到1998年间，每年在天津机场起降的独联体和波罗的海沿岸国家20多个航空公司的客货包机达2800架次，使得这一时期的天津机场货邮吞吐量大幅度增长。

（二）十年磨砺，一飞冲天，旅客年吞吐量突破1000万

从2002年加入首都机场集团到2013年，天津机场旅客年吞吐量由109万人次增长到1000

万人次，全国民用机场旅客吞吐量排名由第30位提高到了第24位，上升6位；货邮吞吐量由4.1万吨增长到了21.4万吨，全国民用机场货邮吞吐量排名由第20位提高到了第13位，上升7位。

独联体和波罗的海沿岸国家的客货包机降落在天津机场

（三）四年提速，再造传奇，实现旅客年吞吐量2000万

从2014年到2017年，天津机场的旅客年吞吐量从1000万人次增加到2000万人次。

实现1000万的增量，天津机场只用了4年。

安全形势持续平稳。机场原因事故征候万架次率为0；杜绝了空防安全事故、重大航空地面事故和重大信息安全故事。截至2017年，已连续保障航空运输飞行安全58周年；连续多年荣获全国"安康杯"竞赛优胜单位荣誉称号。

航空客运高速增长。2013年，机场旅客吞吐量首次突破1000万人次大关。2017年，旅客吞吐量达2000万人次，4年年均增长20.28%，列同期全国大中型机场年均增速第一名。

航线网络迅速扩展。2017年，共有51家中外航空公司在机场运行，运营航线275条，通航城市164个，分别比2012年增加19家、158条和83个。其中，国际航线49条，比2012年增加31条。截至目前，区域性枢纽机场航线网络结构已现雏形，已建立起国内干支结合，国际主要通航东北亚、东南亚以及欧洲的客运航线网络；建立起国内通航重点城市，国际通航日韩、欧美的全货运航线网络。

建设面貌焕然一新。如果说天津机场最近4年的变化是一日千里，那么天津机场40年的发展便是翻天覆地。40年前，改革的春风从天津机场吹进了津沽大地，当时的天津张贵庄机场经历了5年的扩建改造于1979年1月23日正式投入使用，有了能容纳约600人的5500平方米的航站楼。2014年8月28日，天津机场2号航站楼和综合交通中心启用，这座恢宏大气的城市窗口成为旅客关注的焦点，获全国建筑行业工程质量最高荣誉"鲁班奖"。它的投入使用，使天津机场航站楼总占地面积达到36.4万平方米，综合保障能力和整体形象实现质的飞跃，具备了年旅客吞吐量3000万人次、货邮吞吐量70万吨的保障能力。

2017年，天津机场旅客年吞吐量突破2000万人次

效率效益显著提高。2014—2017年，天津机场人均折算旅客吞吐量年均增长11.6%；人均营业收入年均增长11.5%；航站楼单位建筑面积能耗年均下降0.67%；营业总收入年均增长18%，而成本费用总额剔除2号航站楼投用影响增长仅为7%，成本费用利润率由2012年的-20%提高到2017年的14.5%。

打造"同层级服务标杆机场"，叫响"经津乐道"服务品牌。国际机场协会（ACI）旅客满意度测评值由2012年的4.70上升到2017年的4.96。2号航站楼启用以后，天津机场把提升服务品质、打造服务品牌作为机场发展的重要战略任务，专门成立服务品质部，提出3年服务提升计划，以"国内同层级服务标杆机场"为目标，全面推进"人、物、规、管"四维管理模式，明确了"明显转变、显著提升、全面创优、个性出彩"4个具体阶段。2015年，荣获中国民用机场协会服务质量评价"服务质量优秀奖"。2016年，荣获国际机场协会2015年度全球年旅客吞吐量500~1500万量级最佳机场第二名、亚太区最佳机场第三名两个奖项；荣获国际航空运输协会（IATA）"便捷旅行项目"白金认证。2017年，荣获国际机场协会颁发的最高奖项"机场服务质量卓越奖"，实现了服务工作的全面创优与个性出彩。

2014年8月28日，天津机场二期扩建工程投入使用

二、服务京津冀，先行先试大发展

（一）打造天津的城市窗口

天津位于华北、东北和华东三大区域的结合部及环渤海中心，是首批沿海开放城市，全国先进制造研发基地、北方国际航运核心区、金融创新运营示范区、改革开放先行区。中国（天津）自由贸易试验区为中国北方第一个自贸区。

全国首个坐落在重要交通枢纽的"非物质文化遗产展示基地"

天津机场由此成为服务京津冀、环渤海，面向东北亚的重要交通枢纽，更成为天津市的一张重要"名片"，成为许多人了解天津的"第一窗口"。

"旭日喷薄东方升！"清脆的天津快板如珠落玉盘，响彻天津滨海国际机场2号航站楼，吸引了过往的旅客纷纷驻足观看。民族传统艺术亮相于现代化的航站楼内，这样的场景在天津机场已经不是什么新鲜事儿了。

在天津机场航站楼出港大厅内，旅客能在天津非物质文化遗产展示体验基地感受天津刺绣、毛猴等传统艺术文化；在安检区域，旅客能看到登机口指引地图和最远距离行走时间提示标志；在候机区，设置了特殊旅客专属候机区，在这里能找到母婴候机室、哺乳室等等，充满现代感和人文气息。

（二）成为进出北京的"第二空中通道"

除了作为天津的名片，天津机场还把机场发展纳入国家发展战略格局和地方经济社会发展大局中来谋划和推进。2013年5月，习近平总书记指示北京、天津要共同谱写新时期推动社会主义现代化的"双城记"。

2014年，京津冀协同发展战略上升为重大国家战略；2015年6月，中共中央、国务院正式印发《京津冀协同发展规划纲要》，京津冀协同发展国家战略进入全面实施阶段。

天津机场以落实国家战略为己任，将推动京津冀民航协同发展作为发展机遇，成为首都北京的一扇空中大门。

2014年，天津机场北京南站城市候机楼正式运营，开启"空铁联运"服务，旅客从北京南站到天津机场2号航站楼，最短仅需63分钟。自2014年5月至2016年6月，天津机场通过线下设立"空铁联运"服务柜台和线上销售"空铁联运"产品相结合的方式，共计为北京、唐山、沧州41万人次旅客报销提供

2014年5月8日，天津机场北京南站城市候机楼暨京津空铁联运正式运行

高铁车票。从2016年至今，天津机场空铁联运服务不断转型升级，当前服务范围已覆盖京冀辽鲁8个城市和天津1个区县，囊括6条高铁线路服务。

2014年12月16日，京津冀民航协同发展——天津机场启动会在津举行

2014年和2015年，天津机场先后主办"京津冀民航协同发展天津机场启动会"和"京津冀民航协同发展天津机场推进会"，贯彻落实民航局关于京津冀民航协同发展的顶层设计思想。会议期间，天津机场分别与5家机场集团和机场公司、2家航空公司、3家跨界合作公司、32家旅行社签订了战略合作框架协议，共同谋划落实"京津冀协同发展""一带一路"建设，实现持续快速发展。

同时，天津机场还与包括首都机场集团成员在内的11家机场或机场集团开展战略合作，重点

打造与内蒙古、江西、黑龙江、吉林等地主要机场互为"桥头堡"的"双枢纽"航线网络；发展国际旅游包机；拓展全货机航线，有效推动多地客货源选择天津机场进出北京。

（三）打造多形式联运新布局

除北京地区，天津机场对周边地区的延伸服务也朝着全方位、立体化的方向迈进。

在地面交通1.5小时的行程内，天津机场市场覆盖区域遍及北京、天津、河北等地区，可为近7000万人口提供航空服务。作为比较成熟的产品，天津机场的"空铁联运"服务显示出了巨大的潜力。

一方面，天津机场积极争取航空公司在津投放运力；另一方面，天津机场加密了国内和周边国家、地区的干线航班，打造"空中快线"，拓展有进入北京需求的国内二三线机场客运航线航班，与此同时，天津积极开发航空旅游市场，打造华北地区航空旅游集散中心。

在异地城市候机楼布点方面，天津机场已建成30座城市候机楼，借助火车站、长途客运站将无缝接驳来自北京和河北等地区的旅客。从2016年开始，天津机场异地城市候机楼的建设工作重点转向完善城市候机楼服务功能，推出"行李捷运"服务、"行李管家"服务。

在货运方面，天津机场内外发力，多措并举，逐步完善了以机场为核心的航空物流发展要素。为促进货运业务的发展，天津机场积极争取地方政府制定全方位的鼓励支持政策，向发展航空货运，引进增开货运航班倾斜。发挥客机腹舱作用，借助客运航线网络发展腹舱货运业务。

从筑巢引凤到有凤来仪，目前，天津机场已初步建立国内干支结合，国际面向东北亚、东南亚及欧美的客货运航线网络。截至2018年9月，已有55家中外航空公司在天津机场运行，开通客运航线232条，货运航线14条，通航国内外160个城市。

天津机场持续践行真情服务理念，坚持品质化发展

三、开启新征程，助力世界级机场群

抓住机遇，主动作为——这是长期以来天津机场在京津冀民航协同发展、助力京津冀世界级机场建设中取得优异成绩的"密钥"。

展望未来，天津机场的发展仍有无限可能，天津机场正持续找准方向，持之以恒，不断努力。

（一）建设"四个机场"，实现天津机场品质化发展

在京津冀协同发展、"一带一路"建设、自由贸易试验区建设、国家自主创新示范区建设、滨海新区开发开放以及雄安新区建设的时代机遇中，天津机场具有无限的发展潜力。

天津机场将积极践行国家重大发展战略，着力打造"平安机场、绿色机场、智慧机场、人文机场"，严守机场安全底线，建立"安全隐患零容忍"长效机制，建设平安机场；坚持可持续发展，将节能低碳、资源节约、环境友好、运行高效的理念贯穿规划、设计、建设、运行全过程，建设绿色机场；构建数据中心，打造运行保障平台、服务平台、工作平台，前瞻应用信息技术，建设智慧机场；坚守真情服务底线，注重旅客体验，夯实国内同层级服务标杆机场地位，建设人文机场。

规划中的天津机场3号航站楼

（二）聚焦"两个定位"，建设区域枢纽机场和我国国际航空物流中心

年旅客吞吐量突破2000万人次，打造国内同层级服务标杆机场，意味着天津机场已经完全具备承担区域枢纽机场、中国国际航空物流中心功能的坚实基础。

站在2000万的新起点上，天津机场确立了自己全新的发展目标。

天津机场规划建设3号航站楼，实施东跑道延长，提升机场综合保障能力，不断增强区域航空枢纽作用；天津市规划建设航空物流区，打造大通关基地，优化航空口岸通关环境，有效提高天津航空货运服务能力；京滨铁路和京津城际引入线并线进入天津机场，铁路站台与3号航站楼实施一体化建设，规划引入其他城市轨道交通，不断提升天津机场地面交通辐射能力，着力构建以机场为核心的综合交通枢纽。预计2035年，旅客吞吐量将达到7000万人次。

在客运业务快速发展的同时，天津机场全力实施航空物流发展战略，天津机场将逐步发展成国际航空物流中心。目前，天津市正在规划建设7.5平方公里的航空物流区，打造大通关基地，优化航空口岸通关环境。未来，天津机场将充分发挥天津区域、产业及政策优势，加快提升货运功能和辐射能力，着力建设"一带一路"核心航空货运枢纽、北方航空货运中心，积极拓展航空快件枢纽功能，形成以天津机场为核心的京津冀航空快件集散中心。预计2035年，天津机场货邮吞吐量将达到200万～280万吨。建设初具规模的区域枢纽机场和中国国际航空物流中心，能有力地支持和服务天津经济社会发展，有力地支撑京津冀机场群建设，为国家的整体发展战略作出贡献。

天津机场还将进一步完善交通体系，打通客货集输通道。天津机场力图打造以机场为核心的综合客运枢纽，开通更多省际客运班线；增加京津冀航空货运班车，打造京津冀重要的物流通道；争取天津市政府支持，加快高速铁路和高速公路等引入工程，加快完善机场至京津冀地区的轨道和公路等交通。

在服务方面，天津机场将以完善城市候机楼行李服务、货运服务、卫星候机楼服务功能为基础，全力开辟客货多式联运大通道，不断创新空铁、空巴、空海联运服务；持续提升异地城市候机楼服务功能，建设标杆城市候机楼，发挥好异地城市候机楼在京津冀协同发展、雄安新区开放发展中的带动和辐射作用；强化旅游集散中心作用。

回首40年，雄关漫道岁月如歌，相约未来，天津机场正描绘发展新画卷。

昆明机场走进长水新时代

昆明长水国际机场有限责任公司

  40年辛勤耕耘，40年硕果累累。改革开放40年来，云南民航事业得到了飞速的发展，取得了令人瞩目的成就。特别是从昆明巫家坝机场转场至昆明长水机场后，随着云南经济和旅游业的发展，昆明长水机场旅客吞吐量增长迅猛。转场6年来，昆明长水机场保障了航空安全，为广大中外旅客提供了优质的服务，机场的面貌发生了翻天覆地的变化，呈现出一派欣欣向荣的景象。

  据统计，2014年，长水机场年旅客吞吐量突破3000万人次；2016年，长水机场年旅客吞吐量突破4000万人次。长水机场成为继北京首都、上海浦东、广州白云、成都双流等机场后，又一座迈入4000万人次级的机场。2018年，长水机场年旅客吞吐量将跨越5000万。截至2017年，长水机场共开通客货运航线358条，其中国内航线280条，国际（地区）航线78条，相比2016年分别增长了16.2%，16.7%，14.7%。通航城市达到177个，其中国际（地区）通航城市51个，航线覆盖东南亚10国、南亚5国、东北亚2国、中东1国、欧洲2国、北美2国以及澳大利亚，新增昆明至莫斯科直飞航线，使长水机场洲际航线数量增至5条，其中东南亚、南亚通航点达到36个，数量排名全国第一，南亚、东南亚辐射中心加速成形。

  当来来往往的八方宾客乘飞机从空中降落，踏上春城昆明这片红土地时，昆明机场就是他们感受昆明的第一个窗口。

昆明长水国际机场

忆往昔　峥嵘岁月（1978—1992）

　　民航云南省局所属的昆明巫家坝机场，其前身是1951年2月成立的"军委民航局西南办事处昆明站"。民航云南省局驻昆明巫家坝机场，系军民合机场，占地面积4667亩，原来只有2架安24和2架伊尔14小型飞机。党的十一届三中全会以后，1980年民航改变领导体制，开始走上企业化道路。同年3月5日，国务院决定改变民航的领导体制，由国务院直接领导。从此，民航云南省局接受民航成都管理局和云南省政府双重领导，以民航领导为主，走企业化道路，按国有企业规范进行管理。在云南省委、省政府的支持下，先后于1985年、1986年、1991年从国外引进3架波音737—300型客机。民航云南省局自1985年底引进第一架波音737型飞机后，昆明地区航空运力的布局逐渐得到改善。

昔日的昆明巫家坝国际机场

　　昆明机场经过近30年的不断使用，跑道道面多处断裂和破损，调度指挥、通讯导航、供电、供油等设施也逐渐老化，已不能适应发展的需求。特别是改革开放以后，航空运输量急剧增加，巫家坝机场的各项设施已远远不能适应发展的需要，扩建巫家坝机场已成为当务之急。

　　1985年5月，经国家计委批准扩建昆明巫家坝机场，1987年正式开工。在机场扩建期间，为不中断昆明至国内外的航班运输，民航云南省局打破常规，大胆采取边飞行、边施工的办法。经过一年多的紧张施工，1988年5月，长3000米、宽44米，水泥混凝土道面的副跑道竣工并投入使用。1990年3月，长3400米、宽45米，水泥混凝土道面的主跑道工程建成启用，可起降波音747、A310等大型客机。同时，新建3万多平方米客机坪，可同时停放8架大中型飞机。新建储油量1.5万立方米羊方凹油库，航油可通过输油管道直接泵入机场，从而结束了巫家坝机场航油由汽车装卸进入机场油库的历史。

　　在航行管制和通信导航设施方面，按照国际标准设计并安装了二次航管雷达、仪表着陆系统、全向信标台、测距仪、多声道记录仪、甚高频、自动转报系统等先进通信设施；新增南、北近台等导航台7个，并完善机场供电、供水等配套系统。

截至1991年底，从昆明机场出发的航线已达26条，航线里程有2万多公里，连接国内外26个城市和地区。其中，从昆明飞往省外的航线有昆明至北京、上海、广州、成都、海口、汕头、重庆、沈阳、哈尔滨、武汉、西安、兰州、杭州、厦门、南宁、深圳、贵阳、长沙、桂林19条国内航线。从昆明飞往省内的航线有昆明至景洪、芒市、思茅3条省内航线。从昆明飞往国外及地区的航线有昆明至曼谷、仰光、万象3条国际航线和昆明至香港的地区航线。至此，一个以昆明机场为中心的航空运输网络已初步形成。

再回首　辛勤耕耘（1992—2001）

云南民航人永远不会忘记，1992年7月28日，云南航空公司在原民航云南省局的基础上以"一个机构，两块牌子"的双重身份登上中国航空大市场，基地就是昆明巫家坝机场。云航将徽标定为"金孔雀"。孔雀不仅是云南的象征，更代表云南26个民族纯洁善良、热情好客的形象。云航，一只美丽的"金孔雀"，它展翅翱翔，将吉祥、友谊传播给世界。

原中国云南航空

在强手如云的民航大市场中，云航代表云南参与角逐。在不到两年的时间里，已拥有世界先进的波音737—300型飞机6架，省内通航机场5个，它们是西双版纳机场、德宏芒市机场、思茅机场、保山机场和昭通机场；正在兴建之中的省内机场2个，它们是大理机场和丽江机场。云航在开辟国内航线的同时，依托云南所处的区位优势，跻身于国际航空运输市场，仅在1993年短短的几个月时间里，相继开辟出昆明至新加坡、曼谷、吉隆坡3条国际航线，开创了云南航空前所未有的新局面，第一次形成了比较完善的以昆明机场为中心，内联外开的航空运输网络，使昆明机场通航的城市达40个。1995年11月，大理机场建成并通航；1996年6月，丽江机场建成并通航；1999年4月，香格里拉机场建成并通航；2001年3月，临沧机场建成并通航。截至2001年底，云南航空公司的已拥有20架波音系列的飞机，这些飞机从昆明飞往全国各大机场，飞往新加坡、曼谷、万象、大阪、首尔等东南亚国家和大中城市。

早在1991年6月，昆明机场为迎接1993年8月在昆明举办的首届中国昆明出口商品交易会，动工兴建第三代候机楼。1993年7月，新候机楼建成并投入使用。该候机楼的总面积为1.718万平方米，设有3个国内候机厅，2个国际候机厅，采用4个登机桥门位候机、近机位登机，内设自动扶梯、航班显示自动监控、行李自动传输系统等设施，集时代性和地方特色为一体，高峰小时旅客吞吐量为1200万人次。新候机楼的建成，适应了昆交会期间客流增长的需要，为云南民航的发展立下了汗马功劳。

1994年5月20日，在民航总局、民航西南管理局等部门的支持下，总投资为6154万元的昆明机场飞机维修库开工兴建。经过两年多的精心施工，飞机维修库于1996年7月28日投入使用。从此，云南民航告别了露天维修飞机的历史。新建的飞机维修库占地面积为8153平方米，采用新工艺、新材料和大跨度网架整体吊装结构，成为西南地区第二个先进的飞机维修库。该机库可全天候同时对3架波音737或同时对1架波音757和1架波音767飞机进行"C级"维修。

1997年，昆明取得了1999年世界园艺博览会的举办权，预计参观人数将达到1000万人次，而昆明机场现有的吞吐量远远不能满足举办世博会的要求。机场扩建势在必行。云南省委、省政府和民航总局决定投资10亿元，按照国际A机场标准，总体按一条跑道年旅客吞吐量为1200万人次进行规划，扩建总面积达5.8万平方米，包括新候机楼、站坪、停车场等。1997年4月，昆明机场扩建工程开始动工，经过近两年的艰苦建设，新候机楼终于在1999年2月28日竣工，4月20日交付使用。扩建后的昆明机场新老两个候机楼总面积达到了7.63万平方米。新候机楼共设有59个值机柜台，每个柜台都配有一套托运行李安全检查系统。同时设有10余个安检通道，16个候机厅，12个登机桥，34个停机位，6个行李托盘。新候机楼还设有残疾旅客特殊通道和母婴候机室。新候机楼启用后，昆明机场的年旅客吞吐量由原来的200万人次提高到700万人次，极大地提高了昆明机场的保障能力，经受了世博会的严峻考验。世博会期间，昆明机场共保障各类飞行80707班次，专机46架次，包机700架次，加班9006架次，圆满完成了江泽民等党和国家领导人专机和出席世博会的各国元首的专机保障任务。

2001年4月25日，民航总局在昆明机场召开表彰大会。昆明机场凭借保障航空安全50周年的安全业绩，被民航总局授予"保证航空安全标兵单位"的荣誉称号，并荣记集体一等功，成为中国民航系统首家获此殊荣的机场。截至2001年3月，昆明机场共保障航班飞行50余万架次，保证航班飞越12余万架次，累计完成旅客吞吐量5000万人次，货邮吞吐量78万吨，年均增长30%。旅客吞吐量连续两年位居全国第4位，起降架次位居全国第6位。

看今朝 空港腾飞（2001—2008）

2001年11月28日，民航总局根据中央关于深化民航改革的精神，作出了云南民航体制改革的重大决策。经民航总局研究决定，原则上同意云南民航分立重组方案。分立后的3家单位分别是：民航云南省局、云南航空公司、民航空管中心。分离后的民航云南省局隶属于民航西南管理局，担负着经营昆明机场和云南省内9个支线机场，保证机场安全、正常运营，为航空公司提供机场保障等任务。

2004年4月26日，昆明机场及思茅、昭通、保山、西双版纳、德宏芒市、大理、丽江等8个民航机场正式移交云南省政府管理。同时，云南机场集团公司正式挂牌成立，这标志着云南省民航机场管理体制和行政体制改革顺利完成。2004年8月20日，昆明机场成为云南机场集团公司所辖的8个机场之一，开始按照新的组织结构运行。昆明机场作为云南机场的旗舰机场，在集团公司的改革、发展、建设、管理、安全、服务、效益和飞行正常中都将起到举足轻重的作用。

2004年11月，昆明机场为消除跑道破损的情况，投资1900万元实施跑道"盖被"工程。昆明机场在不停航的情况下，利用夜间对全长1860米的跑道进行修补和换板，摊铺沥青混凝土，同时对部分助航灯光进行改造。经过近2个月的紧张施工，"盖被"后的跑道于2004年

12月底投入使用。

2005年9月，为缓解停机位紧张的状况，昆明机场投资3000多万元实施停机坪北扩工程，整个工程将增加各类机型停机位15个，扩建停机坪87200平方米，包括C类、D类、E类三种类型的飞机停机坪，其中C类飞机停机坪可同时停放9架C类飞机；D类飞机停机坪可同时停放4架D类飞机；E类飞机停机坪可同时停放2架E类飞机。停机坪扩建后，昆明机场的停机位将由原来的34个增加至49个，昆明机场的客流量和航班起降架次将得到大幅度提高。

2006年4月，昆明机场投资718万元修建快速脱离道。随着昆明机场航班量的不断增加，飞机起降高峰小时已超过了28架次，2006年的旅客吞吐量预计将突破1400万人次，给飞行安全提出了更高的要求。而昆明机场属国家一类机场，是全国同类型4E级机场中唯一没有快速脱离道的机场。因此，修建快速脱离道迫在眉睫。经过80天的紧张施工，快速脱离道于2006年7月建成并投入使用。快速脱离道建成后，飞机起降高峰小时达35架次，基本满足昆明机场迁建前的使用要求。

全国首家自助乘机系统在巫家坝机场启用

2006年9月1日，2台具有国际领先水平的自助值机柜台在昆明巫家坝国际机场正式投入使用。至此，昆明机场成为国内首家可以为昆明始发的全部航空公司提供符合国际航协（IATA）CUSS标准自助服务的机场。昆明机场CUSS的投入使用，创造了三个第一：国内第一家支持国际航协通用自助服务（CUSS）标准的机场；同一终端界面可同时办理的航空公司自助值机服务最多（12家）；第一家支持团队自助服务的机场通用自助服务系统。到目前为止，昆明机场已拥有12台自助值机柜台。昆明机场自助值机柜台的使用，使旅客办票不再排队，缓解了机场超负荷运行的状况，保障能力得到进一步提高。

2007年1月，总投资约为1.2亿元、总建筑面积为34314.6平方米的昆明机场商务候机楼投入使用。昆明机场商务候机楼将为旅客推出"一站式服务"，使民航服务变得更加便捷。VIP客户还将有专职管家直接陪伴，为其提供一对一全套服务。它主要面向机场高、中端旅客市场，以从事商务候机为主，兼营宾馆、水疗、商务办公、会议、餐饮、娱乐和停车场，旨在完善昆明机场设备、设施配套功能，分流昆明机场候机旅客及百事特商务贵宾，构筑机场集团公司新的经济增长点。商务候机楼将充分运用其定位优势，以科学的管理、优质的服务全面提高总体竞争力，为把昆明机场建设成最佳空港作出更大贡献。

2008年7月，昆明机场在北京奥运会召开前夕，投资1900万元引进了29台由德国海曼公司生产的先进设备——行李安全检查X光机，对安检站原来使用的旧设备进行了更新。昆明机场安检站原先所使用的行李检查安检设备，从1999年启用至今已使用长达10年，设备的各项性能指标已经无法适应日益严峻的空防安全形势。为此，云南机场集团、昆明机场通过多方对比和考察，引进了目前在世界上较为先进的由德国海曼公司生产的安检设备。与老设备相比，新设备具有图像质量清晰，行李传输速度快的特点，且在欧美等国家的机场使用率较高。目前，这些设备已投入使用且运行状况良好，旅客托运行李的速度明显提高。

昆明机场在加强基础设施建设的同时，还开展了创建"诚信机场"活动。自2005年3月以来，昆明机场推出了《诚信宣言》和《十项服务承诺》，构建了"诚信机场"体系。2007年，昆明机场航班平均正常放行率为96.02%，旅客满意度达到89.4%，名列全国七大机场前列。2008年1至8月，昆明机场起降航班9.73万架次，完成旅客吞吐量1021.35万人次，货邮吞吐量为15.4万吨。3年来，全体员工用辛勤的汗水和真诚的服务为昆明机场赢得了一个又一个荣誉。先后获得云南省消费者协会授予的"诚信承诺单位"称号、"全国质量、服务双十佳信誉示范单位""全国企业文化诚信建设先进单位""第七届全国残运会组委会先进接待单位""云南省第二届热心支持消防公益事业先进单位"称号以及深圳航空公司"最佳安全运行奖"等。

展宏图 面向未来（2008—2012）

随着云南省社会经济的迅猛发展，航空运输市场近年来呈现出较快的发展趋势。昆明机场现有候机楼旅客吞吐量的原设计能力仅为800万人次，但仅在2006年，昆明机场旅客吞吐量就已达到1440万人次；2007年，旅客吞吐量达到了1573万人次。据预测，在2010年昆明新机场建成以前，昆明机场的年旅客吞吐量将达到约2000万人次。现有候机区的设施和容量已严重制约航空业务量迅速增长的需求。因此，对昆明机场进行增容改造是非常紧迫和必要的。

为此，云南机场集团有限责任公司为进一步提升现有机场的运行保障能力，于2006年提出并制定了两个"5+1"工程规划，即建设新昆明机场，新建腾冲、红河、泸沽湖、会泽、怒江机场；对昆明国际机场进行增容改造，对西双版纳、丽江、大理、德宏芒市、迪庆香格里拉5机场进行改扩建。在云南省政府和民航西南地区管理局的大力支持下，目前，"5+1"改扩建工作已全面进入现场施工阶段。自2007年以来，作为云南机场集团有限责任公司的两个"5+1"工程规划项目之一，昆明机场增容改造工程项目，正在紧锣密鼓的建设中。这项工程的主要内容包括昆明机场老候机楼增容改造、新建候机楼以及商务候机楼至老候机楼之间的"空中廊桥"；昆明机场"八一"候机楼、停机坪的改造和扩建；昆明机场周边道路改造、绿化亮化美化等项目。

昆明机场"八一"候机楼的候机厅装修工程于2008年4月28日全部完成；"八一"停机坪扩建工程于2008年6月初投入使用，新建停机坪面积约13700

青年志愿者在长水机场提供引导服务

平方米，使昆明机场的停机位数量由原来的49个增加到59个，基本上能满足近期航班增长的需求。昆明机场新建候机楼的桩基及基础工程已于4月初结束，主体钢结构部分正在安装。老候机楼一层的政要候机厅装修改造工程正在建设中，"空中廊桥"部分桩基及基础部分也于4月底结束，主体钢结构已加工完毕，高架桥部分桩基工作正在建设中。整个增容改造工程于2008年年底完成。增容改造工程完工后，有效地缓解了昆明机场旅客流量不断增长带来的压力，提高了机场运输保障能力，解决了影响昆明机场运输市场发展的瓶颈问题，进一步提高了服务质量，满足了年旅客吞吐量2000万人次的需求。

新长水 抒写华章（2012—2017）

2012年6月28日，昆明新机场华丽起航，开始谱写云南"民航强省梦"的辉煌乐章。2013年，昆明新机场累计完成年旅客吞吐量2969万人次，在全国机场旅客吞吐量中排名第七；在世界机场旅客吞吐量排名中居第55位。2014年，昆明新机场旅客吞吐量达到3229万人次，有望进入世界排名50强机场，机场日航班起降最高峰值为840架次，日旅客吞吐量最高峰值为12.15万人次，机场放行正常率在全国48座主要大中型机场中均排名前5，在全国旅客吞吐量超过2000万人次的机场中排名前2（中国民用航空局通报数据）。

2013年1月3日，昆明长水机场大雾天气造成大面积航班延误，大量旅客长时间滞留，严重影响机场运营秩序。事件发生后，昆明长水机场认真总结经验教训，全面查找存在问题，深刻剖析原因，及时抓好整改落实，对照《民用机场管理条例》、民航局80号和81号文件要求，认真履行主体责任和协调管理责任，用6个月的时间建立完善了旅客服务协调机制、信息发布管理机制和联动机制，修订了应急预案，细化并完善了措施，组织开展了桌面演练和实战演练。

在2013年"1·03"事件以后出现的因大雾、冰雪等极端天气造成的7次大面积航班延误的处置过程中，昆明长水机场主动协调航空公司，通过呼叫系统向旅客通报航班信息；督促航空公司及时制订航班调整计划；请求市政府利用多种资源安全有序地疏散、接返延误旅客；成立7个专项小组，专职攻克难关、协调问题；组成航班延误包干5人小组，协助航空公司和地面服务代理企业做好旅客服务工作；组建志愿者服务队伍，协助航空公司为旅客提供送餐食、送姜汤、送热水、业务咨询和为老弱病残孕提供补充服务等，减轻了地面服务保障工作的压力。

同时，昆明长水机场还不断完善设施设备，提高综合保障能力，积极准备建设二、三类盲降项目，加快除冰坪工程和除冰机位改造建设以及设施设备配置，购置飞机除冰车、加液罐车、移动式照明车、扫雪车、除冰液洒布车。在大面积航班延误的保障中，机场员工时刻坚守岗位，不怕苦、不怕累，加班加点，始终奋战在安全保卫、服务工作一线。许多员工每天只能睡两三个小时，有的主动放弃了休息时间继续坚守岗位，有的带病坚守工作岗位，有的24小时都顾不上吃一顿饭。在确保安全的前提下，处置工作一次比一次得当，一次比一次高效、有序，为实现机场大面积航班延误处置工作常态化奠定了坚实的基础。

"如果没有曾经的'十问长水'，哪有今天的'长水常准'。长水机场在服务质量和航班正常方面实现了华丽转身，特别是实施协调联动的先进经验值得借鉴和推广。" 2016年5月26日，民航局副局长王志清在昆明召开的民航服务质量和航班正常工作会上，高度评价了长水机场近年来在服务质量和航班正常方面所取得的显著成绩。

2014年特别是2015年以来，长水机场主要采取了以下5个方面的具体措施：一是利用新

南航A380客机首飞长水机场

媒体信息平台，打通云南机场集团所属的省内机场之间的信息，航空公司运控、机务和地面服务的信息，空管的部分信息等三个信息群。二是积极引入空管场面监视雷达系统及升级服务改版，第一时间掌控进离港航班及地面航空器运行相关状态信息，避免信息的滞后迟缓性或多方传递而导致信息失真。三是加强空地一体化系统建设，在机场保障车辆上加装GPS系统，确保能随时监控除冰车等保障车辆运行情况，为运行指挥员高效及时处置特情提供参考。四是开始着力推进机坪全景动态监控系统建设。五是运用多方运行大数据融合及新技术设备，长水机场与合肥飞友网络科技有限公司联合研发"长水常准"航班进程管控系统，作为当前生产运营系统的重要支持和强力补充。该系统于2014年10月、11月测试和试运行，12月正式上线使用，目前已更新至第四版。在各驻场单位的大力支持配合下，累计注册账户超过5000个，并在快速增加，覆盖集团公司16个部门及13个机场（即所有州市机场）。同时"长水常准"包涵了机务、物流、航食、地服等10余家保障单位，涵盖了19家航空公司及监管局、空管局。

随着"长水常准"在云南机场集团各州市机场的安装运行与覆盖，目前已初步形成一个以长水机场为中心，云南省各个州市机场为支点的集团集群协同平台，从而达到云南省内各机场之间运行信息的快速化、集成化、扁平化传递。

继2015年4月机场东跑道二类盲降系统率先投用后，2016年12月8日，机场西跑道二类盲降系统开放使用。至此，昆明机场成为国内首个双跑道均具备二类盲降能力的机场。2016年3月，新增的45个机位投入使用，机场机位总数达到158个。同时，针对自转场以来冬季运行保障面临的新问题，机场在候机楼4个端头与滑行道连接的位置新建7个除冰坪，并增加相应的设施设备，提高飞机除冰效率。随着昆明机场迈入高速发展期，现有设施设备已不能满足云南社会经济发展的需求。"十三五"期间，按照云南省委、省政府提出的6700万人次要求，昆明机场超前谋划，将加紧开工建设一批基础性保障设施。

按照规划，机场将加快实施东二跑道、S1卫星厅及相关配套建设工程，力争2019年建成投入使用。根据《昆明机场总体规划修编》初步成果，本次规划昆明机场性质定位为"国际航空枢纽"。主要内容有：总体规划近期目标为2030年满足年旅客吞吐量1.2亿人次、年货运吞吐量120万吨；飞行区等级近远期均为4F，跑道规划总共5条，新建的东二、西二、西三跑道均按照4000米规划，相应规划滑行道及联络道系统；航站区规划中部航站区及西部航站区，包含T1、T2航站楼及2个卫星厅，总面积达到151万平方米；相应规划空管、航油、生产辅助及配套设施等。

回顾改革开放40年的历程，展望未来，任重道远。随着思想的进一步解放，体制改革的进一步深化，昆明机场将会有一个更加光辉灿烂的明天。

凤凰机场：让海南与世界仅隔一个航班的距离

三亚凤凰国际机场

从第一条航线开通到航线网络覆盖"一带一路"沿线重要的国家和地区，从年旅客吞吐量20余万人次到近2000万人次，从步履维艰到持续盈利……自改革开放以来，三亚市民航事业从无到有，从小到大，不断振翅高飞，翱翔蓝天，三亚凤凰国际机场（以下简称"凤凰机场"）架起了海南岛和世界的空中桥梁，为三亚地区经济社会发展作出了重大贡献。

凤凰涅槃　浴火重生

交通运输是国民经济中基础性、先导性、战略性产业，是经济社会发展的重要支撑和强力保障，而海南岛因其地理位置的特殊性，民众外出探亲、进岛旅游均受到一定程度的限制。开放空域，建设机场，已成大势所趋。沐浴着改革开放的春风，在经过一番紧锣密鼓的筹备后，1987年12月12日，凤凰机场立项建设得到国务院和中央军委的正式批复。1994年7月1日，凤凰机场正式通航。

1993年4月17日，时任中共中央书记、国家主席江泽民视察凤凰机场工地

通航初期，凤凰机场经历了一段漫长的缓慢发展期，客流量增长缓慢，加上海南总体的经济大环境影响及自身的经营不善，造成连年亏损、诉讼缠身的窘境，此时的凤凰机场经历着困惑与彷徨，但从未放弃。

2002年对凤凰机场而言，是不平凡的一年。为探索国企改革的成功之路，5月28日，海南省国资委将凤凰机场委托给海航集团运营管理，凤凰机场从此翻开了新的一页。在海航集团的管理运营下，凤凰机场实现了资产、债务、股权、管理的整合，通过导入先进的海航管理机制和优秀的企业文化，凤凰机场的发展仅仅在两年内就大见成效：企业管理体系得到全面构建，企业经营机制得到根本转换；企业形象得到全新塑造，企业品牌建设硕果累累；企业文化根植人心，员工精神面貌焕然一新。

2004年，海航集团完成对凤凰机场的重组，实现通航十年来的首次盈利。"凤凰涅槃浴火重生"，此时的凤凰机场企业运输生产实现了历史性突破，遗留法律问题得到妥善解决，国有资产顺利实现保值增值，保障能力得到显著提升。在省市各级政府、行业主管单位及海航集团的大力支持下，凤凰机场顺利步入了发展的"快车道"。

1994年6月30日，凤凰机场首架航班、国航波音747—SP2454号飞机降落在凤凰机场

抓住机遇　迎风飞翔

2010年1月4日，国务院发布《国务院关于推进海南国际旅游岛建设发展的若干意见》。至此，海南国际旅游岛建设正式步入正轨。次年，凤凰机场客流量突破1000万，位列全国机场18位，跻身全国大型机场行列。

2013年9月和10月，习近平主席分别提出建设"新丝绸之路经济带"和"21世纪海上丝绸之路"的合作倡议。2015年3月，国家发展改革委、外交部、商务部联合发布了《推动共建丝绸之路经济带和21世纪海上丝绸之路的愿景与行动》，提出把三亚打造为海上丝绸之路合作的重要战略支点。消息传来，古老而年轻的三亚再度为之振奋。三亚市委市政府提出，要紧紧抓住这一重大机遇，以建设国际化热带滨海旅游精品城市为抓手，以"五通"（政策沟通、设施联通、贸易畅通、资金融通、民心相通）为主要内容，在基础设施建设、旅游开放、贸易合作、人文交流等领域积极作为。

根据国家的"一带一路"倡议要求：支持海南建设南海资源开发服务保障基地和海上救援基地，加大海南国际旅游岛开发开放力度，把海口、三亚列为海上合作战略支点，强化三亚国际门户机场功能。凤凰机场的发展前景被外界广泛看好。然而，自2011年起，受空域保障能力等相关因素的制约，凤凰机场的航班容量被限制为20架次/小时，至今未能实现扩容，严重影响机场航班量与客流量的增长。面对持续增长的市场需求，凤凰机场多措并举，从空域精细化管理和深挖市场潜力出发，利用有限的资源创造最大的效能。

在空域精细化管理方面，凤凰机场积极推进海南岛西部临时航线固化工作。2016年9月25日，中央军委联合参谋部最终批复同意将海南岛西部临时航线调整为固定航线；2016年10月28日，空军司令部批复固化后的航线代号为W169；2017年1月5日，V40航线正式固化，标志着"打开两厢，缓解中央"海南岛空域调整方案正式运行，大大分流了海南岛原有空中航线的流量，有效提升了凤凰机场运行效率。

在深挖市场潜力方面，凤凰机场克服时刻利用率已达97.8%的不利条件，通过分析重点客源地情况，主动与目标航空公司沟通接洽，协调各航空公司优化航线网络，使用宽体机执飞重点客源地航线的方式，实现了航班座位供给的有效增长。2017年，凤凰机场宽体机执行架次约占总起降架次的10%，刷新了本场宽体机的运行记录。

与此同时，凤凰机场不仅通过参加亚洲航线发展大会、世界航线发展大会等行业高峰论坛，与来自全球各个国家和地区的航空公司、机场及旅行商共同探讨国际航线开发合作方向，寻求合作机遇，而且多次拜访民航中南局，协助印尼狮航、西伯利亚航空、德威航空、乌克兰国际航空等多家国际航空公司获得执飞三亚的航班时刻，航线网络覆盖全国主要省会城市、一二线重点城市及中国香港，俄罗斯、韩国，中亚、东亚、东南亚等"一带一路"沿线重要的国家和地区，形成了较为完善的航线网络布局。

凤凰机场的繁忙景象

基础建设　持续提升

为满足客流增长需要，增强发展后劲，提升综合服务保障能力，凤凰机场于2008年全面启动总投资约34.36亿元的三期扩建工程。截至目前，凤凰机场三期扩建工程整体项目基本完成，航站楼面积达10.5万平方米，站坪面积扩增至82万平方米，可满足旅客吞吐量2000万～2500万人次/年的保障需求。

2016年初，凤凰机场T2航站楼、西环高铁凤凰机场站先后启用，空中连廊将航站楼与高铁站连接，无缝串联海南一南一北两个机场，实现空铁联运。2016年底，凤凰机场西端站坪项目、综合交通系统投入使用，在提升凤凰机场保障能力的同时，使凤凰机场成为三亚地区的综合交通枢纽，实现了交通"集成化"。2018年9月20日，凤凰机场新扩国际航站楼正式启用，其整体外部造型采用中式风格，与现有国际航站楼外形基本保持一致，融合了绿色环保、人文科技和地方特色等设计理念。

凤凰机场新扩国际航站楼启用仪式

坚守责任　回馈社会

成长源于社会，回报出自责任。凤凰机场坚持发展与奉献并重，积极参与社会公益实践，圆满完成重大活动保障任务，为国家和社会作贡献，促进和谐共融。

据国内研究分析，我国机场每百万航空旅客吞吐量，可以产生经济效益总和18.1亿元，拉动相关就业岗位5300多个。2017年，凤凰机场旅客吞吐量达1939万人次，可间接创造国内生产总值296.659亿元，拉动就业岗位102767个，推动三亚地方经济社会发展作用显著。

2017年，凤凰机场积极投身社会公益，履行社会责任，先后开展了"民航暖冬"志愿行动、"关爱儿童、送温暖"公益活动、无偿献血活动、乐东县佛罗镇捐资助学活动、"创文巩卫 青年先行"环保志愿活动、中华慈善日活动等11项社会公益活动，累计受益人数约17万人次，累计员工志愿者服务时长7万小时，用实际行动向社会传递正能量，产生了良好的宣传和示范效应，并荣获"全国民航工人先锋号""2016年度全国民航优秀团支部""三亚市文明单位""三亚市三八红旗集体""三亚市巾帼文明岗"等荣誉称号，成为践行社会主义核心价值观的最美风景。

作为海南省与三亚市的交通枢纽与窗口单位，凤凰机场始终不辱使命，勇担时代责任，肩负重大国事活动的进出港航班保障任务。在博鳌亚洲论坛2017年年会期间，凤凰机场认真贯彻落实省市各级政府、行业主管单位及海航集团的指示要求，以"标准更高、要求更严、效率更快、服务更优"为总体目标，全员树立"外交无小事"的思想，以维护国家利益和民族形象为最高准则，以高度的政治责任感、细致入微的服务水平和精湛的业务技能，圆满完成重要飞行2架次共28人次以及与会嘉宾及代表24批次的抵离保障任务。与此同时，凤凰机场在2017年圆满完成十九大、民兵运输、海上搜救、军资运输等多起重大保障任务，共保障专机19架次、重要警卫任务75架次，获得了军方与政府的高度赞赏与认可，为构建和谐社会贡献出一己之力。

凤凰机场连续十三年开展助学活动

服务品牌　备受赞誉

　　自通航以来，凤凰机场始终注重品牌创建，致力于创建旅客满意、公众认可的最佳热带滨海度假国际机场。经过20余年的深耕细作，凤凰机场已成长为三亚市与海南省的交通枢纽与窗口单位，企业形象深入人心，服务品牌备受赞誉。

　　凤凰机场不仅被评为SKYTRAX"四星机场"，连续三年荣获SKYTRAX"全球最佳贵宾航站楼"奖，成为全球唯一一家连续三年获得此殊荣的国际机场，还荣膺国际机场协会（ACI）"2015年度ACI全球500万～1500万吞吐量机场规模ASQ旅客满意度第一名""2016年度ACI全球1500万～2500万旅客吞吐量机场ASQ旅客满意度第二名""2017年度全球最佳机场1500万～2500万规模组ASQ第一名"，更与国际机场协会（ACI）共同签署卓越机场安全评估（APEX）协议并获得APEX项目认证奖牌，充分说明凤凰机场的各项工作获得了社会各界的广泛认可。

凤凰机场荣获SKYTRAX"四星机场"、连续三年荣获SKYTRAX"全球最佳贵宾航站楼"、获得国际机场协会（ACI）颁发的各类奖项

　　响应"一带一路"，共绘机场蓝图。凤凰机场将根据"一带一路"倡议要求与打造国际门户枢纽机场的愿景，面向未来，面对挑战，不忘初心，在保障安全运营不放松、服务质量步步升的基础上，以更加开放的心态喜迎八方来客，助推海南国际旅游岛建设，向改革开放40周年、海南建省办特区30周年交出一份满意的答卷！

吉祥航空改革开放40年掠影

上海吉祥航空股份有限公司

航空梦的萌芽

1989年春节前夕，均瑶颠簸在回乡的崎岖山路上，抱怨着"汽车真慢"，身旁的老乡就说："飞机快，你包飞机回家好了！"随口一句挖苦的话，竟点燃了一个"胆大包天"梦。年轻气盛的均瑶想，土地可以承包，汽车可以承包，为什么飞机就不能承包？想着想着，就脱口说了出来。家人都笑他痴人说梦，那年头买飞机票还需要县团级以上的证明呢！可他并不泄气，一个人筹划了好长时间，又是跑市场又是跟有关部门沟通。大半年的奔波——盖了100多个图章之后，他终于承包了长沙—温州的航线。

1991年7月28日，一架安-24型民航客机从长沙起飞，平稳降落在温州机场，标志着中国民航的历史被一个25岁的小伙子改写。当地媒体报道："苍南青年农民王均瑶、王均金等人合股创办国内首家私人包机公司，手中无飞机却能搞空中调度……"全国400多个航班很快被他们包下，全国第一家私人包机公司——温州天龙包机有限公司诞生。王均瑶、王均金、王均豪三兄弟紧紧把握国家深化改革开放的时机，凭借坚韧不拔的精神，硬是在中国民航格局壁垒森严的大门上撬开了一条缝，开创了中国民航史私人包机的先河，此举成为中国改革开放以来一个标志性符号，也开启了均瑶集团带有传奇色彩的发展历程。

航空梦圆 首航长沙

2005年，中央将放开民营资本进入航空领域的口子，对拥有"航空梦"的均瑶集团来说，这是千载难逢的机遇。经过多方筹备，均瑶集团向民航总局正式递交了筹备申请。2006年9月，吉祥航空HO1125航班从上海虹桥机场起飞，顺利降落湖南长沙黄花国际机场，这标志着吉祥航空首航取得圆满成功，均瑶集团15年飞天梦圆。这一时期，随着改革开放在民航领域的深入，一个个新兴的力量加入建设新时代民航事业的浪潮中，吉祥航空紧跟国家民航战略发展，为这个美好的时代，注入了一道属于均瑶人开拓创新的强劲动力。

社会责任 吉祥使命

2008年5月汶川大地震，均瑶集团旗下吉祥航空携手复星集团、李连杰壹基金、中国企业社会责任同盟、《东方早报》等企业、媒体和社会公益组织，为灾区义务运送千斤顶、药品、帐篷、食品等急需物资，构筑了一条空中救援线。在这次救援中，吉祥航空累计捐款捐物650万元，包括捐助现金400余万元人民币，其中集团员工的55万元通过上海光促会资助了都江堰100名学生之后三年的学业，此外，还包括党员特殊党费约5万元。均瑶文化传播捐助奥运会和世博产品150万元。尽管成立不久的吉祥航空还是一个机队规模不到10架的小型航空公司，但仍然实现了免费空运救灾货物150吨的成绩，兑现了一个在改革开放浪潮中成长起来的民营企业，对党和社会的责任与使命。

飞向更广阔的舞台

2010年12月，吉祥航空开通了第一条国际（地区）航线——上海至香港的直达航线，这也是吉祥航空开航以来的第四十一条航线，标志着其成为中国开飞国际（地区）航空公司中的重要一员。吉祥航空第一条国际（地区）航线开通后，吉祥的航线网络已覆盖到国内外41个大中城市。17架的机队规模，突破4亿的利润，吉祥航空在2010年交出一个圆满的答卷。6月，吉祥航空获得"21未来之星——最具成长性的新兴企业"和"影响中国优秀品牌奖"两项大奖。12月，吉祥航空成为"年度最受欢迎航空公司"。

九元航空成功首航

2014年12月，以"低成本航空"为运营模式的九元航空首航仪式在广州白云国际机场举行。由此，九元航空与以上海为基地的吉祥航空形成双品牌、双基地差异化经营，完成东南两翼的航空布局，助力上海、广州国家枢纽港建设。

211

吉祥航空A股主板上市

2015年5月，吉祥航空A股主板上市（603885.SH）。公司人民币普通股股份总数为56800万股，其中首次公开发行的6800万股股票自上市之日起就开始上市交易。发行价11.18元，当日开盘后即以16.10元"秒停"，涨幅44.01%。

截至2016年底，吉祥航空机队规模达65架，开通100余条国内外航线，年运载乘客1300万人次，接近上海两个机场旅客运载量的10%，跻身全球航企50强，并宣布加入"星空联盟优连伙伴"，高价值（HVC）航空承运人的资质和能力得到国际认可，具备提供国际一流航程服务的发展潜力。

引入787梦想客机 实现更远梦想

2017年2月17日，波音公司和吉祥航空宣布完成5架波音787-9订单，该订单按照当前目录价格计算价值13亿美元(约合人民币89.22亿元)，也是以上海为基地的吉祥航空历史上首份波音订单及首份宽体机订单，该订单还包括另外5架787-9的选择权。

11月，均瑶集团董事长王均金应邀出席中美企业家对话会，并代表吉祥航空与GE公司

签订了价值14亿美元的订单，这是中美经贸合作史上的最大订单，中美两国元首习近平主席和特朗普总统出席会议并见证中美企业代表的签订仪式。

以更开放的视野 拥抱世界

2017年5月23日，吉祥航空正式成为加入"星空联盟优连伙伴"项目的首家航空公司，这标志着吉祥航空面向全球市场迈开了重要一步。

中国国际航空、长荣航空、深圳航空、加拿大航空、印度航空、新西兰航空、全日空、韩亚航空、奥地利航空、埃塞俄比亚航空、汉莎航空、北欧航空、新加坡航空、瑞士航空、泰国航空、土耳其航空、美国联合航空17家星空联盟成员航企每周提供1600架次进出上海的航班(其中国内航班830架次、国际航班760架次)，飞往19个国家的62个目的地(其中国内目的地26个，国际目的地36个)。

吉祥航空自2018年起引进波音B787-9宽体客机，适时开通上海始发的远程洲际航线，并加密上海、南京等始发的国内外航线，优化长三角的航线网络布局。届时，星空联盟各成员可更大限度地借助吉祥航空的航线网络，将业务深耕于上海并延伸至中国境内。吉祥航空也将通过星空联盟接入全球网络。此外，吉祥航空与联盟各成员在乘客转机、代码共享、常旅客计划、增值产品、国际化服务等方面进行深入合作，为客户提供超值服务。

改革创新 为旅客创造价值

随着春运的持续进行，越来越多的旅客选择民航踏上返乡的归途。而在这其中，不乏旅客出现行李超件或超重的情况。一旦出现托运行李超件超重，超重费往往很昂贵。对此，吉祥航空干了件国内民航圈没人做过的事——鼓励旅客共享托运行李额度。

2018年2月12日至13日，吉祥航空在浦东机场首创民航圈共享新模式，试行"免费托运行李额度共享计划"，鼓励旅客将自己没有使用完的免费托运行李额度无偿赠送给同航班托运行李超额的其他旅客。

在浦东机场T2航站楼J岛，吉祥航空在值机柜台旁摆放了一块"共享行李公示牌"，上面列有不少航班号；每个航班号那一栏，都贴着一些圆形贴纸，那些就是旅客所贡献出的行李额度。

当行李较少的旅客值机时，柜台人员会询问他是否愿意共享额度，如果旅客愿意，他就会拿到这样一张圆贴纸。贴纸上写着剩余可供共享的行李额度、航班号和座位号，由旅客自己把贴纸贴到公示牌上。如果有同航班其他旅客行李超重，他就可以到公示牌上领取一张同航班旅客贡献的行李额度贴纸。由于贴纸上也写有贡献者的座位号，领取的旅客可以向对方表达感谢。

宽体时代 梦旅生花

2018年10月26日上午，身披中国牡丹彩绘的吉祥航空首架波音787-9梦想客机（注册号B-1115）圆满完成HO1111上海虹桥至深圳的首航航班，这标志着中国大陆民营航空首架宽体客机正式投入商业运营，代表着吉祥航空航空梦想新征程的开始。

吉祥航空以引进波音787梦想飞机为契机，大力提升服务体验，持续打造高品质全服务航空公司。为波音787品牌航线打造的专属餐食以及由奇华顿为吉祥航空开发定制的客舱香氛也获得同机旅客的一致好评。吉祥航空波音787所配备的Thompson Vantage XL全平躺座椅、Recaro CL3710人体工程学座椅以及"梦旅生花"客舱设计也为首航旅客提供了舒适惬意的旅途体验；包含近百部高清影片资源的最新客舱娱乐系统更为两个半小时的航程增加了不少乐趣。

作为中国第一个经济特区，深圳已成为全国第四大城、全球第五大金融中心。吉祥航空的上海虹桥—深圳航线更是旗下超精品航线之一，在航班时刻、服务水准上均体现了吉祥航空的高价值航司理念。吉祥航空波音787的首航选择深圳作为目的地，使得HO1111航班成为每天最早一班抵达深圳的宽体机，也将吉祥航空的高品质、高效率的服务与运行带给更多旅客。

　　作为国内首家运行远程宽体客机的民营企业，吉祥航空及其全新波音787客机为旅客带来了更具品质的出行体验。伴随波音787的投入运行，吉祥航空将继续践行"温暖随行、享所未想"的品牌主张，用安全准点的运行与精致温暖的服务为每一位旅客提供更具亲和力的航空体验，将每一程都变成梦的旅程。

空中雄鹰——北大荒通航

北大荒通用航空有限公司

北大荒通用航空有限公司成立于1985年。当时，国家把澳大利亚赠送的5架农用飞机交给黑龙江垦区，以此为依托成立了"农垦农用航空试验站"，成为北大荒通用航空有限公司的前身。历经33年的成长，特别是近几年的发展，北大荒通航目前有十几种型号农用飞机、教练机100余架，年飞行能力超过2万小时。

一、"空中雄鹰"为大农业护航

（一）空中植保世界领先

（1）机队规模庞大。公司目前有各种型号农用飞机、教练机100余架，主力机型包括"画眉鸟""空中拖拉机""M-18""空中国王""大棕熊""Y-12"、小鹰500及钻石系列教练机架、直升机。在黑龙江垦区可供航化作业的农场达到85个，农用机场跑道75条，已形成网络式作业基地群。而且与人工和地面机械作业相比，不但能在最短的时间内进行大面积规模化作业，有效控制农林突发性、爆发性病虫害蔓延，降低经济损失，还不压实地表土层，不损伤农作物，可适

执行加格达奇护林任务的北大荒通航M-18B型飞机编队飞行

应平原、山地各种环境，高秆、矮秆及不同作物生长期均可作业。

（2）作业面积超千万亩。飞机农业航化作业效率远超地面机械，例如：M-18型飞机日作业量可达四万亩，相当于100多人使用普通机械作业。航化作业时，正、反叶片均匀受肥，雾滴均匀程度比普通机械提高20%～25%。航化作业的高度是5～8米，属于超低空飞行，对农作物增产效果十分明显，每亩作物平均增产10%～20%。当前公司作业面覆盖全国

大部分省区，年航化面积2000万亩。我们就是庄稼的"急诊室""保健医"和"营养师"。

（3）护林灭火先锋。春秋两季航空护林作业已成为北大荒通航的常规作业任务，多年来公司坚持安全第一的工作理念，多次参与扑灭重大森林火灾，持续提供专业、高效的航空护林服务，为保护国家森林资源作出了重要贡献。

（4）无人机补充作业。公司还发展农业植保无人机业务，为有人机农业作业做补充。成立无人机分公司、北大荒UTC中心，满足未来农业航空植保标准化、精细化、信息化、数字化的需要，进而更好地服务"三农"。

"空中拖拉机"型号飞机在前进农场执行农业航化作业任务

（二）通用航空农业作业标准制定者

公司主持的"农业航空作业技术与标准化"研究课题获得了农业农村部科学技术三等奖、中国民用航空局科技进步二等奖，填补了国内农业航空作业技术领域的空白。该项技术可提高粮豆产量10%以上，防治水稻稻瘟病效果达到95%以上，提高水稻产量50%以上，防治水稻褐变粒效果在85%以上，大豆灰斑病防治效果为平均75.8%，大豆食心虫防效90%以上。如今，这种低容量喷洒、超低空飞行、中雾滴直径、高雾滴密度的航化作业技术已在辽宁、吉林、山东、内蒙古、新疆等地广泛应用。

多年来，北大荒通用航空有限公司完成了"农业航空作业技术与标准化科技成果推广应用"课题，三年累计推广应用面积2458.42万亩，增产粮豆5.33亿公斤，新增经济效益7.64亿元。"寒地水稻稻瘟病和褐变穗生物防治技术推广"采用飞机进行水稻病害的综合防治，两年推广应用面积760.2万亩，新增经济效益2.13亿元。

北大荒通用航空有限公司组织编写了《农业航空作业装备技术》一书，对农业航化作业技术进行了技术革新，入选了"国家高新技术装备库"，填补了国内空白，该技术达到世界先进水平。

公司总经理郭庆才主持编写的《农业航空作业技术指南》已成为目前国内同行业和广大用户的农业航化作业标准，《农业航空田间作业技术规程》被确定为黑龙江地方标准，填补了我国农业航空田间作业地方标准的空白。

贝尔407型飞机在创业农场执行农业航化作业任务

二、一总部两基地，能力效益共同进步

（一）哈尔滨总部，佳木斯、肇东基地共同发展

2015年10月，公司总部搬迁至哈尔滨市松北区，同年底正式更名为北大荒通用航空有限公司。公司已退役固定翼G200（8569）飞机作为城市景观、公司标志物，坐落于公司总部大楼前。哈尔滨总部大楼为主要办公地点。公司还成立总控室，主要负责监控指挥协调佳木斯机场和肇东机场工作，使公司呈网络式运转。

公司两个主运行基地——佳木斯和肇东：佳木斯基地机场占地面积77公顷，跑道长900米，机库有5000平方米，停机坪有5万平方米；肇东机场占地300公顷，跑道长1800米，机库有9000平方米，停机坪有7万平方米，可供100架飞机停放作业使用。公司佳木斯机场和肇东机场于2018年1月成功申报A1类通航机场使用许可，并于11月开通135短途运输航线，对我国东部边境地区支线运输、航空旅游、边贸经济发展起到良好促进作用。目前，公司两个机场和飞机都装有ADS-B系统，飞行运行中使用北斗定位监控系统。哈尔滨总部、佳木斯、肇东基地实行三地联网、实时监控，今后还要充分拓展开发佳木斯、肇东两大基地，不断丰富通航服务项目，明确肇东机场发展定位，打造通用航空产业综合示范区。

北大荒通用航空有限公司佳木斯机场

（二）生产能力经济效益双增长

公司成立至今，已累计飞行22余万小时，航化作业面积3.2亿亩，增产粮豆160亿公斤，其中林业飞行1.5万小时，参与扑灭森林火灾1000多场次，森林巡护航程达180多万公里，对黑龙江垦区粮食高产稳产及国家森林资源的有效保护发挥了重要的作用。"十二五"期间，公司农业作业面积、飞行时间、经营收入、机队规模等多项指标均增长一倍以上，实现了跨越式发展。

目前，农业航空作业已成为黑龙江垦区现代化大农业的常规作业手段之一，农用飞机已成为垦区4300万亩良田增产增收的守护神，并多次承担农林业病虫害应急救灾及突发性森林灭火任务。"十二五"以来，公司农业作业成功实现作业面积翻一番的目标。2012年，在吉林、黑龙江地区进行爆发性玉米螟紧急抗害救灾任务；2013年7月，在黑龙江三肇地区玉米螟抗灾作业中，公司M-18型B-8528飞机单日农业灭虫作业10万亩，创国内农业航空作业效率最高纪录；2017年和2018年春季，扑灭内蒙古地区林业虫害，在大兴安岭进行机群灭火。北大荒通航农业作业机队是目前国内唯一可进行机群作业的队伍，充分发挥了抗害减灾的应急作用。

"画眉鸟"510G型飞机进行灭火演练